# PRATIQUES DE LA DESCRIPTION

FAUX TITRE 11

# PRATIQUES DE LA DESCRIPTION

AMSTERDAM 1982

# PRATIQUES DE LA DESCRIPTION

Jo van Apeldoorn

RODOPI

Printed in the Netherlands
ISBN: 90–6203–814–X

*Ce travail a bénéficié de l'appui précieux de plusieurs personnes que je tiens à remercier.*

*Je suis tout particulièrement redevable aux professeurs J.A.G. Tans et Ch. Grivel, qui ont bien voulu se charger de la direction de mes recherches, et qui m'ont prodigué leurs conseils judicieux et toujours bienveillants.*

*Les membres du Groupe Groningois de Recherches sur le Roman (Ch. Grivel, J. Lintvelt, M. Rus, F. Rutten, J. Tans, L. Wierenga) ont discuté les tenants et aboutissants de mon travail dans un esprit de solidarité professionnelle et d'amitié, auquel j'ai été très sensible.*

*Je m'acquitte volontiers d'une dette de reconnaissance envers Madame A.M. de Both-Diez qui n'a pas épargné sa peine pour réviser le manuscrit.*

*Grâce a efficacité de Madame F. Staal le travail de typographie a pu être mené à terme dans les délais prévus. Qu'elle en soit ici remerciée.*

*Le cabinet d'un homme de lettres. Une porte au fond, une autre à droite. A gauche en pan coupé, une fenêtre praticable. Tableaux, estampes, etc. Face au souffleur, une table chargée de papiers. Au premier plan, adossé au mur de gauche, un de ces pupitres hauts sur pieds en usage chez les écrivains qui ont coutume de travailler debout.*

*scène première*

TRIELLE, *seul, debout devant son pupitre et comptant du bout de sa plume le nombre des lignes qu'il vient de pondre.* - 274, 276, 278, 280 et 285. - Encore trente lignes sensationnelles, dont une vingtaine d'alinéas, une décoction de points suspensifs et une coupure à effet pour finir; si, avec cela, le lecteur ne se déclare pas satisfait, il pourra s'aller coucher. Quel métier! (*Il trempe sa plume dans l'encre, se dispose à écrire, soupire, s'étire, bâille longuement.*) Ça t'ennuie, hein?... Allons, vieux, du courage. Prends ton huile de foie de morue!

*Il se décide et se met à la besogne, se dictant à lui-même à haute voix:*

*"Cependant, bien que l'antique horloge de Saint-Séverin eût depuis longtemps, dans le silence de la nuit, sonné les trois coups de trois heures..."*

*S'interrompant.*

Les trois coups de trois heures!... Quel métier!

*Il ricane, hausse les épaules, puis poursuit:*

*"... le vieillard continuait sa lente allée et venue. Un manteau de couleur foncée l'enveloppait des pieds à la tête, et des larmes échappées de ses yeux roulaient sur sa barbe de neige".*

*S'interrompant:*

C'est vertigineux d'ânerie ...

*Il poursuit:*

*" O honte! murmurait-il, ô cruel attentat dont mon honneur, après vingt ans, garde encore la brûlure ardente!"*

*S'interrompant:*

... et troublant d'imbécillité.

*Il poursuit:*

*" Quoi, je porterai éternellement le fardeau de mon humiliation! Quoi, jusqu'aux portes du tombeau, je sentirai le sang de ma blessure couler lentement, goutte à goutte!"*

*S'interrompant:*

Ce petit ouvrage est tellement bête que rien ne l'égale en bêtise, sauf le lecteur qui s'en délecte.

*Il poursuit:*

*" La neige s'était mise à tomber ..."*

*Coups violents frappés dans la porte de droite.*

Bon! ma femme, à présent.

*Il dépose sa plume. Nouvelle grêle de coups dans la porte.*

Eh! une minute, que diable!

*Il va à la porte qu'il ouvre.*

*scène II*

TRIELLE, VALENTINE

VALENTINE. - Eh bien, en voilà du mystère! Tu fais donc de la fausse monnaie?
TIRELLE. - Du tout. J'avais poussé le verrou, étant pressé par ma copie et craignant qu'on me dérange. Entre.
VALENTINE, *entrant.* - Ferme vite la porte, que l'inspiration ne se sauve pas.

(G. Courteline, *La paix chez soi*)

# Avant-propos

*Le biologiste passe, la grenouille reste.*
(Jean Rostand, *Inquiétudes d'un biologiste*)

La description, qui fut longtemps traitée en parent pauvre par les théoriciens de l'analyse du récit, semble aujourd'hui retenir l'attention de la critique. Les nombreuses études[1] on déjà ouvert d'intéressantes perspectives en ce qui concerne les problèmes rhétoriques de la description et de sa fonction dans la structure de l'ensemble d'une oeuvre,, mais ce qui frappe dans ces travaux, c'est la place relativement restreinte accordée à l'effet produit par la description sur le lecteur individuel. C'est cette constatation qui m'a conduit à m'interroger sur mes propres lectures - de textes qualifiés ou non de "littéraires" - en faisant de la description le centre autour duquel ont gravité mes analyses[2].

Il existe aujourd'hui, il est vrai, une science de la lecture, une esthétique de la réception; mais elle se situe, le plus souvent à un niveau de généralisation et d'abstraction assez élevé, puisqu'elle se centre sur des aspects théoriques de la lecture qui dépassent la question de savoir comment chacun pratique cette réception. Il en résulte que le lecteur individuel a parfois quelque peine à se retrouver dans l'image ainsi projetée qui lui apparaît comme celle d'un autre que lui-même. Refusant, pour ma part, d'ignorer que cet autre c'est aussi moi, je me suis attaché à étudier, non sans m'entourer de quelques précautions, mon propre fonctionnement de lecteur. Je me pose donc ouvertement en lecteur naïf mais d'une naïvité qui se double d'une attitude de réflexion. Par ce travail de lecture, réfléchi et minutieux, je crois pouvoir parvenir à dégager un certain nombre de faits qui passent souvent à travers les mailles d'un système préalablement établi. Car la différence entre le lecteur-théoricien et le lecteur naïf mais réfléchi que je suis, c'est essentiellement l'absence de système théorique a priori du texte. Je cherche moins à analyser systématiquement le texte qu'à le faire fonctionner, à montrer comment il agit sur moi. Mon ambition est donc de faire sentir comment les mots du texte s'organisent dans une compréhension en train de se faire. Ainsi c'est surtout d'une pratique de lecture qu'il s'agira ici: d'une lecture, en quelque sorte à livre ouvert, de cet élément fondamental du texte qu'est la description.

Il n'était pas question d'appliquer cette expérience à des textes entiers. Aussi avons-nous choisi des échantillons de textes, allant de Balzac à Claude Simon, en passant par le texte publicitaire. A l'aide de ces échantillons je me propose de montrer, *comme au ralenti*, comment mon esprit se laisse guider par les mots du texte.

L'opération est artificielle en ce sens que je ramène à la surface et décris ce qui normalement reste enfoui dans mon inconscient de lecteur. Dans un tel travail, la subjectivité, au lieu d'être un écueil à éviter, devient méthodique. Le rapport d'un lecteur à un livre, tout marqué qu'il puisse être par des facteurs scolaires ou par des facteurs sociaux d'ordre plus général, contient toujours un élément de subjectivité. La subjectivité est donc ici une "méthode", puisque c'est elle qu'il s'agit de faire parler.

J'ai déjà observé que dans la critique littéraire on a sous-estimé, à mon avis, la description comme procédé apte à provoquer un effet de lecture. Par ailleurs, celle-ci emprunte aussi son importance, dans le fonctionnement d'un texte, au fait qu'elle peut être considérée, ainsi que nous le verrons, comme lieu d'investissement privilégié de l'auteur.

Tant au niveau du lecteur qu'à celui de l'auteur, les pratiques de la description sont toujours porteuses de sens.

Elles comportent toujours une dimension intertextuelle. Le lecteur lit en fonction de ses lectures précédentes, de son savoir culturel et de ses préoccupations personnelles. Les écrivains (Claude Simon, lecteur d'Orwell, Julien Green, lecteur de Shakespeare) n'échappent pas non plus à ce mécanisme. Et il est significatif pour la valeur plus générale du phénomène, que la publicité exploite habilement cette intertextualité comme stratégie persuasive.

Le choix des éléments textuels que j'ai retenus n'est pas déterminé par leur fréquence statistique mais par leur impact sur le lecteur que je suis et l'importance que, selon moi, l'auteur leur a attribué. Dans mon optique, la série descriptive n'est qu'une constellation aléatoire, à fréquence non-déterminée, d'éléments significatifs qu'une lecture personnelle a puisés dans le texte.

Si tant de place est réservée aux romans de Claude Simon, c'est que dans son oeuvre, comme dans celle d'autres nouveaux romanciers, on trouve nombre de textes à intertextualité patente, qui, en outre, peuvent se lire aisément par fragments isolés, les descriptions y occupant la part du lion. On peut y pénétrer par d'autres biais que par la voie des structures narratives traditionnelles, et ils engagent à une lecture détaillée, au ralenti, en profondeur, de la substance textuelle. Or c'est justement ce que nous voulons faire.

C'est ainsi qu'une analyse a été consacrée à l'élément figuratif, métaphorisant, "comme si" dans l'ensemble de son oeuvre. Marquant une interruption du fil narratif, cette formule introduit des passages descriptifs, où je tâche de déceler les investissements personnels de l'auteur, qui se montre intrigué par les diverses manifestations d'une causalité primitive, depuis les lois mécaniques jusqu'au mauvais génie de la famille. *(chapitre 1)*.

Les préoccupations de Claude Simon avec la lignée familiale, avec l'histoire tribale, vont à l'encontre d'une histoire déterminée par une chaîne logique de causes et d'effets. Ce qui intéresse l'auteur, c'est la dimension ponctuelle des choses, substance réfractaire à l'Histoire. Ses romans se caractérisent par un ordre sans finalité, qui s'inscrit dans le momentané, et par un narrateur. L'un et l'autre se dérobent à toute tentative d'inclusion dans une histoire linéaire. La hantise généalogique a pour corollaire la nostalgie d'un langage où le "faire" et le "dire" coïncident. *(chapitre 2)*.

Au *chapitre 3* ont été mis en rapport deux phénomènes d'intertextualité dans le dernier roman de Claude Simon, *Les Géorgiques*. L'auteur s'y montre lecteur de Michelet et d'Orwell. L'analyse vise à faire ressortir en quoi Michelet a influencé le romancier, qui, surtout dans la quatrième partie des *Géorgiques*, fait percer sa lecture subjective, pour ne pas dire tendancieuse, de la version française de *Homage to Catalonia* d'Orwell. On se demande quelles sont les raisons cachées de sa lecture déformée: Est-elle uniquement imputable aux conceptions profondément divergentes de ces deux auteurs sur l'Histoire (avec un grand H) et l'histoire (à raconter) du roman (*chapitre 3*), ou bien s'explique-t-elle également par une opposition de cultures nationales et de langues?

La lecture de Balzac, à la lumière de la prose simonienne, permet de montrer que la description balzacienne est marquée par une vertu démonstrative et explicative qu'on ne trouve jamais chez Simon. Pourtant, Balzac ne réduit pas la description au simple rôle d'*ancilla narrationis*, mais maintient un certain taux d'implicite. Ainsi, chez Balzac et chez Simon, la même symbolique sexuelle fonctionne à travers un même réseau connotatif métaphorique *(chapitre 4)*.

Le problème des rapports entre description et narration fait l'objet d'une analyse de *Dix heures et demie du soir en été* de Marguerite Duras. Les conditions météorologiques, élément de la description du décor, y prennent une valeur événementielle. Le contenu diégétique des notations atmosphériques sert de relais pour faire comprendre l'évolution des sentiments et les sensations du protagoniste, Maria.

Cette mise en rapport implicité du descriptif et du narratif fonctionne (sauf à deux endroits du texte) tout au long du roman. *(chapitre 5)*.

L'étude consacrée à l'imbrication étroite et massive des éléments du descriptif et du narratif dans le Nouveau Roman, a façonné ma lecture ultérieure des descriptions dans les romans populaires de Léo Dartey, de Delly et de bien d'autres. Quelques considérations sur le statut particulier de la lecture empirique sur laquelle tout le livre s'appuie, introduisent une analyse contrastive, dans laquelle je confronte ma réception de certains détails descriptifs du roman populaire avec celle de la description dans *Moïra*, roman (cultivé)[3] de Julien Green. *(chapitre 6)*.

A partir de quelques concepts, développés par Philippe Hamon dans son *Introduction à l'analyse du descriptif*, je passe ensuite à une étude détaillée d'un élément descriptif de *Moïra*: le chant des reinettes. Le descriptif, resté implicite dans le texte entier de Marguerite Duras, et explicité démonstrativement dans le roman populaire, trouve ici un moyen terme quant à sa distribution sur l'ensemble du texte et quant à son taux d'ambiguïté. Le chant des reinettes y connote un désir sexuel, surtout homosexuel. Le rôle de l'homosexualité, suggérée également par quelques éléments de l'action romanesque, se trouve ainsi souligné avec discrétion. Finalement, nouvel élément d'intertextualité, le chant des reinettes peut être associé à la réception que certains personnages et l'auteur lui-même font d'un passage significatif (érotique) de *Roméo et Juliette* de Shakespeare *(chapitre 7)*.

Ce recueil se termine sur la lecture d'un texte publicitaire, construit sur le modèle narratif du conte. A première vue, le texte se présente comme simple légende d'une image de la rue Mouffetard. Mais, en fait, la description vise à faire passer habilement le message publicitaire, (et la marchandise), en faisant appel à une classe sociale bien déterminée de lecteurs dotés d'une mémoire scolaire et nourris d'autres lectures. Il en résulte que, sur le plan pédagogique, cette analyse d'un texte publicitaire peut fonctionner comme préparation à des lectures de textes littéraires.

NOTES

1 Outre quelques numéros spéciaux de revues portant sur la description (*Poétique*, 43 (1980), 51 (1982); *Littérature*, 38 (1980); *Yale French Studies*, 61 (1981)) et le volume collectif, *La description (Nodier, Sue, Flaubert, Hugo, Verne, Zola, Alexis, Fénéon)*, je signale M. Bal, *Narratologie*, Paris, Klincksieck, chap. "Descriptions"; R. Barthes, "L'effet de réel", dans *Communications* no. 11 (1968); G. Genette, "Frontières du récit", dans *Communications* no. 8 (1966); Ph. Hamon, *Introduction à l'analyse du descriptif*, Paris, Hachette, 1981; A. Corbineau-Hoffmann, *Beschreibung als Verfahren, Die Asthetik des Objekts im Werk Marcel Prousts*, Stuttgart, Metzler, 1980; P. Imbert, *Sémiotique et description balzacienne*, Ed. de l'Université d'Ottawa, 1978; J. Ricardou, *Problèmes du Nouveau Roman*, Paris, Seuil, 1967, section "Problèmes de la description"; M. Riffaterre, "Système d'un genre descriptif", dans *Poétique*, no. 9 (1972); B. Vannier, *L'Inscription du corps, pour une sémiotique du portrait balzacien*, Paris, Klincksieck, 1972.

2 Certains fragments de ce livre ont déjà, dans une première version, fait l'objet de publications. (cf. Bibliographie).

3 Cf. Grivel, Tans, 1979, p. 14 pour la distinction des romans selon le réseau de consommation (populaire grande consommation, cultivé, avant-garde) auquel ils oppartiennent.

# Comme si... figure d'écriture 1

*menue, donc, ratatinée et noire, arrivant*
*ou plutôt projetée, déposée là, comme si tout*
*cet effarant cataclysme n'avait eu d'autre*
*fin, d'autre raison d'être que d'arracher une*
*minuscule vieille femme à la paisible vallée qu'elle*
*n'avait pratiquement jamais quittée.*
(Claude Simon, *L'Herbe*)

*L'écriture, l'investissement et "le réservoir"*

Dans *Lecture de l'Herbe de Claude Simon*[1], Georges Roubichou envisage ce roman comme une série de "microtextes" ayant leur point de départ dans une phrase initiale qualifiée de "segment producteur" où l'on peut reconnaître "des éléments à prédominance narrative"[2]. Le premier fragment délimité par l'auteur à titre d'échantillon pour analyser "le microcosme scriptural", tel qu'il est à l'oeuvre à l'intérieur d'un micro-texte, couvre les pages 42-46 du roman et Roubichou lui attribue comme segment producteur la phrase initiale: "On vendit donc maison et champs"[3]. A la fin de son analyse, Roubichou conclut provisoirement:

> "(...) l'ensemble du fragment se développe à partir de ses propres éléments, car rien ne laissait prévoir à son ouverture, l'orientation qu'il allait prendre. Le narrateur crée littéralement et visiblement cet univers à travers les ressources que lui fournit le langage dont il se sert. Ce sont surtout les mots, les expressions qu'il utilise qui constituent autant de tremplins à partir desquels s'élabore la fiction"[4].

De la phrase initiale "fragment producteur" ("on vendit donc mason et champs"), il est dit par la même occasion:

> "En fait ce segment producteur ne détermine, en aucune façon le contenu du micro-texte qu'il fait naître; il n'en est que le point-origine"[5].

Roubichou, refusant "l'envoûtement de la lecture" veut analyser "le fonctionnement du texte d'un point de vue strictement formel"[6]. Loin de rompre le charme de la lecture, ses analyses la rendent encore plus ensorcelante, ce qui n'est pas le moindre compliment qu'un lecteur puisse faire à un critique.

Cette insistance sur le fonctionnement du texte d'un point de vue strictement formel, cadre parfaitement avec les affirmations faites par Simon au sujet de son travail d'écriture. L'auteur ne se prétend pas théoricien[7]. Il serait donc malvenu de présenter comme déclaration de principe des révélations faites par lui au cours d'interviews ou de conférences. Nous nous permettons toutefois d'en rappeler quelques-unes, parce qu'elles sont significatives de ce qu'est, pour lui, l'art de l'écriture:

> "Je ne connais pour ma part d'autres sentiers de la création que ceux ouverts pas à pas, c'est-à-dire mot après mot, par le cheminement de l'écriture. Avant que je me mette à tracer des lignes sur le papier il n'y a rien, sauf un magma informe de sensations plus ou moins confuses, de souvenirs plus ou moins précis accumulés et un vague - très vague - projet.
> C'est seulement en écrivant que quelque chose se produit, dans tous les sens du terme. Ce qu'il y a pour moi de fascinant, c'est que ce quelque chose est toujours infiniment plus riche que ce que je me proposais de faire"[8].

> "Je suis incapable de la moindre pensée sans une plume à la main. Et, partant de vagues "stimuli", c'est mon matériau, c'est-à-dirè l'écriture, qui va me proposer à tout instant divers chemins que je ne soupçonnais pas avant de me mettre au travail, et entre lesquels je vais avoir à choisir"[9].

Point n'est besoin de faire intervenir ici les théories de Jean Ricardou sur la production textuelle et l'écriture[10]. Simon a exprimé lui-même son admiration pour les analyses de ce critique:

> "Et très certainement, confusément dans mon esprit

confus, et quoique une fois à ma table j'oublie tout, hormis les successifs avatars de ce labeur de taupe, ses analyses, ses "mises à nu" (tant de mes ouvrages que d'autres) ont joué leur rôle dans la lente évolution de la conception que je me fais de mon art"[11].

Donc - ce "donc" soutient la continuité de notre argument, comme dans les textes de Simon - si Roubichou insiste sur l'aspect dynamique du langage ("proférer un mot c'est le voir proliférer") c'est en parfait accord avec Simon et Ricardou.

Mais parfois Roubichou apporte des nuances à sa prise de position et semble bien vouloir dépasser le domaine de l'analyse formelle; seulement, le paradigme du moment, le génie de Ricardou, veille sur lui. A certains moments (d'inattention?), d'abord refoulées dans des notes en bas de la page, puis dans le corps même du texte du chapitre de conclusion, surgissent des remarques qui indiquent que leur auteur semble être tenté de sortir de la carapace, du cadre strict de l'analyse formelle. Ainsi écrit-il en note dans un premier temps:

> "Il y a aussi ses propres connotations personnelles qui sont liées au langage, son investissement, si l'on veut"[12].

> "Ajoutons que cette combinaison/prolifération suppose une double articulation: l'esprit du narrateur qui investit dans les évocations un fonds d'images qui lui sont propres (quoi que plus ou moins déterminées et contrôlées à l'intérieur de son langage) et la mémoire du contexte antérieur"[13].

Dans sa conclusion Roubichou constate, mais non en note cette fois, que pour le narrateur:

> "(...) le récit est aussi l'occasion d'un investissement personnel: investissement affectif, humain qui ne saurait être négligé. Le langage à travers lequel nous voyons se faire le roman n'est pas un

> catalogue de mots, un répertoire lexical ou le lieu de production de subtiles combinaisons verbales: c'est aussi l'expérience, la sensibilité du narrateur, l'écrivain au travail, le créateur à l'oeuvre"[14].

Sortant ainsi, par instants, du cadre formel qu'il s'était imposé, Roubichou ne se trouve pas pour autant en désaccord avec Simon qui, pour faire plaisir aux universitaires besogneux que nous sommes, s'est exclamé:

> "Par quelle opération surnaturelle l'homme peut-il être exclu d'un livre fait par un homme"[15].

Dans la suite de sa conclusion, Roubichou finit par affirmer (en note)[16] qu'il est "loin d'accepter les conclusions de Ricardou", que "la notion de 'scripteur' chez Jean Ricardou a tendance à être abstraite" et que même dans les oeuvres les plus productrices, l'investissement personnel n'est pas éliminé.

Entre-temps Ricardou lui-même, dans un ouvrage théorique publié depuis[17], tout en reprenant son débat de Cerisy[18] avec Stierle et en se proposant de démontrer "comment l'écrivain est, non pas un *auteur* qui affirme sa pérennité en la propriété d'un sens et l'éventuelle possession d'une maîtrise, mais bien un *scripteur* qui se transforme à mesure par sa mise en jeu dans une production"[19], introduit néanmoins une notion dont Roubichou lui saura gré, celle de "réservoir". Ricardou introduit cette notion comme "composant du mécanisme de la présélection"[20], la définit comme "ensemble des éléments à partir desquels sont faits les choix"[21] et apporte deux précisions: "loin de présenter une expèce de fonds commun où il serait loisible à chacun de puiser ingénument, le réservoir forme un trait distinctif du scripteur à tel moment de son travail. Deuxièmement: loin d'offrir une catégorie qui relève de l'innocence le réservoir n'est ni neutre, ni fixe, ni indifférencié. Il peut se concevoir, en quelque manière, lui-même comme l'effet d'une sélection établie dans un ensemble plus vaste selon les mécanismes de surdétermination"[22].

 Le réservoir de Ricardou, envisagé comme fonds du scripteur dans le cadre du problème de l'écriture, semble bien réduire ce que cette notion de scripteur comportait de trop "abstrait" aux yeux de Roubichou et permet de doter le scripteur d'un pouvoir d'"investissement".

Le rôle que jouent, au niveau de la production, la présélection et la surdétermination du réservoir investi, est également sensible au niveau de la réception, des effets de lecture et réduit la part d'imprévisibilité dont parle Roubichou à propos des rapports entre le segment producteur et le microtexte dans *L'Herbe*. Une petite phrase du genre "On vendit donc maison et champs" perd alors beaucoup de son innocence.

En généralisant le problème on peut se demander quels sont les éléments du texte (et du réservoir) dont la surdétermination perce comme effet de lecture à travers ou malgré (à l'abri du) le pouvoir du langage, du courant scriptural.

Pendant la lecture de l'ensemble des textes de Simon, certains champs d'association s'imposent par leur récurrence comme privilégiés et réduisent l'imprévisibilité du texte.

La figure d'écriture *"comme si"* qui revient à travers tous les romans de Claude Simon nous a permis de dépister un élément thématique qui pourrait trahir un "investissement" (et provenir du réservoir). Par quelle surdétermination idéologique, psychanalytique ou paradigmatique avons-nous retenu "comme si", nous ne saurions le dire. A l'origine c'était parce que dans les textes de Simon il y a souvent une digression imprévisible et fulgurante. Disons que "comme si" nous a simplement mis la puce à l'oreille.

Dans quelques fragments pris à travers l'ensemble des romans de Claude Simon nous allons suivre un élément thématique. Dans ces fragments se fait jour une certaine fascination pour une causalité primitive, de l'ordre mécanique ou de l'ordre des puissances maléfiques.

Comment expliquer qu'un soldat ivre, qui se promène dans sa chambrée et qu'un maréchal des logis essaie de raisonner, arrive tout de même à se tenir debout:

> "(...) le regardant aller et venir, arpenter l'allée centrale, osciller, rattraper de justesse son équilibre d'un coup de reins, la plante de ses pieds nus, semblait-il, adhérant au ciment comme des ventouses, *comme si* son centre de gravité était situé non pas quelque part au milieu de son corps mais (de même que chez ces *jouets lestés* à leur base d'un contrepoids de plomb et impossibles à renverser quelle que soit la poussée que l'on exerce sur eux) à la base, exécutant de rapides demi-tours pour faire face à quelque adversaire invisible qui aurait tenté de l'approcher par derrière, avec une vivacité de mouvements que sa silhouette titubante et sa voie avinée n'auraient pas permis de prévoir, *fantôme* gesticulant pourchassant, menaçant et maudissant quelque *ennemi acharné* à sa perte (...)".
>
> *La Bataille de Pharsale*, p. 135-136.

Dans un premier temps nous avons affaire à une explication mécanique intériorisée ("jouets lestés à leur base d'un contrepoids de plomb"). Il est intéressant de signaler dès maintenant que dans la suite du texte le soldat devient "fantôme" et le maréchal des logis "ennemi acharné à sa perte".

Dans l'exemple suivant la brusque réapparition de la foule dans la rue est associée (attribuée) à "un ensemble de marionnettes, d'automates" mis en mouvement par une mécanique intérieure, puis à "quelque propriété énergétique et mystérieuse de la lumière", cause mécanique et mystérieuse à la fois:

> "(...) maintenant il avançait, moitié courant, moitié marchant, se frayant un passage parmi la foule jacassante qui semblait avoir resurgi, s'être matérialisée en même temps que les étalages, *comme si elle s'était tenue (ou plutôt comme si on l'avait rangée) quelque part toute prête pendant la nuit, comme ces*

*ensembles de marionnettes, d'automates* figés au milieu d'un geste, d'un sourire, et qui tout à coup, au déclenchement de la mécanique, se mettent à se mouvoir et à babiller tandis que s'élève un air de boîte à musique et que s'allument les rampes d'éclairage, *comme si le jour, la lumière grisâtre et moite possédait quelque propriété énergétique et mystérieuse* capable non seulement de rendre visible la foule des personnages matérialisés avec elle, mais encore de leur insuffler vie et mouvement ou du moins (de même que pour les marionnettes, les automates condamnés à répéter sans fin les mêmes mouvements ou parcourir le même itinéraire sans espoir de changement ni d'évasion) cette agitation, cette gesticulation: (...)".

*Le Palace*, p. 185-186.

Parfois c'est un engin, une mécanique située à l'extérieur, un "plateau tournant" qui confère le mouvement. A la fin de la citation qui va suivre les paroles du commentateur sont, par analogie, soumises à la même mécanique:

"Les variations de l'intensité du son s'amplifiant ou s'assourdissant pour laisser entendre la voix du commentateur accentuent encore la vague nausée provoquée par le mouvement de montée ou de descente du front des façades et de la digue dont le glissement horizontal se ralentit, la caméra qui passait en revue la succession des palaces restant maintenant dirigée sur une construction plus importante qui occupe alors l'écran tout entier, ses divers éléments (balcons, entablements, corniches, dôme, colonnes, chapiteaux, consoles faisceaux de drapeaux étrangers flottant aux fenêtres) se déplaçant lentement les uns par rapport aux autres, *comme si l'énorme et baroque édifice pivotait avec majesté, présenté sur un plateau tournant*, à la façon de ces chefs-d'oeuvre de pâtisserie pompeusement exposés dans la vitrine d'un confiseur, la voix monumentale du commentateur se faisant en même temps plus pompeuse tandis que les mots qu'il articule (milliardaires, fastueux, rois, palace, luxe, splendide) semblent pour ainsi dire tourner lentement eux aussi, comme s'ils défilaient en lettres de feu sur ces bandeaux publicitaires ...".

*Tryptique*, p. 25.

Ailleurs l'apparition d'un pigeon en train de se poser est d'abord le fait de "quelque opération magique", ensuite son immobilité est attribuée non pas à un arrêt de la mécanique mais à "quelque invisible fil" dont il faut supposer qu'il est tenu par un marionnettiste. Le pigeon est associé à une marionnette, définie par Le Petit Robert comme "figurine représentant un être humain ou animal actionnée à la main par une personne cachée qui lui fait jouer un rôle". Son invisibilité décerne au marionnettiste, dans son rôle de cause première, un aspect magique:

"(...) et cette fois il parut se matérialiser à partir de l'air lui-même, violemment, bruyamment froissé ou plutôt fouetté, brassé, agité, comme par quelque opération magique, dont ils auraient manqué le commencement, mais dont ils pouvaient cependant voir les dernières phases, c'est-à-dire les deux ailes déployées comme celles d'un oiseau héraldique battant l'air qu'elles semblaient accumuler, condenser au milieu d'elles et qui, pressé, finnissait, au moment où ils regardaient, de se solidifier: le corps vertical (gorge, ventre, et les deux cuisses coniques) renflé en son centre, suspendu, parfaitement immobile pendant quelques secondes *comme s'il eût été tenu par quelque invisible fil* entre le tourbillon des ailes, les pattes ouvertes à quelques centimètres de l'appui du balcon (...)".

*Le Palace*, p. 203-204.

Il semble pourtant que l'opération magique soit plutôt à mettre sur le compte du prestidigitateur surtout si nous prenons en considération l'ouverture du texte du *Palace* où il est dit du pigeon "qu'il fut là - les ailes déjà repliées, parfaitement immobile - sans qu'ils l'aient vu arriver, comme s'il avait non pas volé jusqu'au balcon mais était subitement apparu, matérialisé par la baguette d'un prestidigitateur". Le prestidigitateur n'est pas censé tenir ses attributs, ses objets par un fil invisible, ses doigts rapides lui donnent une force d'illusion supérieure à celle du marionnettiste.

Son pouvoir est même à l'origine des déplacements rapides du joueur de rugby qui joue arrière, la seule place qu'il puisse tenir encore, mais sont convoqués également, pour expliquer le même phénomène, "une sorte d'instinct animal de préscience infaillible" et "une inspiration divinatoire":

> "...je ne l'ai jamais vu manifester d'intérêt pour quoi que ce soit placide bonasse et pachydermique menant ses affaires je suppose avec cette même placidité efficace et pachydermique dont il faisait montre sur le terrain ne courant même plus à la fin semblait-il lorsque le poids de sa graisse l'empêcha de tenir une autre place que celle d'arrière se mouvant sans hâte apparente ni précipitation comme une sorte de débonnaire montagne de muscles et d'os *doués* non pas exactement d'intelligence (c'est-à-dire de cette faculté de réflexion et par conséquent de contestation et par conséquent de doute et par conséquent d'incertitude d'hésitation) mais d'une sorte d'*instinct animal de préscience infaillible* de ce qui se produira dans la seconde à venir, se trouvant toujours ou plutôt surgissant ou plutôt planté déjà (*comme si un habile prestidigitateur* le faisait disparaître et réapparaître cinquante mètres plus loin - puisque apparemment il était devenu incapable de faire l'effort de courir, se contentant de se véhiculer en trottinant sur ses courtes jambes ce ventre tressautant) *matérialisé à partir* de rien du gazon peut-être à l'endroit précis où il devait être paisible tranquille le temps de recevoir ou plutôt d'engloutir

le ballon auquel il semblait avoir donné rendez-vous toujours avec la même implacable précision la même implacable placidité *la même inspiration divinatoire* dont contrairement aux lois habituelles de l'anatomie le siège ne se trouvait peut-être pas derrière son front mais dans les membres les jambes".

*Histoire*, p. 236.

Le prestidigitateur pourrait-on dire venait au secours du joueur pachydermique. Celui-ci semble en même temps mal inspiré (aux yeux de ses adversaires du moins) par une puissance supérieure qui veut contrecarrer leurs efforts. Ici une puissance vient en aide à un être humain parce que cela lui permet de s'amuser aux dépens d'autres mortels. D'une manière générale les puissances que nous rencontrons se montrent peu secourables envers les êtres humains. Qu'elles soient désignées par les mots "divinité", "dieu", "volonté", "vainqueur", elles se montrent invariablement malveillantes, elles sont facétieuses, farceuses, sarcastiques, tenaces, acharnées, féroces[23]:

"... galopant toujours, brassant de leurs membres infatigables et de leurs sabots d'acier les obscures et silencieuses étendues souterraines, et soudain réapparaissant, très loin, sur la droite, c'est-à-dire tout d'abord les toques seules, une longue rumeur s'élevant, courant, gagnant de proche en proche la foule des ombrelles, des robes claires et des insectes mâles, se mêlant au crissement du gravier piétiné, l'ordre des toques (des petites billes) roulant là-bas au ras du gazon différent maintenant, *comme si pendant cette traversée des Enfers quelque dieu farceur* les prenant dans sa main et secouant *s'était amusé* à les intervertir, la toque (la bille) réséda qui filait la première remplacée à présent par une tache jonquille suivie d'une noire, puis d'une autre, cerise, la pastille réséda en quatrième position seulement, les casaques, les têtes de chevaux, les encolures aux crinières déployées et horizontales, découpées elles aussi dans la tôle, surgissant à leur tour progressivement hors du pli de terrain, le tout toujours parfaitement soudé jusqu'à ce que les pattes (ou plutôt le rapide va-et-vient de compas entrecroisés) soient visibles aussi, le chapelet bigarré lancé à toute vitesse maintenant".

*Histoire*, p. 64.

"(...) elles, leurs yeux vides, ronds, perpétuellement larmoyants derrière les voilettes entre les rapides battements de paupières bleuies ou plutôt noircies non par les fards mais par l'âge, semblables à ces membranes plissées glissant sur les pupilles immobiles des reptiles, leurs sombres et luisantes toques de plumes traversées par ces longues aiguilles aux pointes aiguës, déchirantes, comme les becs, les serres des aigles héraldiques, et jusqu'à ces ténébreux bijoux aux ténébreux éclats dont le nom (jais) évoquait phonétiquement celui d'un oiseau, ces rubans, ces colliers de chien dissimulant leurs cous ridés, ces rigides titres de noblesse qui, dans mon esprit d'enfant, semblaient inséparables des vieilles chairs jaunies, des voix dolentes, de même que leurs noms de places fortes, de fleurs, de vieilles murailles, barbares, dérisoires, *comme si quelque divinité facétieuse et macabre avait condamné les lointains conquérants wisigoths* aux lourdes épées, aux armures de fer, *à se survivre sans fin* sous les espèces d'ombres séniles et *outragées* appuyées sur des cannes d'ébène et enveloppées de crêpe Georgette (...)".

*Histoire*, p. 11.

La multiplicité de ces puissances divines n'est pas sans importance du point de vue de la causalité; chacune d'elles peut agir à son gré. Il n'y a pas de dieu leader capable de coordonner l'ensemble. Pour tout symptôme on peut mobiliser une force, une puissance qui n'est pas falsifiable, nous sommes loin de la théodicée, de l'institut du péché originel et de satan.

Le soldat à la recherche d'une jeune fille, entrevue le matin, la retrouve transformée en "goyesque" vieille par quelque personnage de conte de fées dont le caractère farceur n'est pas indiqué explicitement dans le texte; mais c'est une mauvaise plaisanterie, ma foi:

> "... puis je la vis: non pas elle, cette blancheur, cette espèce de suave et tiède apparition entrevue le matin dans le clair-obscur de l'écurie, mais pour ainsi dire son contraire ou plutôt sa négation ou plutôt sa corruption, la corruption même de l'idée de femme de grâce de volupté, son châtiment: une effroyable vieille à profil et barbiche de bouc la tête agitée d'un tremblement continu et qui tourna vers moi quand je m'assis auprès d'elle sur le banc derrière le fourneau deux prunelles bleu pâle presque blanches comme liquéfiées m'observant m'épiant un moment sans cesser de mâchonner, de ruminer, son bouc grisâtre montant et decendant, puis se penchant vers moi approchant de mon visage jusqu'à le toucher son masque jaune et desséché (*comme si j'étais là dans cette cuisine de paysans victime de quelque enchantement* - et en fait il y avait quelque chose comme cela ici dans ce pays perdu coupé du monde avec ces vallées profondes d'où parvenait seul un faible tintement de cloches ces prés spongieux, ces pentes boisées roussies par l'automne couleur rouille; c'était cela: *comme si le pays tout entier enfermé dans une sorte de torpeur de charme* noyé sous la nappe silencieuse de la pluie se rouillait se dépiotait rongé pourissant peu à peu dans cette odeur d'humus de feuilles mortes accumulées s'entassant se putréfiant lentement, et moi le cavalier le conquérant botté venu chercher au fond de la nuit au fond du temps séduire enlever la liliale princesse dont j'avais rêvé depuis des

années et au moment où je croyais l'atteindre, la prendre dans mes bras, les refermant, enserrant, me trouvant face à face avec une horrible et goyesque vieille ...) disant: Je l'ai bien reconnu. Ouais. 'vec sa barbe!".

*La Route des Flandres*, p. 266-267.

Les soldats prisonniers sont "revêtus de ces *dérisoires* défroques qui sont le lot des guerriers défaits, et pas même les leurs mais, *comme si le vainqueur facétieux avait encore voulu s'amuser à leurs dépens*, les enfoncer plus avant dans leur condition de vaincus, d'épaves, de rebuts" (*La Route des Flandres*, p. 171).

*Le mauvais génie de la famille.*

D'une façon plus spécifique mais toujours aussi maléfique ces puissances se manifestent dans la vie familiale sous la forme, par l'intermédiaire d'un membre disparu ou d'un ancêtre. Intervient alors l'idée de déchéance, de dégradation, d'atavisme[24].

Dans *Le Sacre du Printemps* une femme se dispute avec sa belle-mère. Elle veut se remarier, son premier mari a été fait prisonnier par les Allemands. Il est sorti du néant, du stalag, assimilé aux Enfers, après la guerre, et remonte pour deux ans au séjour des Vivants mais, incapable de s'adapter, il retourne ensuite pour de bon au séjour des ombres. Le mari mort, outré menace sa femme à travers sa mère, outragée. L'épouse lance un défi, signe de la démesure, l'Hubris qui tend à lui faire oublier sa condition de mortelle. Le terme "fureur" (selon Le Petit Robert "possession, délire de l'inspiré") intervient plus souvent et rappelle les Furies qui châtient particulièrement les fautes contre la famille. Voici la description de cette dispute familiale:

"Un moment, en silence, elles s'affrontèrent, et je pouvais les imaginer toutes deux, bonne maman fixant sur elle son regard dur, *outragé*, ses molles bajoues tremblant de colère et d'indignation, et elle tendue, un peu haletante peut-être, soutenant les yeux qui la fixaient, navrée, alarmée de cette *fureur*, de cette menace, mais résolue: "Oui, Oui!" Disant oui avec cette netteté, et comme une fierté dans la voix et même quelque chose presque comme de la colère, un *défi* et il me sembla que c'était à lui qu'elle le jetait à travers cette vieille femme, au mort, à celui qui en quelque sorte n'avait fait qu'apparaître entre deux absences, apparaître pour disparaître à nouveau et pour toujours, *comme s'il n'était sorti du néant avant d'y retourner que pour nous léguer comme une derniere volonté*, à la place des photos d'avant la guerre, le souvenir de ces deux années où nous le vîmes parmi nous comme un constant reproche, le reproche de quelque chose qu'il ne nous accusait pas, nous en particulier, d'avoir commis mais dont nous nous serions rendus coupables du seul fait que nous n'en souffrions pas, que nous en faisions partie, trouvions naturel ce monde qu'après quatre ans d'absence et de honte il considérait d'un air réprobateur, comme scandalisé, outré, comme ..."

*Le Sacre du Printemps*, p. 32.

Le mari prisonnier de stalag avait déjà une certaine expérience, préscience de la mort. Les frontières entre le séjour des Vivants et le royaume des Ombres s'efface.

"*Comme si*" nous a servi à dépister à travers l'ensemble des textes de Simon un élément thématique, de suivre les diverses manifestations d'une certaine causalité primitive (animiste) depuis des lois mécaniques jusqu'au mauvais génie de la famille.

L'emploi de "comme si" diminue diachroniquement, de texte en texte, à travers l'oeuvre de Simon. En revanche dans son dernier roman *Les Géorgiques*,[25] "comme si" semble revenir en force et le génie de famille devient plus harcelant encore. Il s'agit d'un ancêtre, un Conventionnel qui a voté la mort du Roi et qui en tuant cet être de nature divine a causé la ruine de sa descendance (ici revient l'idée de dégradation) qui est poursuivie en la personne d'une vieille femme par le fantôme acéphale du roi décapité, même la mécanique, le tracteur n'échappe pas à cette fureur, il est rongé par la rouille aussitôt arrivé sur cette terre maudite:

> "... cela, et, immobilisée dans la cour, son agressive peinture orange disparaissant à demi sous les poussiéreuses plaques de graisse et la boue, comme une espèce de crustacé mort (*comme s'il émanait* des ruines, des bâtiments lézardés, une sorte de fatalité, *comme si quelque esprit, quelque malédiction* attachée au lieu et porteuse de désolation continuait à s'exercer après avoir fait s'écrouler les toitures, l'arc italien de la grande porte, *s'acharnait* sans fin à ronger, corroder et détruire), l'épave d'un tracteur, anachronique déjà lui aussi, dans ce décor, ces vestiges déchus des grandeurs passées (dont ne restait plus que l'orgueilleux blason, l'écu aux couleurs d'acier, de plumes et de sang qu'avec ce mélange d'hébétude, de dignité outragée et d'affliction qui lui était particulier elle (la vieille dame) avait pieusement conserveé, placé comme en signe de deuil sur un de ces petits chevalets d'ébène qui servent d'ordinaire de support aux miniatures de famille encadrées elles aussi d'or et d'ébène), *comme si lui-même (le tracteur)* datait d'une époque presque aussi reculée (ou surannée) que l'appareil diamanté du portail, *comme si à peine descendu des rampes du camion dans lequel le concessionnaire de la ville voisine était venu livrer, à peine touché le sol de la cour, il était tombé sous le coup de ce même maléfice*, était resté là depuis, immobile, amas de tôles démantibulées et d'engrenages grippés, inutilisable et inutilisé, se rouillant lentement, tout juste bon à servir de perchoir aux poules rousses, versant de guingois sur une de ses roues manquantes, hideux et pathétique, *comme si*, de même que les tours déman-

telées, l'aile effondrée et les restes décrépis de la façade assaillie de mauvaises herbes et d'orties, *il n'était là que pour témoigner de l'inapaisable vindicte*, dans laquelle, indifférent au temps, aux êtres, aux ventes successives et au progrès mécanique, le *fantôme acéphale d'un roi décapité confondait dans sa fureur vengeresse* sans distinction d'années, de décennies, de lustres, de personnes ni de propriétaires la demeure ancestrale de son juge et l'esprit même de ce siècle encyclopédique, inventif et sacrilège coupable, en même temps que sa mort, d'avoir engendré *la lignée des puantes machines* dont une des ultimes incarnations était venue s'échouer là sous l'espèce métallique, huileuse et impotente d'un tracteur Ferguson".

*Les Géorgiques*, p. 144-146.

*Comme si* nous a mis la puce à l'oreille avons-nous dit pour commencer. Pour donner à ce "comme si" son vrai statut on pourrait dire que cette figure d'écriture a pour fonction d'interrompre le fil narratif et d'introduire une digression. C'est grâce à elle, pourrait-on dire, que l'auteur est libéré du poids de raconter et se voue à l'exploitation de ce qui le préoccupe fondamentalement: il nous livre ses pulsions archétypales.

*Le déplacement de l'ordre de la causalité*

A propos du nouveau roman on a parlé de rupture, de *non-récit*. Normalement la quête d'une cause est située dans l'ordre du récit. Ici il faut chercher les causes ailleurs. Elles sont démoniaques, indomptables, acharnées, libérées par *comme si*. Dans ces "nouveaux" romans il y a un déplacement de l'ordre de la causalité, les causes sont des causes monstres, il règne une causalité phantasmatique entre le phantasmatique et la religion.

Il faut un ordre, sinon le récit ne fontionne pas. On peut injecter quelque chose dans le texte pour créer un ordre, par exemple par l'anagrammatisation chez Ricardou; il s'agit là de mouvements formels.

Chez Simon, c'est la métaphore qui crée cet ordre. A entrer dans cette métaphore, on s'aperçoit, fasciné, qu'elle ramène toujours au problème familial. Le "comme si" introduit clandestinement la réalité dans le texte. Il fonctionne comme embrayeur de réalité. Derrière ce "comme si" pointe du plus solide qu'il n'y paraît. Ce n'est pas tant une réalité donnée qu'il introduit qu'une certaine logique très typique. Les figures d'écriture ne sont pas celles que l'on pense.

Lorsqu'on a eu le plaisir de rencontrer, sous le ciel ensoleillé de la côte méditerranéenne, l'homme affable et hospitalier qu'est Claude Simon, on s'étonne d'autant plus du caractère grave et chtonien de ses rêves. Il faut croire avec Jung, qu'il a, lui aussi, son côté ombre archétypale. Oú serait-ce plutôt le lecteur qui est en cause?

Le fait est cependant, que le respect des divinités païennes, des ancêtres, des fantômes, des dieux farceurs est enraciné dans l'esprit des Français[26]. Cet esprit druidique, celtique, cette volonté de chercher une causalité simple aux fléaux qui s'abattent sur nous, de voir partout la colère des dieux farceurs, cet état d'esprit s'est même emparé du curé de Brèves chez qui Romain Rolland[27] a déjà relevé ce trait du subconscient collectif jungien des Français. Le curé de Brèves est invité par ses paroissiens à faire le tour de leur champs avec le Saint Sacrement pour protéger leurs vergers contre les hannetons. Le curé refuse de se servir du corps du Seigneur pour ensorceler les hannetons. Ce n'est qu'au moment où les paroissiens vont invoquer le secours d'une de leurs idôles gauloises, le Grand Pic, pour dévier la vermine vers le jardin du curé que celui-ci se décide à faire la procession. A l'un de ses amis, il confie sa crainte que le Grand Pic ait plus de pouvoir que le corps du seigneur ...[28].

NOTES

1 Edition L'Age d'homme, 1976 (coll. Lettera).

2 Ibidem, p. 151. "Narratif" s'oppose dans la terminologie de Roubichou à "descriptif". Voir p. 131, note 36.

3 *L'Herbe*, p. 42. Les ouvrages de Claude Simon sont cités d'après l'édition de Minuit sauf *Gulliver* (Calman-Lévy, 1952), *Le Sacre du Printemps* (Calman-Lévy, 1954) et *Orion Aveugle* (Skira, 1970).
La mise en italique a été effectuée pour les besoins de la démonstration. Roubichou élimine pour l'instant les mots "vendit" et "donc" et s'attache surtout à "maison et champs".

4 "Fiction" est employé par opposition à "narration". L'événement, la trame événementielle est produite par l'acte de narrer. Voici la suite de cette citation: "Mais il y a plus: c'est à l'intérieur du texte lui-même que se dégage, pour des raisons formelles (structure de la phrase) une thématique interne. C'est ici celle de la progression presque imperceptible de la famille - de l'analphabète illettré qui inaugure le texte à cette dynastie familiale qui le clôt. On peut dire pour finir que, de même que tout le texte est sorti de la double notation "maisons et champs", de même toute la dynastie s'est formée à partir de ces biens qui constituaient le patrimoine originel. La fiction est à l'image de la narration qui l'instaure".

5 *Op. cit.*, p. 151.

6 *Op. cit.*, p. 155.

7 Voir l'interview avec Claude Simon publiée dans *Ecriture de la religion. Ecriture du roman.*

8 Texte manuscrit de *Orion aveugle*, éd. Skira, 1970 (coll. Les sentiers de la création).

9 Interview avec Madeleine Chapsal, in *La Quinzaine Littéraire* du 15 au 31 décembre 1967 (no. 41).

10 Voir ses ouvrages théoriques parus aux éditions du Seuil: *Problèmes du Nouveau Roman*, 1967; *Pour une théorie du Nouveau Roman*, 1971; *Le Nouveau Roman*, 1973, coll: "Ecrivains de toujours"; *Nouveaux Problèmes du Roman*, 1978, *Le théâtre des métamorphoses*, 1982.

11 *La Quinzàine Littéraire* du 1er au 15 juillet 1971 (no. 121).

12 *Op. cit.*, p. 151. *Le vocabulaire de la psychanalyse* de Laplanche et Pontalis donne pour "investissement": "concept économique: fait qu'une certaine énergie psychique se trouve attachée à une représentation ou un groupe de représentations, une partie du corps, un objet, etc.".

13 *Op. cit.*, p. 154.

14 *Op. cit.*, p. 282.

15 Q.L., no. 41 (voir note 9). A propos de ce qui précède la production Claude Simon se sert de termes comme "stimuli", "magma", "une chose me fait saliver plutôt que telle autre".

16 *Op. cit.*, p. 293.

17 *Nouveaux Problèmes du Roman.*

18 Dans cette discussion à la suite de l'exposé, intitulé *Naissance d'une Fiction*, que Jean Ricardou avait fait sur l'élaboration de son roman *La Prise de Constantinople* (éd. du Seuil, 1965), Stierle avait dit notamment: "Il reste ce dont vous n'avez pas parlé: la textualité du texte, l'investissement d'un sens surtout au moyen de connotations. A ce niveau textuel jouent des facteurs, dont peut-être vous ne vous rendez même pas compte, esthétiques, des valeurs de stimulus intellectuel, qui donnent une densité au texte, comme progression d'un mot à l'autre. Pour le lecteur, celui qui accepte ou celui qui n'accepte pas votre texte, c'est cette dimension-là qui est la dimension essentielle et non les jeux de mots sur ce domaine que vous avez montrés". (Voir *Nouveau Roman: hier et aujourd'hui*, colloque de Cérisy, U.G.E., 1972, t. 2, p. 403).

19 *N.P.R.*, p. 321.

20 *N.P.R.*, p. 260.

21 *N.P.R.*, p. 260.

22 *N.P.R.*, p. 322.

23 Voici encore quelques exemples, empruntés à d'autres romans de Claude Simon:

> "Non, non, non, non, non, non..." cependant que l'autre partie de lui-même, faite de muscles, de chair et d'os, à quatre pattes sur le sol, s'employait à ramasser fébrilement les mégots et les bouts d'allumettes éparpillés (mais il ne les voyait pas), les reposant dans le cendrier, puis se courbant encore, la tête au ras du sol, et soufflant sur les cendres (amis il ne les voyait pas non plus), puis se redressait, s'accroupissait pour se relever, l'apercevant alors, tombé lui aussi sur le carrelage, un peu sur sa gauche, le folio supérieur se soulevant autour de la charnière de la pliure, comme *animé d'un mouvement propre* (comme on dit qu'un cadavre peut quelquefois lever un membre, un bras, bâiller), *comme s'il se déployait par l'effet d'une facétieuse et sarcastique volonté*, s'immobilisant quand le volet supérieur eut atteint un angle d'environ quarante-cinq degrés, la première partie du gros titre entièrement visible, et lui s'arrêtant alors, toujours dans la position accroupie, la tête tournée parallèlement au sol, moins pour lire que pour guetter les mouvements du *ricanant ennemi*,

son visage empreint maintenant de cette espèce de paisible désespoir, de résignation, qui avait commencé à l'envahir devant la porte fermée, (...)".

*Le Palace*, p. 183-184.

"- Non, je dois partir" répéta Bert. Cependant, il ne bougea pas. Comme sous l'emprise d'une attirance paralysante, il continuait à regarder le corps agenouillé à ses pieds dans les replis du costume fatigué. Au-dessus du col autour duquel naviguait ce qui avait dû être une cravate, s'offrait, vulnérable, l'ébauche de figure, portant comme une surcharge postiche ses reliefs boursouflés. Une longue coupure où affleurait encore le sang clair, mal essuyé, descendait de la joue vers le menton sur lequel un rasoir promené à la diable avait oublié des plaques de poils. Le mince trait rouge à la surface de la chair flasque et usée avait quelque chose d'insupportable, *comme s'il témoignait d'un acharnement tenace, cruel, d'injustes puissances*".

*Gulliver*, p. 67.

"Et ils ont raison, reprit Faure. Sa voix aussi était froide, posée, calme. Il a effectivement des chances de s'en tirer". Il ne quittait pas des yeux le lourd visage fatigué dont le regard, sourd pour ainsi dire, avait cessé de s'intéresser à lui, fixait, vide, quelque chose sur la table. On aurait pu croire aussi que l'homme n'avait pas entendu. Cependant il parla: Tu me dis ça à moi? fit-il. Que veux-tu que j'y fasse? Il n'avait pas relevé les yeux. Pourtant ce fut comme s'il avait deviné quelque chose chez son visiteur. Peut-être entendit-il seulement le léger bruit du drap de la capote, un craquement de la chaise. Ou peut-être Faure n'avait-il même pas bougé, même pas tourné la tête vers la photographie posée sur le buffet dans un cadre sculpté et verni. Manifestement le visage de l'enfant d'une quinzaine d'années qu'on pouvait voir, souriant au milieu d'un halo artistique, avait été isolé d'un groupe et agrandi par un professionnel spécialisé dans ce genre de travaux pour les familles qui s'aperçoivent, après coup, que la seule image récente qui leur reste est la dernière photographie de la classe ou de l'équipe de football. La tête était de celles que l'on voit sourire sur les tombes dans les médaillons, protégée par un verre, avec cette expression douce, fière et triste de ceux qui semblent avoir été *avertis par de secrètes voix* qu'ils mourraient tôt, et que leur mort prématurée serait quelque chose d'affreux, d'inhumain, non seulement par l'horreur que fait naître le contraste de la jeunesse et de l'anéantissement, mais encore par la façon dont elle se produirait, *comme s'ils avaient été choisis par quelque divinité féroce et redoutable pour épouvanter les vivants,* les maintenir courbés sous le joug de cette *terreur* exigeante qui *s'amuse* à créer des jeunes et tendres corps pour en faire des héros et des martyrs".

*Gulliver,* p. 28-29.

"Et: l'homme montagne, ou plutôt la masse difforme à l'intérieur de laquelle le vieillard se trouve emprisonné, comme bâillonné, muré dans sa propre chair, celle-ci occupée à se nourrir (ou plutôt se détruire: *comme si par l'effet d'une facétieuse malédiction,* d'une imbécile et mortelle revanche de la matière, l'acte naturel - absorber des aliments - destiné à entretenir la vie aboutissait maintenant à un résultat en quelque sorte inverse: son lent étouffement par son excès même)..."

*L'Herbe,* p. 143.

24 Voir ci-dessus (p. 11) la citation d'*Histoire* p. 11, pour les avatars des conquérants wisigoths.

25 *Les Géorgiques,* Paris, Minuit, 1981.

26 Le "ils" servant aux Français à désigner leurs semblables, leur fait envisager ceux-ci également comme des esprits maléfiques, selon le Major Thompson: "Il n'y a rien de tel qu'un compartiment de train pour voir surgir la fameuse hydre des *ils*. Je le savais, mais, cette fois, je fus gâté. Le monstre, à vrai dire, paraissait engourdi dans une somnolence générale lorsque, vers la fin de cette journée sombre et froide, la lumière électrique de notre wagon déclina.

"Ils pourraient tout de même, dit une petite septuagénaire à chaufferette, vérifier leurs wagons avant de les mettre en service" (P. Daninos, *Les Carnets du Major Thompson,* Hachette, 1954, chap. II, *Gentil pays de la méfiance et de la crédulité,* p. 39-40).

27 Voir *Le Curé de Brèves* dans *Colas Brugnon.*

28 Pour des considérations plus profondes sur le (non) investissement de la part du producteur dans son produit, on se reportera au texte de l'auteur néerlandais Simon Carmiggelt qui nous invite à rapprocher le flux de mots fixé par le scripteur et le flux des canaux d'Amsterdam, charriant toutes sortes d'objets, bloqués par l'arrondi du mur des ponts. Ce texte, initulé *Collage,* figure avec l'aimable permission de l'auteur dans l'appendice. Ma chère collègue Anne-Marie de Both a bien voulu traduire ce fragment sans rien lui faire perdre de sa saveur ironique.

Il a été traduit en anglais par Elizabeth Willems-Treeman et figure dans le recueil *I'm Just Kidding,* Amsterdam, Uitgeverij De Arbeiderspers, 1972, p. 82-83.

## S. Carmiggelt - collage

J'ai fait récemment une découverte si révolutionnaire sur le plan culturel que je ne peux m'empêcher de vous en faire part. Je rentrais chez moi après avoir visité l'exposition de R. Rauschenberg, le roi du pop-art, au Musée Municipal d'Amsterdam.

Arrivé sur un pont qui enjambait un canal, je m'arrêtai soudain. Je ne saurais dire pourquoi. Disons que ce fut une inspiration.

Je me penchai sur le parapet. Le mur qui bordait le canal était légèrement incurvé par suite de la proximité du pont si bien que toutes sortes de résidus entraînés par le courant s'étaient accumulés dans l'arrondi du mur. Je vis une planche d'un rouge sale, à demi-fendue, sur laquelle reposaient deux boîtes d'un vert cadavérique.

Contre cet ensemble, s'appuyait une énorme bouteille de plastic blanc surmontée d'un bouchon bleu; une bottine en caoutchouc brun la séparait d'un long couvercle de casserole gris sur lequel s'étalait un exemplaire du magazine illustré Avenue.

La dernière touche, ou si l'on veut l'âme de la composition était constituée par la main d'un mannequin d'étalage qui émergeait désespérément de l'eau glauque du canal.

Pourquoi était-ce une découverte culturelle remarquable? A quelqu'un qui demandait ce que représentaient des "Soundings" - une série de chaises empilées et cachées par des miroirs qui deviennent par endroits transparents et ne permettent de les voir que si le spectateur glapit, chante ou émet des sons bizarres dans un microphone - il répondit: "La dignité du spectateur est importante. Plus importante que celle de l'artiste. Le spectateur est lui-même responsable de ce qu'il voit. S'il ne demande rien, il ne voit rien".

Disons donc que ma dignité et ma responsabilité personnelles firent un collage de la composition que je voyais depuis le pont; ma fantaisie en déterminait le contenu, la signification et le message. J'étais enfin libéré de l'immixtion intempestive d'un quelconque individu qui se baptise artiste - aussi minime que soit sa contribution artistique - libéré de la vision arbitraire, conventionnelle dans laquelle il essayait de me sangler.

Comprenez-vous maintenant pourquoi là, sur le pont, les larmes ruisselaient le long de mes joues? Je venais enfin de résoudre le problème ardu auquel se heurte, ces derniers temps, le monde artistique tout entier, à savoir: "Comment éliminer radicalement l'artiste?" Il y avait là un chef-d'oeuvre - et pourquoi ne serait-ce pas un chef-d'oeuvre si je proclamais que c'en était un - qui n'avait été créé par personne. Le canal l'avait créé à partir de déchets provenant d'Amstellodamois impossibles à identifier. Et, comble de merveille, le collage n'était pas encore terminé et n'était par conséquent ni mort ni à l'abandon. Avec le secours de la pluie, du vent et du soleil, la ville s'appliquait à le parfaire.

Au cours des semaines qui suivirent, je retournai cinq fois vers ce qui se passait sous ce pont et chaque fois, la composition était différente. Un jour, par exemple, la bouteille de plastic blanc avait disparu. Elle avait été remplacée par un corset de femme, d'une autre époque. Pour moi, vrai spectateur inventif, le message était rigoureusement transformé. Une autre fois, je constatai l'absence d'une des deux boîtes d'un vert cadavérique. A sa place, sur la planche rouge, un petit canard prenait des bains de soleil. La main désespérée, elle, était toujours là ainsi que le numéro d'Avenue. La conclusion me paraît inévitable: fermez les musées, scrutez les canaux.

# L'Immémorial Simonien 2

*A travers les volutes et les feuilles de fonte du balcon il continue à percevoir confusément au-dessous de lui les silhouettes obscures des cavaliers qui se succèdent sur le fond de lumière.*
(Claude Simon, *Les Géorgiques*)

Nous avons vu que la figure d'écriture "comme si", dans les textes de Claude Simon, fait apparaître la fascination de l'auteur pour une causalité de l'ordre mécanique ou de l'ordre des puissances maléfiques. Le lecteur pourrait avoir l'impression que Simon, nourri de culture latine, lui suggère: "Moins bien renseigné, on pourrait croire que" ou même "Dans mon for intérieur, je crois que". L'auteur se trouve ainsi en bonne compagnie puisque Tolstoï, lui aussi, comme le signale Carr[1] (p. 101) considérait le "hasard" et "le génie" comme deux termes exprimant l'incapacité des êtres humains à comprendre les causes ultimes. Ce recours au hasard, à n'importe quel *deus ex machina* est parfaitement justifié dans une oeuvre de fiction alors que le travail de l'historien, selon Carr, est "un jeu de cartes qui se joue, pour ainsi dire, sans joker" (Carr, p. 75).

Mais ce n'est là qu'un des aspects de la causalité, telle qu'elle se présente chez Simon. Nous verrons qu'il se réfère parfois aux mouvements des plus petites particules de la matière, des atomes, à Empédocle. Et quand il s'agit de l'histoire de la famille, Simon se montre intéressé par l'accidentel. Rien n'empêche le romancier de manifester cet intérêt. En revanche l'historien de métier qui décrirait un événement comme un mauvais coup du sort s'exposerait au reproche de se soustraire à la recherche laborieuse des causes de cet événement. Carr note à ce sujet: "Lorsque quelqu'un me dit que l'histoire est une suite d'accidents, je suis enclin à le soupçonner de paresse intellectuelle ou d'une faible vitalité intellectuelle" (p. 102).

1 Parfois aussi Simon insiste sur l'élément individuel (non

pas héroïsant) de l'histoire. *L'Herbe* (p. 34-36) présente sous ce rapport un passage significatif où Pierre fait un développement sur l'Histoire, à propos du voyage entrepris à travers la France par sa soeur aînée, Marie, lorsque les Allemands envahissent son pays, exposé qu'il conclut en ces termes: "Nous aurons au moins appris cela: que si endurer l'Histoire (pas s'y résigner: l'endurer), c'est la faire, alors la terne existence d'une vieille dame, c'est l'Histoire elle-même, la matière même de l'Histoire".

Ainsi on voit certaines conceptions de l'histoire se dessiner en filigrane dans l'oeuvre de fiction. Simon semble estimer que l'histoire à la Von Ranke, dont l'idéal est de conserver pour la postérité les choses telles qu'elles se sont réellement passées (Carr, p. 8-9), n'existe pas, que tout effort d'objectivité est vain. Et quand il emploie le mot Histoire (avec majuscule) on ne sait jamais de quoi il s'agit, de l'histoire-événement ou de l'événement qui à force d'être "recordé" (raconté) va mener sa propre vie, une vie aux lois imperceptibles (G. Roubichou[2] a analysé cette ambiguïté dans l'exergue de *L'Herbe*). Simon se sert-il de cette majuscule pour marquer qu'il s'en prend à l'historiographie officielle qu'il n'apprécie pas beaucoup plus que celle des manuels dont il se moque? Parfois même on se demande s'il donne cette majuscule à l'histoire comme entité, comme hypostase du type de l'histoire-plante de Michelet[3] qui a influencé les notions historiques de Simon. Il partage l'opinion que toute histoire, même tout compte-rendu personnel, est une construction a posteriori. Cette histoire exige constamment révision. A partir des mêmes faits, des mêmes sources, à partir d'autres faits, d'autres sources, on arrive à des appréciations différentes. Simon semble se ranger ici du côté de Lytton Strachey (cité par lui dans les *Géorgiques* , comme nous le verrons au chapitre suivant) qui a dit un peu méchamment: "L'ignorance est la première condition requise pour l'historien, ignorance qui simplifie et clarifie, qui permet des sélections et des omissions" (Carr, p. 14). Les faits sont infinis, d'autres peuvent être avancés à charge ou à décharge; l'histoire qui est émiettée, plurielle, foisonnante, ne nous parvient entière que mythifiée, voir mystifiée. Mais une exigeante, autoritaire "logique" ou bien une idéologie s'applique à figer, à ternir les images que l'histoire transmet au lieu de se laisser saisir par elles, comme le ferait l'auteur de ficiton. Mais l'opinion commune, joliment dénoncée par Marc Ferro dans son *Comment on raconte l'histoire aux enfants à travers le monde entier* les érige en mythe[4].

Les interprétations des faits se suivent et ne se ressemblent pas. Le Brutus de Shakespeare est tenu tour à tour pour un régicide - ou pour le héros qui libère du tyran. La guerre d'indépendance, dite de "quatre-vingts ans" que les Hollandais ont menée contre L'Espagne a été comprise alternativement comme une guerre de religion (les Hollandais se considérant comme un autre peuple élu, ce qui nous rappelle le "God zij met ons", Dieu soit avec nous, du florin néerlandais), et comme une guerre d'independance. La dernière interprétation la présente comme une révolte, un acte de désespoir provoqué par la famine, donc un défi, une fureur nés de la non-satisfaction d'un besoin élémentaire de survie. (Mais ceci ne saurait bien sûr ternir la gloire du personnage héroïque de Kenau Simons Hasselaer[5] - il y a des rencontres dans les patronymes qui invitent à la réflexion! - qui, à la tête d'une compagnie de trois cents femmes valeureuses, aurait tenu tête en 1573 aux assiégeants espagnols de la ville de Haarlem).

Traditionnellement, écrire l'histoire c'est appliquer une grille de causes et d'effets, une grille logique, sur les événements, comme s'ils avaient pu être prévus, remonter jusqu'à leurs motifs certains, redescendre jusqu'à leurs influences successives, dans la certitude qu'une chaîne continue les relie. Simon pourrait très bien souscrire à l'opinion de Carr qui affirme que, dans cette conception de l'histoire, on oublie que les faits choisis par l'historien ressemblent "aux poissons qui nagent dans un vaste et
3 parfois inaccessible océan. Et ce que l'historien attrape

dépendra en partie du hasard mais principalement de la partie de l'océan où il choisit de pêcher, de son équipement - ces deux facteurs étant déterminés par le genre de poissons qu'il désire attraper. Grosso modo, l'historien aura le genre de faits qu'il désire" (p. 23).

Empruntons un exemple à Claude Simon. Celui du fameux "vote de l'ancêtre" dont il est question dans *La Route des Flandres* (e.a., p. 57) et dans *Les Géorgiques*[6]. Il ne pèserait certainement pas lourd dans une conception déterministe de l'histoire - même si cet ancêtre avait voté dans un autre sens, le roi qui devait être exécuté l'aurait été de toutes façons -. Si Claude Simon attribue tant d'importance à "cet ancêtre" et à son vote, cela semble aller à l'encontre d'une certaine conception déterministe de l'histoire, comprise comme enchaînement inévitable de causes et d'effets. Si ni le libre arbitre de l'homme ni la main de Dieu n'avaient de rôle dans l'histoire, l'homme, l'être social, serait le pur instrument de la causalité. Ainsi Louis XVI, recevant aux Tuileries le boucher Legendre et les envoyés du peuple, coiffa le bonnet phrygien et évita à ce moment-là un malheur. Mais ce geste incongru ou spontané ne put éviter que le roi ne fût finalement guillotiné. Une vision déterministe de l'histoire pose, en effet, que tel devait être son destin. Or c'est justement ce genre de détail - ce bonnet coiffé ou bien cette voix de la majorité - qui intéresse Claude Simon, quand il s'occupe de l'histoire.

Dans son appréciation du roman historique, Carr cite l'opinion de Trevor-Roper sur l'oeuvre de Lytton Strachey (qui sera cité par Simon dans son débat avec Orwell), pour qui "les problèmes historiques étaient toujours des problèmes de comportement individuel et d'excentricité individuelle ... Les problèmes historiques, les problèmes politiques et sociaux, il ne cherchait jamais à leur trouver une réponse, il ne cherchait même pas à se les poser" (p. 48).

Simon ne veut pas non plus faire oeuvre d'historien puisqu'il ne veut pas de la généralisation "qui distingue l'historien du collectionneur de faits"[7]. De là qu'il attache une importance telle aux documents de famille que l'historien le jugerait coupable d'un "fétichisme des documents" (Carr, p. 16) si caractéristique d'une certaine conception de l'Histoire datant du dix-neuvième siècle. Ce sont donc ces détails qui sont retenus par Simon et qui nourrissent son écriture. C'est pourquoi nous voudrions interroger l'oeuvre de Simon sur ces points énigmatiques, peu signifiants aux yeux de l'historiographe et cependant fascinants pour celui qui les regarde.

La mort figure parmi ces moments cruciaux qui articulent le texte simonien; elle constitue aussi le point où ceux-ci accèdent à l'immuabilité, donc le point de négation par excellence de toute histoire dans une acception de progrès. La mort, dans ces livres, ce sont d'abord des cadavres, des êtres surpris, immobiles, extatiques, un peu à la façon des amoureux sur leur lit. Ainsi la mort du capitaine dans *La Route des Flandres* est, elle aussi, en quelque sorte, le point de départ d'une longue réflexion narrative, pour la simple raison qu'elle suscite un questionnement sur tout le faisceau des faits qui y ont conduit. L'enchaînement de ces faits est en effet moins souligné que la valeur absolue que prend chacun d'eux par rapport aux autres éléments recueillis dans le texte. Par conséquent la mort s'inscrit à la fois dans un processus, elle représente un terme, mais étant donné son caractère définitif, elle constitue aussi bien le désaveu de ce processus. La mort est ce qui révèle une certaine imposture des constructions historiques. Elle renvoie à une causalité d'un autre type - celle d'une histoire tribale pour ainsi dire - où les individus meurent sans mourir car leur place est toujours conservée pour que d'autres, analogiquement, viennent l'occuper.

Les indications qui précèdent font comprendre qu'on peut réellement concevoir le texte de Simon comme une histoire à la place de l'Histoire, mais avec un autre statut. C'est une histoire "vraie" par rapport à une Histoire idéologique, a posteriori, "scientifique", comme celle des manuels. Et le milieu à l'intérieur duquel fonctionne cette histoire "vraie", c'est *la famille*, qui possède à la fois la dimension synchronique et la dimension diachronique, qui est prise dans l'autrefois et dans l'aujourd'hui avec tous ses rôles, le père, le fils etc., toujours présents forcément, mais là depuis toujours, et qui renvoient immédiatement aussi bien à ceux qui ont précédé qu'à ceux qui ont suivi dans la même lignée, avec les mêmes rôles. Autrement dit, l'auteur récupère le temps, mais un temps immuable ou du moins de longue durée; il y a donc dans son oeuvre à la fois la dimension *historique* et l'immédiateté de l'histoire *sans solution de continuité*. D'où l'importance d'actions-types des personnages de la famille, accrédités de gestes pour ainsi dire mythiques qui en définissent le sens. Exemple: la vieille Marie qui dans *L'Herbe* fait le voyage de Dôle au Midi de la France et dont la nature est d'avoir toujours été vieille, ce qui, dans ce cadre, lui confère un rôle symbolique.

La chose fondamentale est donc bien cette opposition entre histoire "vraie" et logique fausse de l'histoire des manuels. C'est ce qui explique l'importance de la *mort* comme phénomène de révélation de l'histoire "vraie": c'est en effet à ce moment-là que l'inanité de certaines interprétations historiques apparaît: la mort d'un personnage renvoie non pas à la succession événementielle, mais au contraire accomplit pour ainsi dire *paradoxalement* son existence. Cette mort constitue le point où l'histoire des faits chronologiques bascule pour révéler, à l'intérieur de la filière familiale, son inverse, c'est-à-dire une permanence d'un autre ordre dont nous soupçonnons seulement la nature.

Cela ne veut pas dire, bien sûr, qu'à l'intérieur de la famille, décalage, mobilité, evolution, temporalité ne jouent pas leur rôle. La famille comprend plusieurs groupes, clans, distribués selon les âges, les sexes, les attributions. C'est ainsi qu'on a le clan de ceux qui, tentent, telle Sabine[8] dans *La Route des Flandres*, d'inscrire la famille - dérisoirement? - dans l'histoire, de faire de la famille une autre histoire (fausse), de l'articuler à un modèle historique. C'est, par exemple, aussi le cas des vieilles dames qui dans *L'Herbe* rachètent leur demeure afin de donner une assise fondamentale à la famille, afin de lui fournir un sens, alors que dans la réalité du récit, la descendance (en l'espèce, Christine, Irène et Georges) ne font que passer; autrement dit, leur piété familiale semble promise au néant. Par conséquent, le modèle familial fonctionne comme substitut du modèle historique, tout en étant lui-même soumis à la tentation historique, du moins pour certains de ses membres, tandis qu'il est mis en échec par certains autres. La famille est donc le théâtre d'une lutte sourde entre vérité subjective de l'histoire et fausseté des constructions idéologiques qu'elle suscite.

Le texte de Simon fait apparaître ces deux penchants comme le montre bien la fascination pour le "vote" dont il a déjà été question, et qui est le point de convergence de la série familiale et de la série historique. Ce "vote", dans l'interprétation historique de la famille, signifie la résorption de l'événement dans l'Histoire. Cependant, c'est là une impossibilité, bien entendu, dans la mesure où la fiction impose simultanément l'idée inverse de l'immuabilité des destins. Ce vote signifie la mort. Or la mort est dans un certain sens le point de négation de l'Histoire.

*

Prenons les choses sous un autre angle. La causalité, chez Claude Simon, est pensée comme une chaîne spatiale qualitative, et non pas comme une chaîne logique d'éléments discrets, entièrement distincts les uns des autres, mais pourtant rapprochés par leur composition formelle (la forme du texte).

On peu dire, que, constamment, à partir du moment où Claude Simon abandonne le récit chronologiqe, il tend à lui substituer ce que j'appellerais un récit généalogique, *immémorial*, en ce sens que tous les personnages y occupent une place fixe mais incertaine, soustraite donc à la chronologie des biographies et des histoires. Un fragment de *L'Herbe* montre bien, à mon sens, ce mécanisme. Il s'agit du passage où sont évoqués les danseurs de la cathédrale de Séville qui, durant la Semaine Sainte, ont obtenu le droit de danser dans leur habit tant que celui-ci durera et qui pour cela le raccommodent, le rapiècent sans cesse, de sorte que peu à peu il ne subsiste plus rien du costume original, alors que pourtant l'habit reste. Or, bien qu'on affirme que l'habit ne fait pas le moine (en français du moins, car "Kleider machen Leute"), il est signe d'identité; on comprend que la nature de ces danseurs se situe outre-événement. Cet épisode, on s'en souvient, se trouve lié d'une part à la réparation des robes, d'autres part à la réparation de la maison en ruine. Nous n'avons en somme jamais affaire aux mêmes danseurs, aux mêmes habits, aux mêmes maisons; ceux-ci se succèdent dans le temps, tout en constituant toujours la même substance, ce qui est en parfaite conformité, à mon sens, avec les principes de composition du texte simonien. Il y a mutation fragmentaire de telle sorte que le tout, si on le voit de loin, est absolument neuf par rapport à l'état antérieur, tout en étant cependant identique. Ce processus est une façon de mettre en question la causalité historique, événementielle, anecdotique.

Un autre moyen de supprimer la chaîne historique, c'est la visualisation: ici la tactique employée consiste à transposer l'événement en ce qui peut en être vu:

> "(...), la molle et profonde terre avec ses vertes, scintillantes et paisibles rivières déroulant leur méandres, avec, de loin en loin, des jeunes gens morts-comme si leurs rives buissonneuses, leurs hauts peupliers, leurs ponts de pierre rongés et piquetés de mousse noire n'avaient été imaginés et créés de toute éternité que pour cela, que pour constituer la dernière vision imprimée sur la rétine des adolescents destinés à mourir, regardant l'eau paresseuse et lente, attendant dans la verte paix

> d'un soir de défaite et le silence des campagnes désertées, la chair haletante, le bref éclair, la brève brûlure de leur mort), (...)".
>
> (*L'Herbe*, p. 28-29)

Tout se passe, dans cet épisode, comme si tout le passé des personnages avait été conçu pour devenir spectacle, tableau. Le point fondamental c'est la négation complète de ce qui est présenté dans l'évocation idéologique de l'histoire comme mouvement évolutif: de la guerre, en l'espèce, il ne subsiste que des moments[9]. Trois siècles de danses, d'Espagne aboutissent sur la pellicule qu'en présente un manteau entièrement rapiécé, toute une catastrophe aboutit sur le cristallin d'un oeil.

De la même façon, la mise en question du mouvement spatial vient doubler celle du mouvement temporel. Ainsi nous trouvons dans l'oeuvre de Claude Simon un certain nombre de trains et de mouvements ferroviaires; des trains qui sont saisis, ou bien au point de convergence - leurs trajectoires diverses s'annulant donc après avoir roulé - ou bien surpris, arrêtés dans la campagne, ou bien encore circulant en sens inverse, se croisant, faisant la navette, se trouvant rangés dans une gare de triage, mis sur d'autres voies, en instance de redistribution etc. Des mouvements s'annulant.

Claude Simon tente d'éviter les pièges de l'histoire causale en combattant par tous les moyens la croyance en l'événement comme générateur de sens. Il faut en revenir ici à la généalogie. La famille transcende l'histoire. Les individus y sont interchangeables, substituables. On ne sait jamais très bien à quel niveau de généalogie la narration se situe, on ne sait jamais très précisément si l'action se situe au niveau du grand-père ou du petit-fils. La reconstruction est impossible et il n'est même pas certain-loin de là - que l'auteur, comme dans le bon vieux roman d'autrefois, se réserve la connaissance fondamentale de cette question des relations entre les personnages; visiblement, la vérité, à cette échelle, fait défaut. Le texte propose, pour nous du moins, le point d'où cela est pensé, repensé: ce point de convergence est à la fois un point d'émergence, et c'est évidemment "l'auteur". C'est là un foyer générateur mais non pas moralisateur. C'est de là qu'émane le texte; mais le problème n'est pas de savoir ce qu'il veut dire: il construit, il diffuse, il "bricole" ou est bricolé.

*

Ce qui précède nous a permis de voir à quel point le narrateur est hanté par ce qu'il faut appeler un "défaut d'Histoire" ou par une dimension ponctuelle des choses, par une sorte de nature de la substance *réfractaire* à l'histoire. Par exemple dire d'une chose, comme le fait souvent Simon, qu'elle est "paisible", c'est la saisir, la situer autrement que dans un engrenage historique, la soustraire d'une certaine façon au mécanisme historique habituel. (Un peu de la même façon les objets sans valeur légués par Marie à Louise dans *L'Herbe* prennent un sens historique "vrai", non plus parce qu'ils sont "historiques" mais parce qu'ils sont symboles de la pérennité tribale ou de l'immuabilité des temps.) Simon n'utilise donc pas simplement "paisible" comme un qualificatif plus ou moins métaphorique (ou "ironique" comme le propose Sykes,[10] d'objets qui sont réellement paisibles d'après ce qu'on en sait, mais il a tendance à utiliser cet adjectif dans le contexte de mécanismes, d'événements qui justement ne le sont pas: la guerre, les effets de la guerre, sans pourtant vouloir par là les tourner en dérision. En somme, il privilégie des instants qui ne sauraient être "paisibles" dans notre perception normée, pour nous faire sentir à quel point l'histoire "vraie" se développe selon une autre figure ou un autre régime. Ce qu'on voit de la guerre, ce qu'il y a à voir de la guerre c'est un *tableau* où la "beauté" pré - domine et non plus seulement l'horreur pure et simple de l'événement[11]; la guerre débouche sur une scène. Comme nous l'avons déjà remarqué, toute la guerre vient se réfléchir sur la rétine d'un oeil, celui du mort, celui qui regarde fixement, c'est-à-dire ne participe pas. Nous avons là de nouveau une négation de la dimension historique étroitement conventionnelle, une négation de la révolution interprétée comme un pur mécanisme de transformation.

*

Dans le même sens, il nous faut constater maintenant qu'à cette mise en question correspond dans la trame narrative l'absence de continuité chronologique. Ce à quoi le lecteur se trouve confronté est une marquetterie textuelle, un ensemble de morceaux mis bout à bout et qui, apparemment, ne s'articulent jamais parfaitement car une logique d'un autre ordre préside à leur enchaînement. Chez Jankélévitch[12] nous trouvons une réflexion instructive sur le morcellement, la fragmentation, le collage, que nous pourrions appliquer au travail de Claude Simon. D'après ce philosophe, la pensée s'installe au centre du monde morcelé pour y mettre de l'ordre à la façon de l'histoire traditionnelle ou bien elle fait parler le morcellement, s'abandonne au morcellement:

> "Quelle malédiction imposa aux êtres de se restreindre pour exister effectivement? (...) *On ne peut pas être à la fois tout et quelque chose,* et l'obligation de choisir entre ces incompatibles fait tout ensemble la grandeur et la misère de la conscience. La pensée, s'articulant en mots et en concepts, dissocie le bloc des pressentiments coalisés".

L'on pourrait dire que l'oeuvre de Claude Simon se construit sur des "pressentiments coalisés" qu'il ne s'agit pas de dissocier, mais bien au contraire d'associer:

> "C'est l'ironie du morcelage. Notre tactique est de pratiquer partout la disjonction des éléments, d'éviter à tout prix que l'univers ne figure derechef en chacune de ses parties. L'univers serait le plus fort, si nous le laissions se totaliser dans chaque détail et partout reconstituer le front uni de l'expérience crédule. (...) La conscience, c'est

> tout ensemble la mappemonde où s'ordonne la confusion de l'omniprésence, le calendrier qui localise, distribue et circonscrit les événements. La conscience, c'est de dire: *Aujourd'hui* ou *Ici*, avec une nuance restrictive et en souriant des folles angoisses ou des prétentions insensées à l'ubiquité".

D'une part, on assiste à la fragmentation du réel ou du récit mais d'autre part le morcellement n'aboutit pas au chaos. Un mécanisme, phénomène d'*assimilation* et de restructuration, est à l'oeuvre que Jankélévitch décrit de la façon suivante:

> "Or il subsiste en nous quelque chose de total après que l'univers - [la fable ] - est depuis longtemps loti en parcelles insignifiantes et la durée en incidents minuscules".

"Ce quelque chose de total", c'est justement ce à quoi Claude Simon veut en venir. Il n'a pas pour but de découper, de distinguer, de rompre, d'enchaîner les causes (car c'est là le travail de la raison raisonnante, d'une conception fausse de l'histoire). Son but est au contraire, mais comme secrètement, par le biais d'une série infinie de récits emboîtés, et à partir de ce qu'on appelle à tort ou à raison les générateurs, d'engendrer une *nécessité* d'un autre ordre.

*

Nous avons en effet affaire à une tout autre conception du récit, de l'histoire, de la liaison des phénomènes. Traditionnellement tout récit possède un début, une fin, suppose une origine, une évolution, un épilogue et c'est ce mouvement-là qui donne son sens à chacun des événements qui se produit sur la chaîne narrative. Chez Simon une théorie, disons implicite, pense le sens tout à fait différemment, non pas du tout comme en provenance de la linéarité, mais comme résultat d'une saturation croissante. C'est dire que le sens est un phénomène d'intégration. Il se dégage lentement, progressivement du texte, sans passer à vrai dire par une station inaugurative, ni par une station terminale, et finit par imposer la certitude de sa nécessité. En somme le livre se clôt comme par un phénomène de complétude: tel le promeneur d'*Orion aveugle*, qui s'arrête par "épuisement", mais une fois arrivé au bout de sa promenade.

Les livres de Simon sont des livres pleins, ils ne connaissent pas, eux non plus, le vide. Le plein textuel, dont on pourrait supposer qu'il entraîne la satisfaction et une sorte de béatitude, est au contraire générateur d'angoisse. C'est le paradoxe. En effet un livre plein est un livre "terminé". Ainsi, dans *Triptyque* l'avant dernier geste aboutit-il à représenter le plein du livre: un personnage place l'ultime pièce d'un puzzle. Or, tout à la fin du livre on le voit soudain disperser à nouveau toutes ses pièces. Autrement dit, d'une part, si nous interprétons bien, le sens est supposé, désiré comme *un effet de plénitude*, d'autre part cette plénitude est refusée, tout autant que le genre de cohésion qui proviendrait d'un récit de facture traditionnelle.

En somme les livres de Simon sont pleins, en instance d'immobilité, près d'arriver à leur terme. Le geste symbolique de *Triptique*, tout comme la substance narrative simonienne, n'a pour but que d'être indéfiniment recommencé. Le texte ne parvient à aucune réponse définitive. Son apaisement est une limite à laquelle il tend, sans jamais pourtant l'atteindre pour de bon. Bataille écrit quelque part: "Dans l'histoire il ne reste pas beaucoup de place pour le repos"[13]. On constate que dans le récit simonien, il n'y en a guère non plus, alors que justement c'est ce "repos", l'apparente "nature morte" des textes, qui se trouve mise, contradictoirement, en valeur. Ainsi les motifs du texte sont-ils à la fois *figés* dans le discours du descripteur et repris et relancés sans fin par celui-ci.

*

Mais passons outre aux spéculations et venons-en aux textes. Nous cherchons comment, malgré tous les phénomènes bien visibles de parcellisation et d'émiettement, une composition se fait jour, une homogénéisation s'élabore, bon gré mal gré, comment aussi une tension organisatrice, faut-il dire téléologique, se fraie un chemin. Le principe que nous sentons à l'oeuvre dans les exemples qui suivent, n'est pas pris en charge explicitement par le narrateur, bien entendu, mais (telle est notre hypothèse) se manifeste au niveau des embrayeurs, des qualificatifs, et aussi de certaines scènes plus développées, qui reparaissent avec persistance et qui désignent au lecteur attentif ce qu'il s'agit pour lui de dépister.

Ouvrons pour commencer *La Corde Raide*, p. 115-116[14]. Nous y surprenons un père de famille, arrachant sa fille au spectacle indécent que serait une toile de Cézanne. On pourrait dire que cet honnête père de famille a raison, mais pas pour les raisons qu'il pense:

> "Je ne sais plus quel était le tableau que le monsieur jugea dangereux pour l'avenir spirituel de sa descendance femelle à laquelle il laissait certainement admirer à loisir - si tant est qu'il ne l'y conduisit lui-même - les voluptueuses et charnelles nudités des maîtres italiens. Il se peut que la toile en question représentât justement des baigneuses. De ces corps presque assexués en mouvement dans une éternité suspendue sans terme et sans autre raison que l'irradiant frémissement de leurs gestes sans commencement, sans fin. Il se peut aussi bien que ce fût l'ordinaire désordre d'une table de cuisine ou d'office, une formelle et formidable évidence, saturée de majesté et d'ordre, s'offrant comme l'impassible visage d'une divinité sans culte, sans exigence et sans autre pitié que l'exemple de sa propre grandeur et de sa propre sérénité.
>
> Et précisément, baigneuses ou pommes n'avaient rien

> de féerique. Du moins si l'on s'en rapporte au sens présent et passé de ce qualificatif qui, de Mélusine aux spectacles qui se déroulent sur la scène du Châtelet, suppose l'intervention d'un personnage surnaturel pourvu de baguettes ou de trappes, les unes et les autres seules susceptibles de faire surgir des apparitions irréelles dans un éclairage de feux de Bengale".

En effet, si le père a raison, ce n'est pas parce que les figures censées être sur cette toile sont indécentes, mais parce que les spectacles "sans terme", sans raison "objective", eux, sont ressentis comme indécents, obscènes. Ce qui n'est pas producteur de sens, ni moralisateur apparaît comme insupportable, indécent.

A cela s'ajoute que ce qui se trouve peint sur la toile de Cézanne est reçu comme une évidence rapportée à un "être-là", à quelque chose comme une divinité. Comme s'il y avait là donc révélation d'un spectacle. Mais qu'est-ce que cela veut dire, dans ce contexte, sinon justement l'immuabilité et la mise en question de la pseudo-dynamique de l'histoire?

Le texte oppose le "féerique", qu'offre le Châtelet à ses spectateurs, à "une formelle et formidable évidence, saturée de majesté et d'ordre, s'offrant comme l'impassible visage d'une divinité sans culte, sans exigence et sans autre pitié que l'exemple de sa propre grandeur et de sa propre sérénité".

C'est ce que le spectacle déshistorisé traduit, donc appelle, nécessite, et c'est ce qui est insupportable pour le sens commun. Il y a donc d'un côté les féeries morales, de l'autre, un dieu sans visage, sans nom, sans sens ni morale, "formidable évidence" par opposition à la fée, à Merlin, au prestidigitateur, à "l'illusionniste" qui eux font - mais de quel faire! - de l'histoire, en somme. Le texte se centre véritablement sur l'opposition entre la formidable évidence de la divinité "sans culte, sans exigence" et les Merlins de toute obédience.



*

Dans le même sens, le texte simonien oblige à penser à la fois ordre et désordre, ordre d'un autre ordre, pour ainsi dire, que le temps des horloges. Nous voudrions le montrer en nous appuyant sur l'analyse de Sykes. Celui-ci parle de "certains textes ou images autour desquels viendront *s'agglutiner* les descriptions dont sera fait le texte romanesque". Cependant, bien qu'il s'agisse d'un monde "démuni de poteaux indicateurs", - la formule de Simon s'applique à Cézanne -, ce monde est rigoureusement ordonné. Les poteaux indicateurs relèvent de l'histoire idéologique, élaborée a posteriori, sont extérieurs à la substance, sont plantés de l'extérieur et commandent un ordre qui ne leur est pas commensurable. Ils relèvent de la fausse conscience historique ou morale auxquelles ne participe pas le personnage.

Ce qu'il est important de noter, pour essayer de cerner ce concept d'ordre asignifiant, sans finalité, paradoxal donc, c'est qu'il s'inscrit dans *l'instantané, le momentané*. Autrement dit, cet ordre-là trompe sur son ascendance, rompt avec sa descendance comme point d'aboutissement, il est coupé des causes et des effets. La rigueur dans l'ordre du momentané tend à prouver que le moi se dérobe à toute tentative visant à l'enfermer dans l'histoire linéaire. Cependant, "l'immuable et irréversible acheminement vers la mort" (*L'Herbe*, p. 23) constitue pour ce moi comme un destin. L'évocation de cette immuabilité semble être contredite par l'irréversibilité qui lui est inhérente et donne un sens à la vie: la mort est bien la fin comme point de révélation, mais aussi de cessation de la personne. C'est ce que nous avons déjà pu constater. Ce ne sont d'ailleurs pas les marques de cette contradiction qui manquent:

> "Contemplant donc (à travers ces deux seules et dérisoires fissures, les yeux, qui permettent sans doute à son esprit de se glisser, s'évader- comme si lui aussi était forcé d'agir par ruse, clandestinement, de profiter pour ainsi dire d'une faille, d'un défaut de la matière-hors de la mon-

strueuse prison de chair avec une sorte de lassitude, de perplexité, de songeuse incrédulité) celui dont il lui faut probablement admettre qu'il l'a engendré, c'est-à-dire tiré du néant originel (...)".

(*L'Herbe*, p. 144)

Dans cet échange de regards, la substance du sujet apparaît à un endroit précis et cet endroit c'est l'oeil. Et s'il est vrai que par cet oeil le sujet échappe à une certaine identité, c'est aussi exactement sur l'oeil que vient s'inscrire l'immuabilité des scènes qu'il enregistre. Le regard qui s'échappe, que peut-il capter, que comprend-il? Il donne ouverture non pas sur l'histoire, mais, comme il fallait s'y attendre, sur la *généalogie*.

Autre trace de cette signification latente, discrète, d'un autre registre:

"Rien qu'une vieille femme. Une vieille fille. Rien d'autre. (...) Comme si elle n'avait jamais été rien autre que cela (...)"

(*L'Herbe*, p. 26)

La négation revient à trois reprises. L'insistance de ce "rien que" nie le signifié de ce "rien que" car ce "rien que" d'une part indique "pas plus que", "que cela", mais d'autre part, l'insistance inscrit le doute sur la formule même qui doit éliminer le doute. C'est comme si, à force d'insister, l'on désignait l'inverse de ce que l'on dit. Et le long paragraphe qui va suivre à ce sujet ne fait que démontrer que ce qui est éliminé par le texte s'y trouve réinscrit immédiatement. C'est là encore une façon d'insister sur la "formidable évidence" non-historique - en un certain sens - des choses.

Un procédé tout à fait fréquent dans les textes de Simon confirme notre hypothèse. Il s'agit de l'accumulation de mots désignant un point d'aboutissement ou un point de départ de la vision organisatrice. Le passage suivant nous en fournit un exemple:

"(...) n'ayant donc pas été successivement une enfant, une adolescente, une femme, mais surgie un jour au monde, quatre-vingt-quatre ans plus tôt, *telle déjà qu'* elle était apparue (il y avait *maintenant* dix ans de cela) à la grille du parc (...)".

(*L'Herbe*, p. 27)

Les expressions *déjà, telle que, maintenant* sont des mots jalons à partir desquels les moments du texte recoivent leur sens.

Comme on le voit, le texte vise à éliminer les points de repère globaux, mais fonctionne sur des points de repère quand même, introduit des distances, mais des distances non significatives, sans rapport avec une continuité géographique ou temporelle. En somme les repères linéaires qui subsistent sont absolument concertés, on a "quatre-vingt-quatre ans", des "plus tôt", des "ici". Ce qui est remarquable, c'est que ces points de référence fixes permettent de situer les divers éléments de la fiction dans leurs rapports sans les soumettre au temps nécessaire de la chronologie.

Il y a donc présence d'un temps mais sans calendrier, comme il y a présence d'un espace mais sans géographie:

"(...) ayant fait à pied sous le soleil de juin les deux kilomètres qui séparaient la gare de la propriété (et, bien plus: venant de parcourir plus de la moitié de la France, tout au moins son territoire, (...)".

(*L'Herbe*, p. 27)

De même que nous sont fournies des dates hors calendrier, nous suivons des trajectoires de trains dans l'espace sans jamais connaître leurs points de départ ou d'arrivée ("Dôle" est moins un lieu géographique qu'un point de départ quasi-fictif). Le "train" fonctionne comme ces "quatre-vingt-quatre ans". Il se déplace dans le temps et dans l'espace, plus qu'il ne se rend à ses gares.



Toujours dans le même sens, le texte de Simon témoigne

abondamment de ce qu'il faut appeler la théâtralisation des événements. Les pages 29-30 de *L'Herbe* offrent un bel exemple de la différence que le texte élabore entre scène et événement:

> "(...) disant: "si c'est possible. Etre bête à ce point. Croyez-vous. Une vieille femme comme moi..." (la scène-on l'avait plus tard décrite à Louise - s'étant déroulée ainsi: des personnages, un groupe de personnages paisiblement assis sous le grand marronnier, comme dans un de ces tableaux impressionnistes où des dames et des messieurs en costumes estivaux sont groupés sur des chaises et des fauteuils de rotin autour d'une table (...)".

Le passage de l'événement à la scène n'implique aucun désordre, car la scène vise à grouper les personnages, mais "immuablement" (et "paisiblement"). La scène nie la finalité événementielle tout en mettant en évidence l'ordre fixe de leur position à la façon d'une composition picturale, comme en à-plat.

*

Le récit simonien est imprégné de cette hantise généalogique, particulièrement sensible dans le passage suivant de *L'Herbe* (p. 43-44), qui a trait à ce qu'on pourrait appeler l'héritage des mots. En effet, les mots en tant que tels, obéissent aux mêmes principes d'organisation que les objets qui ont été évoqués plus haut:

> "(...) donc, les deux soeurs réussissant à élever leur frère, non seulement dans le sens courant du terme, mais dans sa pleine acception, le poussant, le hissant littéralement de la condition de fils d'un paysan analphabète, illettré, à celle non seulement de lettré mais encore de maître (car c'était dans cela qu'il s'était spécialisé, ce fut cela qu'il enseigna plus tard à la Faculté) de ce langage, de
9 ces mots que son père n'avait jamais pu réussir à

> lire, encore moins à écrire, tout juste à balbutier, lui les ayant pour ainsi dire non seulement conquis, assimilés, mais, comme tous les conquérants en usent avec leurs conquêtes, démembrés, dépouillés, vidés de ce mystère, ce pouvoir terrifiant que possède toute chose ou toute personne inconnue, sans antécédents ni passé, fruits apparents de quelque génération spontanée, mystérieuse, presque surnaturelle: s'étant donc attaché à leur découvrir une ascendance, une généalogie et, partant, à leur prédire, leur assigner une inéluctable dégénérescence, une sénilité, une mort, comme si, ce faisant et par une sorte de pieuse vengeance filiale, il affirmait l'invincible prééminence du vieil analphabète (des générations d'analphabètes aux mains calleuses, aux jambes lentes, au parler lent, aux reins courbés sans repos depuis le commencement du monde vers la terre nourricière, répétant, sans fin les mêmes gestes millénaires, taciturnes, secrets) sur les instruments subtils, perfides et éphémères de toute pensée, comme eux subtile, perfide et éphémère".

Cette volonté, chez le frère, d'assigner une finalité à tout, est liée au fait que l'homme prétend maîtriser le langage et qu'il est capable de coucher quelque chose par écrit, alors qu'une tout autre vision du monde, propre peut-être à l'analphabète, comme on dit, "courbé vers la terre", ordonne son monde ou son histoire d'une tout autre manière, simplement parce qu'il s'intéresse au silence et parce que, pour lui, l'ordre des bruits est beaucoup plus important que celui des paroles ou des écrits. Or cette primitivité du personnage analphabète qui le rattache à l'ordre des bruits, (et non pas du discours) instaure une certaine simultanéité, fait correspondre à nouveau action et discours, de la même façon peut-être que le texte simonien. Ce n'est donc pas seulement par le truchement des trains, de la lignée, mais aussi au moyen des mots que l'on peut être tenté de remonter dans le temps à la façon du petit-fils dans ce fragment. Non sans une certaine dérision. Ce maître, ce professeur de mots, est tenté par une opération peut-être comparable à celle de l'écrivain. Il s'agit aussi bien pour l'un que pour l'autre de remonter par les mots à l'origine, c'est-à-dire au père générateur, à ce qui, en somme, les nie eux-mêmes, puisque celui-ci est la vivante illustration que l'opération de l'étymologiste-faut-il dire celle de l'écrivain? - est vaine ou du moins sans fin. Il s'agit là, en effet, d'une recherche d'un ordre désespéré à l'intérieur d'un monde où les objets sont par saisis la nécessité historique.

Dieu a confié à Adam la tâche de donner un nom à toute chose. Adam avait ce don inné. Le nom donne du pouvoir sur les choses. Or comme chacun sait, chaque chose ne porte pas en tous lieux le même nom. Babel est chargé de nous expliquer le phénomène. Le langage n'a donc plus la dimension absolue qu'on lui prête. Le fils, dans le fragment, nous montre que celui-ci est quelque chose de mortel, qui périra, se dégradera, deviendra moins essentiel que le travail de la terre. Les mots sont devenus graduellement instruments de la pensée, ils ne rythment plus l'action, amis s'en sont progressivement détachés, c'est cela la chute originelle du langage. Pierre le lettré, l'homme des bibliothèques, étranger au monde ou le faire et le dire coïncident, à ce monde où les actions silencieuses, mais "parlantes" ne mentent pas ("Wenn die Seele spricht, spricht auch schon die Seele nicht mehr"[15]), obéit à la puissante suggestion de cette identité. C'est-à-dire que dégradant le langage, Pierre, le fils, travaille symptomatiquement à la réhabilitation de son père.

Pouvons-nous conclure que l'angoisse qui habite ce personnage, liée à la non-connaissance ou à l'ignorance des choses de la terre, liée aux origines, doit se comprendre comme une exhortation, fondatrice de l'écriture, à recueillir ou recontruire l'immémorial passé?

NOTES

1 E.H. Carr, *What is History*, The George Macauly Trevelyan lectures delivered in the university of Cambridge, january-march 1961. Nous nous référons à la réimpression de 1980 dans la collection Penguin.

2 *Lecture de l'Herbe de Claude Simon*, Edition L'Age d'homme, 1976 (coll. Lettera), chap. 3: "Lecture de l'épigraphe" (p. 51-61).

3 Nous empruntons le terme "Histoire-plante" à Roland Barthes, *Michelet*, éd. du Seuil, 1954 (coll. Ecrivains de toujours), p. 33.

4 Paris, Payot 1981.

5 Simons est en néerlandais le génitif de Simon

6 "(...) il n'était là que pour témoigner de l'inapaisable vindicte dans laquelle, indifférent au temps, aux êtres, aux ventes successives et au progrès mécanique, le fantôme acéphale d'un roi décapité confondait dans sa fureur vengeresse sans distinction d'années, de décennies, de lustres, de personnes ni de propriétaires la demeure ancestrale de son juge et l'esprit même de ce siècle encyclopédique, inventif et sacrilège coupable, en même temps que de sa mort, d'avoir engendré la lignée des puantes machines dont une des ultimes incarnations était venue s'échouer là sous l'espèce métallique, huileuse et impotente d'un tracteur Ferguson".
(G., Les Editions de Minuit, 1981, p. 145-146)

7 Carr, *op. cit.*, p. 64.
Si Claude Simon ne fait pas oeuvre de généralisation, il se dégage néanmoins de son oeuvre de fiction une vision de l'histoire non pas linéaire mais cyclique, idéologie caractéristique, dit Carr, "d'une société en déclin et déjà prônée par Marc-Aurèle" (p. 43). Nous verrons au chapitre suivant que Claude Simon engage, à l'intérieur de son oeuvre de fiction, un débat avec Orwell sur les possibilités d'une historiographie plus ou moins objective, débat qui, ainsi inséré dans la fiction, y fait figure de corps étranger.

8 Voir notamment *La Route des Flandres*, p. 52-58.

9 Par exemple "la prise d'armes", *La Route des Flandres*, p. 203 et l'apparition du "vieux général", *Les Géorgiques*, p. 120-124.

10 Sykes (Stuart), *Les romans de Claude Simon*, Paris, Minuit, 1979 (Coll. Arguments), p. 75-76.

11 Pour un rappochement entre le texte de *l'Herbe* et le texte de Rimbaud *(Le Dormeur du Val)*, voir: Apeldoorn, J. van & Grivel, Ch. "Entretien avec Claude Simon (le

17 avril 1979)", dans *Ecriture de la Religion. Ecriture du Roman*, textes réunis par Ch. Grivel, Groningue, Centre Culturel français; Lille, Presses Universitaires, p. 100-101.

12 *L'Ironie*, Flammarion, 1979, (coll. Champs), p. 22-23.

13 Georges Bataille, *Oeuvres Complètes I*, Gallimard, 1970, p. 467.

14 *Editions du Sagittaire*, 1947. Ce passage a été analysé par Sykes, *op. cit.*, p. 23-24.

15 "Quand l'âme parle ce n'est déjà plus l'âme qui prend la parole".

# Une pratique de l'intertextualité: Claude Simon, lecteur d'Orwell

3

*Non pas la tragédie, les cris, l'accidentel, le spectaculaire, mais ce qui constitue pour ainsi dire la trame même de l'existence*
(Claude Simon, *L'Herbe*)

*Une somme simonienne*

Le dernier roman de Claude Simon, *Les Géorgiques*[1], s'ouvre sur un prologue ayant pour objet un dessin dont la description (le descriptif était à l'origine avant tout un discours d'escorte sur une image[2]) vise moins à réactiver l'anecdote qu'à insister sur la "facture". Ce début, qui rappelle celui de *Triptique* ("La carte postale représente") contient à propos de la facture du dessin une remarque qui, aux yeux de l'auteur, vaut pour l'ensemble de son texte à lui et constitue ainsi, dès la troisième page, un avertissement à peine voilé, au lecteur: "Il est évident que la lecture d'un tel dessin n'est possible qu'en fonction d'un code d'écriture admis d'avance par chacune des deux parties, le dessinateur et le spectateur". Et si ce lecteur sait que Claude Simon, qui aurait voulu être peintre, a travaillé pendant cinq ans à ce roman, il sera tenté d'interpréter encore d'autres passages sur les deux registres de la peinture et de l'écriture: "(...) la facture du dessin exécuté sur une feuille de papier (ou une toile d'un grain très fin) à l'aide d'une mine de plomb soigneusement et constamment (de façon presque maniaque) réaffutée par l'artiste au cours de son travail".

La première des cinq parties commence par un résumé, non chronologique, en phrases très courtes, des déplacements, des fonctions, des exploits de l'ancêtre régicide déjà mis en scène dans *La Route des Flandres*, qui, ayant voté la mort du roi à la Convention, a jeté l'opprobre sur ses descendants et au sujet de qui, au dire de l'auteur lui-même, une de ses tantes avait coutume de répéter que "ce jour-là il aurait mieux fait de rester à la maison!". Le narrateur va alors essayer de sonder le secret de la vie de cet ancêtre à l'aide des archives qu'il a laissées: journaux, notes sur son travail comme général ou comme gouverneur, missives aux généraux des corps d'armée, communications sur les chevaux qu'il a achetés dans ses randonnées et qu'il a envoyés à son domaine, lettres à sa nourrice Batti, régisseuse de ses terres pendant ses longues absences, contenant des instructions précises sur l'élevages des chevaux et sur les travaux de la terre à accomplir.

Dans le corps de ce résumé, présenté sous forme de chronique, sont insérés des fragments en italique dont les premiers relatent des événements qui avaient déjà fait l'objet d'une première version, plus élaborée dans *La corde raide*, *La route des Flandres* et *Le Palace*. Ainsi le lecteur, tant soit peu exercé, est porté dès le début à associer la trajectoire de l'ancêtre et celle du soldat de la guerre de '39. Si ce lecteur, faute d'avoir lu les ouvrages antérieurs, risque de ne pas savoir faire le départ entre ces deux séries d'événements, "les avions" sont là pour éclairer sa lanterne. Il semble que, plus que dans les deux romans précédents, Simon se soit préoccupé de ce problème de l'information minimale nécessaire dans un texte pour permettre au lecteur de saisir et d'approfondir la prolifération des contrastes et des correspondances[3].

Le narrateur, ou plutôt le transcripteur des archives de l'ancêtre, se met en scène comme lecteur de ces documents et nous fournit des détails sur sa main de lecteur ("Il cesse de feuilleter les cahiers et regarde sa main dans le soleil qui fait ressortir les milliers de rides plus ou moins larges se chevauchant (...)", p. 28) qui pourraient s'appliquer aussi bien à celle de l'ancêtre écrivant ses souvenirs dans la dernière année de sa vie ("Ce qu'il a appelé à plusieurs reprises dans ses lettres "l'intervalle qui sépare la vie de la mort", p. 75), parce que ces détails décrivent des particularités (de dégradation) physiques qui sont de tous les temps et auxquelles aucun être humain n'échappe.

La deuxième partie constitue un seul bloc (sans italique) où sont évoqués des souvenirs de guerre de l'hiver précédant la débâcle de mai 1940 qui elle, avait fait l'objet de *La route des Flandres*. Plus de vingt ans après cet ouvrage, et plus de quarante ans après les événements, l'auteur insiste surtout sur le froid, les circonstances météorologiques, la dimension cosmique et poétique de cet hivernage précédant la catastrophe, ce qui confère un caractère outre-événements à ce récit qui entre ainsi en harmonie avec l'ensemble:

> "Mais le temps n'était pas encore venu. Sans doute fallait-il que d'abord ils (les hommes, les cavaliers) passent (comme au cours de ces initiations rituelles que pratiquent des ordres ou des confrèries secrètes) par la série des épreuves qu'avait consacrées une longue coutume (la pluie en automne, le froid ensuite, l'ennui) avant d'en arriver au printemps, à cette suprême et dernière consécration: celle du feu, soudaine, violente, brève, juste le temps d'apprendre ce qu'on (les commandements réglementaires et les métaphores de poètes) leur avait caché, c'est-à-dire que ce que l'on appelait le feu était véritablement du feu, brûlait, (...)" (G. p. 130).

La troisième partie (G., p. 143-256) s'ouvre sur la description par le "visiteur" d'un château habité (autrefois) par une vieille dame, descendante du régicide (c'était son arrière-grand-père). Dans le jardin on peut lire sur une pierre tombale "grenue et rongée" une épitaphe portant le nom de Marie Anne Hasselaer première femme de cet ancêtre. Dans le salon, la vieille dame avait l'habitude de recevoir une fois par mois sa famille, réunions qui nous rappellent le début d'un autre roman de Simon: *Histoire*. De nouveaux fragments en italique sont empruntés à la correspondance qu'a entretenue l'ancêtre régicide d'une part en sa qualité de secrétaire de la Convention, avec les généraux de l'armée révolutionnaire (notamment avec ceux de l'armée du Nord, de Sambre et Meuse) - et voilà que des correspondances s'établissent entre les événements de la Révolution et ceux des guerres, en l'occurrence, celle de '39 - et d'autre part en tant que propriétaire avec Batti, régisseuse de ses terres. Ainsi les travaux de la guerre alternent, à travers cette correspondance, avec les travaux de la terre et prennent de la sorte un rythme cyclique, non seulement saisonnier mais qui vaut aussi au niveau de l'Histoire. La bataille de Sambre et Meuse est de toutes les époques, elle revient dans l'Histoire à intervalles réguliers. Et les "générations à venir" auxquelles fait allusion l'ancêtre dans ses discours à la Convention, feront, elles aussi, la guerre dans les mêmes parages, dans le même froid, avec le même estomac vide (mais à cette différence près que la Révolution de 1789 a accouché d'un monde nouveau alors que les événements de Barcelone et de la deuxième guerre mondiale n'ont rien changé!); "les avions", de même que certaines épithètes ("le colosse"), des indications de lieu ("la terrasse"), des bijoux ("le camée") permettent au lecteur de différencier les séries historiques, et ici encore, de savoir de quel ancêtre il s'agit, car l'Histoire et l'histoire de la famille s'imbriquent étroitement dans l'oeuvre de Claude Simon.

A travers les confidences d'un oncle, l'oncle Charles (toujours "pesant ses moûts", comme dans *Histoire*), nous entrevoyons un drame de famille (le colosse régicide, Jean-Pierre serait-il responsable de la mort de son frère émigré, Jean-Marie dont la vieille dame avait emporté le secret avec elle, avec une piété antigonesque et eschylienne?

La quatrième partie (G. p. 257-362) nous ramène à la guerre civile espagnole, à la révolution ratée du *Palace* et à la ville de Barcelone avec cependant, en supplément, la guerre des tranchées sur les hauteurs d'Aragon, décrite à partir du témoignage d'Orwell qui a donné naissance au personnage d'O[4]. Dans cette partie s'accentue une critique de la conception de l'Histoire, de ses dirigeants et des "actions historiques" telle qu'on la trouve dans les manuels, conception qui privilégie la causalité, la finalité:

> "(...) à moins d'admettre (ce qui était après tout possible mais peu exaltant) que l'Histoire se manifeste (s'accomplit) par l'accumulation de faits insignifiants, sinon dérisoires (...)".
>
> (G. p. 304)

Autre exemple:

> "(...) ceux ou ce (mais qui ou quoi encore: le prophète à grande barbe? les Smuchkiévitch? les lois de la matière?) pour qui ou pour quoi il jouait sa vie ou plutôt sa mort (...)".
>
> (G. p. 354)

Ce qui ressort par contre des textes de Simon c'est le concret des événements in situ et la vision immédiate, très proche des faits concrets du vécu. Ce vécu, en proie à l'histoire, constitue la profonde dimension historique du texte de Simon, qui apparaît aussi fasciné que son personnage O. par ces événements. C'est le livre de Georges Orwell sur cette guerre civile qui a servi de source d'inspiration à Simon pour ce personnage.

Dans la cinquième partie nous retrouvons l'ancêtre régicide, installé, à la fin de sa vie, sur la terrasse "avec sur ses genoux le registre où, tournant lentement les pages, il contemplait de ses yeux chassieux la liste aux trois quarts biffée de ses chevaux et de ses juments aux noms arabes (...), la vieille main à la peau fripée, piquetée de taches de son, saisissant la plume qu'elle (Batti) lui tendait" (G. p. 368) ou "(...) un de ces simples cahiers sans reliure, formés de feuilles sommairement cousues ensemble à la main, et sur la première page desquels il écrivait: "Mémoire sur mon ambassade à Naples", ou "Voyage en

Barbarie" ou "Souvenirs" (...) G. p. 373). Des fragments, empruntés à ces cahiers, figurent en italique dans cette cinquième partie avec de nombreuses considérations sur l'écriture qui nous rappellent les détails fournis sur l'écriture des carnets de compte de la vieille tante Marie dans *L'Herbe*. Par endroits, le lecteur ne peut manquer de faire un parallèle entre l'écriture du texte de l'ancêtre et celle de l'auteur dans le temps même où il écrit ses *Géorgiques*. Seulement, aux "minces cahiers" du premier, "abandonnés presque aussitôt, quelques feuillets à peine couverts, comme à la hâte, comme s'il savait que le temps lui était compté, de cette écriture d'abord impétueuse, violente, mal contrôlée, se désunissant peu à peu, vacillant, le texte s'arrêtant soudain au milieu d'une phrase, quelquefois au haut d'une page à peine entamée ..." (G. p. 375) fait suite un ouvrage achevé, composé, qui les comprend mais les dépasse. Autre convergence. L'ancêtre, pendant ses campagnes à travers l'Europe, a toujours emporté avec lui un plan de son jardin ("comme si (...) ce paysage, ces champs ces collines, ce vallon, ces halliers qui pendant toutes ces années n'avaient existé pour lui que comme des choses pas tout à fait réelles, sans autre matière que l'immatérielle mémoire, abstraitement figurées sur ce plan qu'il emportait avec lui"), plan qu'il "annotait, corrigeait, embellissait labourait, plantait par procuration, usant non de charrues ou de herses mais de cette encre brune couleur de rouille, sur le papier grenu des innombrables lettres envoyées à Batti, confiées à des postes incertaines ou des courriers d'occasion ..." (G. p. 377-378). Claude Simon, ancien vigneron, vit et nous fait vivre par procuration, par son écriture, les travaux de la terre et les travaux de la guerre[5]. A l'instar de Virgile et de Jean-Jacques, à qui il a emprunté l'exergue ("Les climats, les saisons, les sons, les couleurs, l'obscurité, la lumière, les éléments, les aliments, le bruit, le silence, le mouvement, le repos, tout agit sur notre machine et sur notre âme par conséquent"), il donne ainsi de la fascination à l'insignifiant, à l'ordinaire, au fastidieux[6].

*Intertextualité: dimension poétique*

Le début de la première partie des *Géorgiques* est analogue à celui du livre troisième des *Misérables*, - c'est une impression moins extravagante qu'il ne le paraît, si l'on y regarde de plus près - intitulé "En l'année 1817", qui commence par un premier chapitre ayant pour titre "l'année 1817", où Hugo énumère sur plusieurs pages toutes sortes d'événements, de petits faits qui se sont déroulés au cours de cette année-là. Cet inventaire doit situer, pour le lecteur, l'époque, le cadre où vont avoir lieu les événements qui seront racontés dans les chapitres suivants et le chapitre en question se termine sur ce paragraphe: "En cette année 1817, quatre jeunes Parisiens firent "une bonne farce". Mais l'avant-dernier paragraphe contient, en guise de conclusion à cette énumération d'événements, une vision de l'histoire, une considération des détails qui va déjà dans le sens de la "nouvelle Histoire":

> "Voilà, pêle-mêle, ce qui surnage confusément de l'année 1817, oubliée aujourd'hui. L'histoire néglige presque toutes ces particularités et ne peut faire autrement; l'infini l'envahirait. Pourtant ces détails, qu'on appelle à tort petits, - il n'y a ni petits faits dans l'humanité ni petites feuilles dans la végétation -, sont utiles. C'est de la physionomie des années que se compose la figure des siècles".
>
> (*Les Misérables*[7], p. 127)

Le lecteur tant des *Misérables* que *Géorgiques* sera non seulement sensible à cette tendance à privilégier les détails, il enregistrera aussi plus particulièrement deux faits dans l'inventaire hugolien, parce que dans son esprit ils évoquent tel détail ou telle tendance esquissés dans le texte simonien. En 1817, "L'armée française était vêtue de blanc, à l'autrichienne, les régiments s'appelaient légions; au lieu des chiffres ils portaient les noms des départements"[8], détail qui pourrait rappeller le phénomène inverse signalé
1 à la page 371 des *Géorgiques*: "les ducs et les princes dont

les régiments portaient les noms s'enfuyant, ou chassés, de simples numéros attribués bientôt aux unités, (...)". Et la querelle familiale entre la vieille dame qui fait preuve de "piété filiale" (G. p. 196) envers son arrière-grand-père, le nain royaliste qui montre "une instinctive solidarité avec l'infortuné roi-serrurier" (G. p. 179), et surtout la confrontation des deux frères, Jean-Pierre et Jean-Marie semblent se résumer dans cette constatation sur l'année 1817: "Dire: "les régicides", ou dire: "les votants", dire: "les ennemis", où dire: "les alliés", dire "Napoléon", ou dire: "Buonaparte", cela séparait deux hommes plus qu'un abîme"[9].

La premiëre partie des *Géorgiques* ouvre donc sur un montage d'événements narrés qui appartiennent à différentes couches temporelles (G. p. 21-37). Selon un ordre thématique et chronologique nous pourrions distinguer:

1 *la guerre et la révolution:*
  - l'époque de la Révolution et de l'Empire, avec comme cadre géographique l'Europe et Tunis
  - la guerre civile espagnole à Barcelone et sur le front d'Aragon
  - la bataille de la Meuse au début de la deuxième guerre mondiale

2 *souvenirs de famille, de jeunesse*
  - Visite à l'opéra de Besançon; au programme: L'Orphée de Gluck, sans doute.
  - Visite du domaine de l'ancêtre dans le Tarn.

Le narrateur figure comme acteur, voire comme foyer de toutes ces couches narratives, sauf celle de la Révolution, pour laquelle il puise dans les archives de famille, ce qui semble une façon détournée d'y participer quand-même. Pour la guerre civile espagnole, le narrateur fait appel non seulement à ses propres souvenirs mais il se reportera également, notamment pour la guerre des tranchées sur les hauteurs d'Aragon, au "reportage" de George Orwell. A ces différentes couches de l'histoire doit être ajoutée une couche temporelle où l'écart entre l'histoire et la narration est éliminée, où l'histoire et l'acte de narration se rejoignent, trouvent un point de convergence, dès l'ouverture du texte. Le narrateur se met en scène, assis devant sa table de travail, feuilletant les pièces d'archives d'un ancêtre, L.S.M.[10], écrivant, regardant par la fenêtre fermant les yeux. Ainsi nous pourrions ajouter:

3 *l'image du narrateur devant sa table de travail*

Un élément typographique, l'alternance du romain et de l'italique, semble, dans ces pages du moins, devoir aider le lecteur à faire la part des événements (en romain) que le narrateur, dans sa fonction de chroniqueur-historien, a puisés dans les archives familiales de son ancêtre et les notations (en italique) qui relèvent de sa propre vie. Cette opposition pourrait viser à donner aux fragments en romain un caractère documentaire, à leur attribuer la fonction de prière d'insérer d'un ouvrage historique[11]. Mais en même temps notre chroniqueur, dès les toutes premières lignes fait preuve d'un manque de respect pour l'ordre chronologique en lui préférant un rythme biologique, celui du renouveau, de la remontée dans le temps:

> "Il a cinquante ans. Il est général en chef de l'artillerie de l'armee d'Italie. Il réside à Milan. Il porte une tunique au col et au plastron brodés de dorures. Il a soixante ans. Il surveille les travaux d'achèvement de la terrasse de son château. Il est frileusement enveloppé d'une vieille houppelande militaire. Il voit des points noirs. Le soir il sera mort. Il a trente ans. Il est capitaine. Il va à l'opéra".
>
> (G. p. 21)

Ainsi dès le début il y a séparation formelle au niveau de la diégèse, entre le narrateur et l'ancêtre par le jeu de l'italique et du romain, mais en même temps il y a assimiliation, identification à travers le travail de la narration, car c'est le descendant qui arrange à sa façon en l'inscrivant dans son texte, l'écriture de son ascendant.

A travers les événements et les expériences vécues par l'ancêtre, par Orwell et par le narrateur qui, pour une large part, est une incarnation romanesque de l'auteur lui-même[12], l'histoire se répète et le lecteur est amené, faute d'histoire suivie, à privilégier, à rapprocher les faits et gestes qui sont identiques ou qui entrent en opposition. O., poursuivi par la police à Barcelone, passe la nuit n'importe où, comme un animal traqué:

> "Il couche dans une église incendiée. Il couche dans un terrain vague, dissimulé par les hautes herbes, dans un chantier abandonné, recroquevillé dans l'escalier d'un abri anti-aérien, au fond rempli d'eau croupie. Pendant la journée il échappe à ses poursuivants en fréquentant les restaurants de luxe et les bains publics" (G. p. 31).

Le narrateur, soldat en 1939-1940 manque également de confort pendant l'hiver des Flandres, lorsqu'il passe la nuit dans une grange:

> "Quand il ouvre les paupières tout est gris. Il ne voit rien. Il frotte ses yeux avec sa main et la neige tombe. Il est entièrement recouvert d'une couche de neige d'environ trois centimètres. Il n'a pas froid. Il est couché contre la paroi à claire-voie de la grange faite de planches séparées par les vides. Il ne neige plus (G. p. 99)

Et de l'ancêtre il est dit qu'il couche dans des palais, dans des étables, dans les bois, mais à son propos nous lisons également:

> "Il recommande que l'on prenne soin de son matelas de campagne en peau de mouton de Barbarie" (G. p. 31)[13]

L'opposition entre la solidarité sur le champ de bataille et les discordes politiques à l'arrière se manifestent dans la vie de l'ancêtre à l'époque de la Révolution comme dans celle d'O., à Paris et comme en Espagne pendant la guerre civile. Pour échapper aux communistes qui ont pris le pouvoir, le trotskyste O. se réfugie dans les bains publics.

De même ces établissements de bains fonctionnent sous la Terreur comme refuge aux soldats révolutionnaires qui risquent de se faire tuer par leurs anciens amis:

> "(...) il avait brusquement pénétré à l'intérieur non d'une ville mais d'une sorte de champ clos, de pourrissoir où dans une puanteur de sang croupi s'affrontaient maintenant, s'entretuaient ou plutôt achevaient de s'entretuer, exténués, furieux, vieillis de dix ans, réduits à l'état de parodiques fantômes, de caricatures d'eux-mêmes, les derniers représentants de ce qui avait autrefois constitué comme un club, un cercle fermé aux statuts fondés non sur la fortune ou la naissance mais sur l'intelligence, la générosité, le courage, les survivants méconnaissables (eux qu'il connaissait presque tous par leurs prénoms, tutoyait), chaque jour moins nombreux, pris au piège, prisonniers d'une sorte de labyrinthe dont quelqu'un (quelque employé du cercle, quelque huissier cruel et facétieux, *le préposé au hammam peut-être* ...) aurait verrouillé les issues, titubant, hagards, semblables à des gens pris de boisson, s'appuyant aux parois suintantes, paralysés de peur, d'épuisement, sursautant au bruit d'un pas, à l'ombre d'une ombre, s'assommant les uns les autres à l'aveuglette, à qui frapperait le premier, (...) (G. p. 384-385)

"Le préposé au hammam", introduit sur le mode hypothétique, sert de relai entre deux révolutions dégradées, à Paris et à Barcelone, où ceux qui reviennent du front ont la même expérience nauséabonde et se demandent pourquoi et pour qui ils se battent[14].

L'allusion au tutoiement, comme indice de révolution, pourrait provenir d'une réflexion d'Orwell qui, revenant à Barcelone après avoir passé trois mois sur le front d'Aragon, constate combien l'ambiance de cette ville a changé:

"But besides all this there was the startling change in the social atmosphere - a thing difficult to conceive unless you have actually experienced it. (...) The "revolutionary" forms of speech were dropping out of use. Strangers seldom adressed you as "tu" and "camarada" nowadays; it was usually "señor" and "usted". "Buenos dias" was beginning to replace "salud".

(H.C. p. 120-121)[15]

L'ancêtre lorsqu'il sillonne l'Europe se procure des chevaux:

"Il achète un cheval à Friedland"

(G. p. 21)

"Il achète à Amsterdam une jument de cinq ans, poil bai à tous crins, taille 4pieds 7pouces sous potence".

(G. p. 27)

Le même commerce est fait dans l'hiver de '39-'40:

"Certains des cavaliers de l'escadron, cultivateurs ou fermiers, et l'un des officiers, grand propriétaire terrien, profitèrent de ces mois d'hiver pour conclure des marchés à des prix avantageux avec les paysans de l'endroit et expédier chez eux (par Dieu sait quelles ruses dans un temps où les convois militaires avaient priorité et où, en tout cas dans la zone des armées, tout transport dépendait d'une autorité galonnée) quelques-unes de ces bêtes aux formes de destriers ou de palefrois".

(G. p. 101)

Les poux fourmillent sur les soldats dans les tranchées du front d'Aragon et sur les prisonniers du stalag; les souliers manquent aux soldats de l'armée des Alpes et d'Italie (G. p. 190) et aux soldats du front d'Aragon. Le texte ne nous invite pas explicitement à chercher des analogies entre les vies et les expériences des trois personnages, L.S.M., O. et Simon, sauf dans une scène capitale à la fin du roman (G. p. 445-446) sur laquelle nous reviendrons plus loin. Mais à l'intérieur de la couche temporelle des "souvenirs de jeunesse" du narrateur, interviennent le récit d'une visite au cinéma et celui d'une visite au théâtre, dont la confrontation explicite et systematique peut façonner l'esprit du lecteur de manière à lui faire établir lui-même des rapprochements du même ordre entre des événements séparés par une plus grande distance textuelle et appartenant à différentes couches temporelles. La confrontation explicite des deux séances, de cinéma et de théâtre, est introduite à la page 204 et dans le tableau que nous faisons suivre[16], nous avons juxtaposé des passages qui portent successivement sur: a) l'entrée, b) l'écran-le rideau, c) les places, d) le plancher, e) le public et le spectacle. La visite au cinéma a lieu en cachette et avec une bande de collégiens ("ils"), la visite au théâtre a lieu sur l'invitation de la vieille dame ("elle"):

| | | | |
|---|---|---|---|
| 204 | *le cinéma* et à l'opposé: | | *le vétuste Théâtre municipal* 205 |
| | *a* | | |
| 204 | *la fente* ménagée entre les deux pans d'une portière de velours crasseux | 220 | franchissant dans le sillage de la vieille dame *non pas l'étroite fente* entre deux rideaux crasseux mais les vantaux capitonnés des portes qui |
| | *b* | | |
| 206 | croissant (le tapage) par degrés, allant buter contre *le rideau divisé en cases* violemment coloriées où s'inscrivaient les mérites des principaux magasins de la ville | 221 | pour contempler de nouveau *non pas le tapageur damier de panneaux publicitaires* mais peint en trompe-l'oeil, retenu sur le côté par une cordelière aux lourds glands d'or peints aussi en trompe l'oeil, majestueusement drapé, l'immense rideau pourpre qui |
| | *c* | | |
| 207 | *assis a l'orchestre* (c'était alors les places dites "populaires", les seules qu'ils pouvaient s'offrir) dans une des travées de fauteuils à ressorts | 219 | *installée* (...) au troisième ou quatrième rang des *fauteuils d'orchestre* les seules places qu'elle semblait connaître |

*d*

207 *le plancher constellé* ou plutôt dans lequel semblaient incrustés en permanence les mégots jaunis, leur papier décrempé de salive et fripé, les emballages de bonbons acidulés et ces écorces de cacahuètes à l'intérieur nacré, aux protubérances jumelles, d'un ocre pâle, pointillées longitudinalement de minuscules excavations (tout - les lattes de bois sales, les mégots, les cacahuètes, les chaussettes lie de vin rapiécées de bleu ou de rose, les bas filés dans des espadrilles ou de vieux souliers aux talons tournés révélés soudain en gros plan à l'un ou l'autre des collégiens *se baissant pour rammasser* en tâtonnant parmi les crachats un béret ou un cache-nez tombé à terre-inséparable, au même titre que l'irritant et agressif rideau de réclames des fascinants mirages en noir et blanc) assis donc

221 privé en quelque sorte de cette cuirasse protectrice du débraillé et de la grossièreté que la petite bande des collégiens affichait, exagérait par bravade), il se sentait à chaque pas envahi par un vague malaise encore accentué lorsque installé à sa place, *se baissant pour ramasser* le programme échappé à ses mains, il découvrit *au lieu du plancher constellé* de crachats, d'écorces de cacahuètes et de la forêt de pieds sales chaussés d'espadrilles ou de souliers aux talons tournés, des alignements d'escarpins bien cirés, de pantalons aux plis repassés et de bas de soie, se redressant, de plus en plus mal à l'aise, pour contempler de nouveau, non pas le tapageur damier

*e*

212 suivie par les regards d'anthracite, luisant dans l'ombre, des primitives tribus occupant par clans, par familles entières, les rangées de fauteuils et *qui semblaient comme autant de démentis* aux fausses princesses et aux faux radjahs hollywoodiens

220 comme quelque incarnation mythique, *comme si elle n'était là que pour donner la réplique* à ces personnages venus d'un lieu et d'un temps aussi mythiques dont, la première fois, l'apparition en chair et en os produisait sur le garçon habitué aux plates aventures d'ombres lumineuses et plates et qui se mouvaient sur un écran un trouble ou plutôt un choc

223 un cérémonial d'une toute autre nature que les spectacles attendus dans les trépignements, les puanteurs et les vagissements des nouveau-nés (...)

Pour donner une idée de la densité du texte et de la prolifération infinie des recoupements textuels il faudrait signaler que le cinéma, présenté ici comme un lieu où les collégiens, assis à côté de gitans ("quelque chose comme la perpétuation, la délégation vivante de l'humanité originelle, inchangée", G. p. 208), suivent sur l'écran "les insipides histoires d'amour" (G. p. 208), suivent sur l'écran "les insipides histoires d'amour" (G. p. 208), joue également un rôle dans la vie de O. à Barcelone. Il servira de quartier général aux révolutionnaires et O., installé sur le toit pour faire le guet, lira pour passer le temps, des livres de la collection Penguin (G. p. 302). Dans les deux cas, le cinéma reste à la fois le lieu "d'illusoires fictions" (G. p. 205) et un lieu où les collégiens et O. peuvent "percevoir dans leur chair" (G. p. 208) l'agression de la matière, des éléments. La scène du théâtre où l'on joue *l'Orphée* de Gluck, une descente aux enfers, semble trouver (à quel niveau de lecture?) un écho dérisoire sur le front d'Aragon où les deux camps ennemis se disputent la récolte d'un champ de pommes de terres (promu ainsi "théâtre des opérations", champ de bataille):

> "(...), le principal (et le plus dangereux) champ d'affrontements (ou si l'on préfère *théâtre* des opérations) étant, dans ce secteur, délimité par les quatre côtés d'un carré de pommes de terre abandonné où les deux camps ennemis venaient se ravitailler à tour de rôle, l'arrachage se compliquant du fait qu'il devait s'effectuer dans la position-épuisante et particulièrement incommode pour remplir un sac - de la cible couchée, sous le feu d'une mitrailleuse qui quoique d'un modèle depuis longtemps périmé n'en pulvérisait pas moins les mottes de terre un peu partout autour (et heureusement plutôt en arrière, la tendance de tout tireur étant toujours de viser trop haut) du ramasseur aplati dans les sillons".
>
> (G. p. 282)

Le vagissement des nouveaux-nés des gitans dont l'absence au théâtre et la présence au cinéma sert également de point de différenciation finale entre les deux spectacles (G. p. 223), se fera entendre aussi dans la salle de cinéma occupé par les révolutionnaires. Il est signalé par O. (G. p. 134), et le narrateur l'interprête à partir du thème platonicien de l'âme de nouveau emprisonnée dans le corps, dont témoignerait le cri poussé à la naissance:

> "Sans compter, pour couronner le tout (et comme il est de règle dans ces sortes de situations), que personne ne savait très bien ce qui se passait, sauf sans doute celui des bébés qui criait sans discontinuer, cramoisi, les poings serrés et les yeux fermés, avec ce ténace désespoir, cette tenace épouvante, *la tenace prémonition des créatures vagissantes* (ou mugissantes: comme ces boeufs, la nuit, enfermés dans les wagons immobilisés sur les voies d'une gare de triage et beuglant lugubrement) pas encore douées de parole mais sans doute de quelque faculté de voyance leur représentant en condensé la terrifiante somme de souffrances et de misères qui sera leur lot, et qui disparaît (le don, la voyance) dès que le rassurant emploi des mots vient s'y substituer, s'étranglant jusque-là dans les larmes et les protestations". (G., p. 294)

Parmi les différentes philosophies de l'Histoire (ou faut-il dire métaphysiques) qui figurent dans *Les Géorgiques*, la théorie mécanique/moléculaire est importante parce que pour l'auteur/narrateur l'entrée en contact avec "la violence de la matière" (les bombes, les balles de fusil et peut-être le froid) a été une expérience traumatisante à laquelle rien ne l'avait préparé: ni l'école, ni la vie de famille, ni les livres, ni le cinéma, ni le théâtre, ni la messe. Ces lieux nous sont décrits (après coup, par le narrateur qui reconstitue son enfance) comme des abris contre le monde extérieur. Mais dans le désir de comprendre, d'accepter cette brusque prise de contact avec la violence de la matière (de lui construire une causalité spatiale, un avant) le narrateur s'acharne à débusquer, à évoquer des signes annonciateurs de cette violence. Ainsi la description de ces lieux est contaminée, colorée par l'expérience de la violence que le narrateur y investit. Dans la troisième partie, la grand'mère, "qui s'était tenue comme enterrée vivante" (G. p. 198) dans son vaste mausolée (G. p. 183), est présentée comme une "flasque Cassandre" (G. p. 203) qui veut prémunir les enfants contre "d'innombrables dangers parmi lesquels la vieille dame rangeait sans distinction les microbes, les jeux violents et les mauvaises fréquentations, comme s'il existait côte à côte deux univers inconciliables, sans communication, (...)" p. 204. Voilà les dangers du monde extérieur reconnus comme tels par le milieu familial. A ces dangers devrait être ajouté le cinéma auquel le narrateur va à l'insu de la vieille dame. "Les insipides histoires d'amour" projetées à l'écran ne préparent aucunement à la vie, mais pourtant cet univers interdit contenait déjà quelque chose qui, après coup, est décrit comme une expérience guerrière: il s'agit de la présence des gitans, "autant de vivants démentis aux fausses princesses et aux faux radjahs hollywoodiens" (G. p. 212), qui se trouvent entassés aux "populaires" (G. p. 208):

> "assis donc (les collégiens) ou plutôt transportés comme par magie pour le prix du ticket de carton rose (quoique tout entiers à leur excitation ils fussent incapables de s'en rendre compte) dans quelqeu chose de bien plus fabuleux que les poursuites ou les insipides histoires d'amour dont les images qui se succédaient sur l'écran accaparaient leur attention alors qu'il leur était donné de *percevoir dans leur chair* (c'est-à-dire sollicitant - ou agressant -, en plus de la vue, leurs autres sens: odorat, ouïe, toucher) l'espèce d'épais

> magma, tiède, puant, palpable pour ainsi dire, alourdi par les respirations et les exhalaisons des centaines de corps mal lavés qui les entouraient (...): quelque chose comme la perpétuation, la délégation vivante de l'humanité *originelle*, inchangée, les spécimens inaltérés et inaltérables, rebelles aux siècles, au progrès, aux successives civilisations et au savon, venus tout droit du fond de l'Asie, des âges, sortis tels quels des entrailles du monde ou plutôt (eux, leur puanteur, leur moiteur, leur inépuisable fécondité, leur *élémentarité*) comme ses entrailles elles-mêmes, étalées, encore fumantes, tant bien que mal contenues ..."
>
> (G. p. 208-209)

La salle de cinéma, infestée par les gitans, préfigure "l'infection, cette tiédeur pour ainsi dire intestinale" (G. p. 211) des baraques du stalag saxon.

Ces traits sensoriels qui rendent la présence corporelle immédiate dans la description dénotent une conception bien déterminée de l'histoire. Simon - et il est loin d'être le seul de sa génération - est fortement influencé par l'historien-poète Michelet pour qui ne compte pas la psychologie des personnages mais leur complexion, leur constitution, leurs humeurs. C'est à l'historien de faire ressortir ces éléments. Ainsi l'homme n'est pas jugé d'après ses mobiles ou ses actes, mais "en vertu de la qualité d'attrait ou de répulsion qui est attachée à sa chair"[17] et qui "engage l'histoire dans un mouvement d'effusion ou de dégoût". Aussi n'est-il pas étonnant qu'il a en commun avec Michelet de vouloir "vivre la mort". Il la présente dans sa prolifération matérielle et fluide, par exemple dans la description de Barcelone en tant que ville de la mort (G. p. 320-322) et dans la description du cadavre de Marianne Hasselaer, la première femme de L.S.M. (G. p. 380-381).

Il est d'ailleurs caractéristique que dans cette évocation du Barcelone de la révolution nous voyons surgir une allusion à d'autres révolutions. Le narrateur observe qu'à mesure qu'on descend vers la péninsule ibérique, il s'effectue dans le temps un mouvement inverse: on remonte vers un temps où des miséreux suivent "en procession des idoles voilées de noir, sanglantes, endiamentées, aux coeurs percés de poignards, comme les symboles conservés intacts non pas même de ce passé que d'autres avaient répudié en même temps qu'ils coupaient la tête de leurs rois, mais de quelque chose d'avant même les rois ..." (G. p. 319, 320). Comme chez Michelet encore, l'histoire, pour Simon, n'est pas une somme de faits historiques, mais "plutôt un continu d'identités, tout comme la plante ou l'espèce sont la durée d'un même tissu"[18].

Le rapprochement entre les deux lecteurs-écrivains que sont le narrateur et son ancêtre est établi de façon explicite dans le texte par l'oncle Charles, lorsqu'il dit au narrateur, dans une conversation au cours de laquelle il lui transmet les archives familiales:

> "En tout cas vous avez quelque chose en commun: tu as fait toi-même la guerre sur un cheval. Ou plutôt, d'après ce que tu m'as raconté, subi ... A titre de gibier m'as-tu dit"
>
> (G. p. 446)

Ce parallèle établi par un personnage intermédiaire digne de foi à un moment solennel - celui de la révélation et du transfert des archives de la famille - confirme l'attrait puissant que l'ancêtre avait toujours exercé sur le narrateur. Jeune garçon, celui-ci avait essayé de faire apparaître en chair et en os cet ancêtre impressionnant à travers son buste qui servait de médium, comme dans une séance de spiritisme:

> "(et dans le salon glacial, maintenant presque obscur, où s'effaçait de plus en plus confusément la masse du buste, il semblait au garçon qu'il pouvait le voir: le corps puissant, musculeux, commençant à s'alourdir (...)
>
> (G. p. 250)

A cette évocation de l'ectoplasme correspond, à l'autre bout de la courbe de la vie du narrateur, une quête de ce buste disparu, (quête de la trace matérielle la plus évocatrice laissée par l'ancêtre, quête de l'origine):

> " ... des années plus tard encore, il (celui qui avait été le garçon, était maintenant à son tour vieil homme) voulut revoir, ne fût-ce que pour en conserver une photographie, l'espèce de colossale et narquoise divinité de marbre qui pendant plus d'un siècle avait régné sur le salon aux brocards râpés (...)"[19]
>
> (G. p. 235-236)

Le rapprochement explicite établi par l'oncle Charles en fin de parcours du texte, les "rencontres" en début et en fin de parcours de la vie du narrateur, s'imposent d'autant plus au lecteur que celui-ci est amené tout au long du texte à enregistrer les parallèles entre ces deux vies, à "passer à la collecte de données homogènes faisant séries", dirait-on dans l'optique d'une histoire sérielle, à cette différence près que les séries du texte simonien présentent, au lieu d'une évolution, une dégradation et au lieu de fluctuations courtes, des inversions ou des invariants[20].

Cependant le lecteur des *Géorgiques* n'a pas besoin de pousser sa lecture jusqu'à la page 446 pour trouver une indication explicite à propos des analogies au niveau de l'histoire, de la vie des trois personnages. Il sera déjà servi par le hors-texte avant même d'avoir abordé la lecture du roman, avant même de l'avoir acheté. Car au moment de la parution en librairie, et en fait déjà quelques mois avant, Claude Simon s'expliquant, dans une interview, sur son nouveau roman, attirait l'attention sur l'analogie entre la vie des trois personnages au niveau de l'histoire. Il y confirmait en outre l'authenticité des pièces d'archives de son ancêtre, en précisant qu'il s'agissait de l'arrière-grand-père de sa grand'mère[21]. On dirait que cette initiation condensée est destinée à aider les lecteurs moins vigilants et à suppléer à ce même manque d'expérience que l'oncle Charles constatait déjà chez le narrateur au moment du transfert des écrits de son ancêtre: "Ils sont à ta disposition si ça t'intéresse. Peut-être es-tu encore trop jeune, mais plus tard... Quand tu seras vieux toi-même" (G. p. 445).

Par ailleurs une des analogies, des répétitions, signalées par l'auteur dans l'entretien en question est très intéressante:

> "Ce sont toujours les mêmes vallées, les mêmes coteaux, carrefours ou places fortes qui servent de champ de bataille, de théâtres d'opérations. Le soldat de la guerre de 1939-1945 se retrouve sur les lieux mêmes des campagnes révolutionnaires. Peu avant que mon colonel soit abattu par un parachutiste, à quelques mètres de moi, sur la route des Flandres, entre Sobre-le Château et Avesnes, j'ai vu à un croisement un poteau indicateur où était écrit: "Wattignies-la-Victoire, 7 km" ... Quant aux travaux des champs que le général L.S.M. dirige avec tant de soin par correspondance de tous les coins d'Europe où il se trouve, ils entraînent eux aussi, inlassablement, l'accomplissement des mêmes gestes, la même ronde des labours, semailles, moissons".

L'analogie, explicitée dans ce hors-texte par l'auteur, concerne le village de Wattignies, où en octobre 1793 les Autrichiens furent battus par l'armée française et qui est présenté comme un de ces "lieux des campagnes révolutionnaires". Mais il ne faut pas croire que Wattignies soit simplement "un de ces lieux".
Il s'agit d'un lieu privilégié, non seulement parce qu'il est inscrit sur un poteau indicateur et révèle un passé glorieux par rapport à un présent dérisoire et honteux mais encore parce qu'il figure au point de rencontre entre la narration
5 de Simon et celle de son ancêtre.

L'allusion au travail de narration de l'auteur lui-même ("sur la Route des Flandres") sera repérée par le lecteur tant soit peu familiarisé avec l'oeuvre, à qui ces propos s'adressent. Mais Wattignies contient également une allusion, repérable seulement après une lecture attentive des *Géorgiques*, au travail de narration de L.S.M., à la correspondance qu'il a entretenue en sa qualité de secrétaire du Comité de Salut Public de la Convention avec les armées du Nord:

> "La Convention Nationale vous félicite de n'avoir point oublié que les lauriers dont vous vous êtes couverts doivent sans cesse vous rappeler vos triomphes et vos devoirs. Vous n'avez pas versé tant de sang, bravé tant de dangers, éprouvé tant de fatigues pour voir d'un oeil tranquille la patrie déchirée par des factions et des anarchistes et vous voir courbés de nouveau sous le joug de la royauté que vous avez aidé à détruire.
>
> (G. p. 398)

Que Simon, dans cette interview, passe sans transition de Wattignies à la correspondance privée du général L.S.M. s'explique très bien si l'on envisage cette correspondance dans son ensemble, où la simple juxtaposition de faits relatifs à la guerre et aux travaux de la terre cadre à merveille avec la vision simonnienne de l'histoire. Wattignie est encore relié à un troisième travail de narration, celui de Michelet, à qui Simon emprunte une citation concernant la bataille de Wattignies, citation repérée, non sans astuce, par un critique dans un article adressé à un public moins large que l'interview précédemment citée[22]. Ainsi le rapprochement L.S.M.-Michelet-Simon s'impose. L'insertion d'une citation non avouée dans le texte même, place les *Géorgiques* sous l'invocation de cet historien-poète.
A travers cette citation non indexée qu'il assimile à son texte de la même façon qu'il a incorporé des fragments de lettres de L.S.M. adressées aux armée du Nord, Claude Simon rend hommage à Michelet, à qui il doit pour une

part la force "poétique" de ses tableaux historiques[23].

Dans l'interview intitulée "Claude Simon ouvre *Les Géorgiques*", Simon indique aussi le rôle qu'a joué le texte d'Orwell par rapport à son propre texte:

> "De même que tous ces vieux papiers de famille n'ont été pour moi qu'un ferment, le ferment pour celui que j'appelle O. a été le reportage *la Catalogne libre*, dans lequel Orwell a relaté l'aventure qu'il a vécue en Espagne. Résumons-la aussi brièvement si vous voulez: lorsqu'il arrive à Barcelone, en décembre 1936, les anarchistes sont maîtres de la ville. Quand il y revient après un hiver passé dans les tranchées du front d'Aragon, les communistes prennent le pouvoir, neutralisent les anarchistes et entreprennent l'extermination systématique des membres du POUM trotskyste dont Orwell fait partie. Revenu du front gravement blessé, et démobilisé, il est pris en chasse par le Guépéou jusqu'à ce que le consul d'Angleterre parvienne à lui faire quitter l'Espagne".

La dernière partie de cette citation constitue l'argument de la quatrième partie du texte de Simon. Si l'auteur commente lui-même ce phénomène d'intertextualisation c'est sans doute parce qu'il sait que bon nombre de lecteurs connaissent ce rayon de sa bibliothèque même si la révolution espagnole est moins connue que la Révolution française. Et abstaction faite de telles considérations, l'honnêteté intellectuelle l'aura porté à avouer qu'il a une dette envers Orwell. Mais au niveau des événements racontés il le suit de si près que l'on ne peut plus simplement parler de "ferment" comme il le fait.

L'attitude de Simon envers Orwell est ambiguë. Au niveau de l'histoire vécue il constate des analogies avec sa propre expérience d'où naît une certaine sympathie. Mais au niveau du travail de narration Simon prend ses distances par rapport à l'auteur anglais, à qui il attribue, à tort, croyons-nous, la prétention de se croire capable de faire un compte-rendu suivi et objectif des événements de la révolution espagnole. Orwell ne satisfait qu'à moitié aux conditions posées par l'oncle Charles pour pouvoir s'occuper du passé (même récent): il est capable de sentir certaines choses parce qu'il les a éprouvées[24], mais il fait un effort, outré selon C. Simon, pour comprendre, pour aligner l'histoire dans son travail de narration, ce qui le disqualifie à ses yeux. Dans sa condamnation d'Orwell, Simon semble encore se ranger du côté de Michelet qui sans avoir vécu lui-même l'histoire qu'il raconte sait la faire "sentir", par empathie et "poétiquement".

Après avoir signalé que *Homage to Catalonia* a été le ferment du personnage qu'il appelle O., Simon revient deux fois sur Orwell au cours de l'interview. D'abord pour souligner une analogie entre celui-ci et L.S.M.:

> "De plus il y a de si curieuses analogies entre certains destins, certains lieux, certaines scènes ... Par exemple Orwell, de retour au front, découvrant à Barcelone cette guerre civile à l'intérieur de la guerre civile, voit s'effondrer tous ses espoirs, et néan moins il part se battre. Même chose pour L.S.M. lorsque, se retrouvant à Paris après la défense et la perte de la Corse, il débarque au plus fort de la Terreur et des ravages des lois de Prairial. La guillotine, qui avait servi à tuer un roi, fait alors tomber jusqu'à des têtes de boutiquières et de vieilles folles comme "la mère de Dieu"... Et pourtant, il part aussi se battre à l'armée du Nord ..."

La deuxième fois le nom d'Orwell intervient quand l'auteur explique que *Les Géorgiques* sont "des variations, au sens où l'on entend ce mot en musique, sur ce qui lie l'histoire (les guerres et les révolutions qui la font aussi) et la terre", et à ce sujet il finit par déclarer:

> "Enfin, dans la guerre, l'homme se trouve au contact direct de la nature. Il apprend à connaître intimement les saisons, le sol, les intempéries, les nuits, les aubes. Initiation acquise au prix d'une épreuve terrible à laquelle il faut être contraint pour y accéder, mais qui compte. Par exemple, Orwell, après avoir raconté toutes les misères qu'il a vécues pendant son hiver au front, écrit que cette période de sa vie garde pour lui un "caractère enchanté"..."

L'analogie avec L.S.M. n'a pas besoin d'être explicitée, puisqu'elle saute aux yeux à travers toutes les citations de la correspondance de l'ancêtre. Ce qui est intéressant ici, c'est que l'attention est attirée sur une expérience commune à Simon et à Orwell, qui est une des raisons d'être de l'insertion du reportage de celui-ci dans les *Géorgiques*. C'est surtout dans la deuxième partie du livre, où sont évoqués des souvenirs de guerre de l'hiver précédant la débâcle de mai 1940 que Simon a exploité sa propre expérience, analogue à celle d'Orwell. Simon insiste surtout sur le froid, les circonstances météorologiques, la dimension cosmique et prémonitoire, initiatique de cet hivernage précédant la catastrophe. Ce contact direct avec la nature au sein d'épreuves assez dures crée certainement une parenté d'âme entre les deux auteurs. Il y a d'autres affinités. Orwell écrit, comme Simon, qu'il est impossible de comprendre certaines choses, il faut les avoir vécues. Il constate, comme Simon, que l'héroisme n'existe pas. L'expérience, racontée par lui, de la balle qui frappe le corps exposé à la violence de la matière, hante également Simon[25].

Mais il existe aussi de profonds désaccords entre eux.

*Intertextualité: dimension polémique*

George Orwell a publié son reportage sur la guerre civile espagnole, *Homage to Catalonia,* en 1938, lorsque l'issue de cette guerre était encore incertaine. Le compte-rendu de son aventure comprend deux aspects. L'auteur raconte comment il a vu les événements de Barcelone et la guerre sur le front d'Aragon et comment l'aventure espagnole l'a marqué, lui a appris beaucoup. Ainsi, à propos des cent quinze jours passés sur le front d'Aragon, où se fit une "drôle de guerre avant la lettre", il signale que:

> "from a personal point of view - from the point of view of my own development - those first three or four months that I spent in the line were less futile than I then thought. They formed a kind of interregnum in my life, quite different from anything that had gone before and perhaps from anything that is to come, and they taught me things that I could not have learned in any other way".
>
> *Homage to Catalonia,* chap. VIII, p. 110
> *Catalogne libre,* chap. VII, p. 115.

Le lecteur familier de Claude Simon ne manquera pas de faire le rapprochement avec l'expérience vécue par cet auteur dans l'hiver de '39-'40 dans le Nord de la France. Décrite dans la deuxième partie des *Géorgiques,* elle est tout à fait conforme au sens qui se dégage de toute son oeuvre. Poursuivant la lecture d'Orwell, nous voyons combien il se rend compte que dans sa mémoire, certains menus événements ont pris une "magic quality" (H.C., p. 112), se bousculent et que ce sont les incidents les plus insignifiants qui s'imposent avec le plus d'évidence:

> "Of course at the time I was hardly conscious of the changes that were occurring in my own mind. Like everyone about me I was chiefly conscious of boredom, heat, cold, dirt, lice, privation and occasional danger. It is quite different now. This period which then seemed so futile and eventless is now of great importance to me. It is so different of the rest of my live that already it has taken on *the magic quality* which, as a rule, belongs only to memories that are years old. It was beastly

> while it was happening, but is is a good patch for my mind to browse upon. I wish I could convey to you the atmosphere of that time. I hope I have done so, a little, in the earlier chapters of this book. It is all bound up in my mind with the winter cold, the ragged uniforms of militiamen, the oval Spanish faces, the morse-like tapping of machine-guns, the smells of urine and rotting bread, the tinny taste of bean-stews wolfed hurriedly out of unclean pannikins.
>
> The whole period stays by me with curious vividness. In my memory I live over incidents that might seem to petty to be worth recalling. I am in the dug-out at Monte Pocero again, on the ledge of limestone that serves as a bed, (...)".
>
> *Homage to Catalonia,* chap. VIII, p. 112-113.
> *Catalogne libre,* chap. VII, p. 118.

Ici encore et précisément dans son expérience du fonctionnement de la mémoire, il y a correspondance entre Orwell et Simon. Et à la suite du fragment que nous venons de citer, sa plume prend, à titre exceptionnel, même un instant le rythme simonien, se conformant au rythme de la mémoire, comme en témoigne la formule évocatoire "I am" qui sera l'élément juxtapositif servant à marquer le désordre éruptif de la mémoire sensorielle, qui joue un si grand rôle dans la conception que se fait Michelet de l'Histoire. Le sentiment d'impuissance éprouvé par Orwell à faire revivre l'ambiance des événements pour le lecteur ("I wish I could convey to you the atmosphere of that time") sera répété plusieurs fois dans le texte; il sera formulé également à propos des événements de Barcelone (p. 121, p. 157) et reviendra une dernière fois à la fin du livre au moment où Orwell dresse le bilan et fait la part entre "outward events" et "sentiments". A ce moment-là perce un instant une philosophie du langage, de l'écriture et de l'histoire qui correspond à celle de Simon:

"I suppose I have failed to convey more than a little of what those months in Spain mean to me. I have recorded some of the outward events, but I cannot record the feeling they have left me with. It is all mixed up with sights, smells, and sounds that cannot be conveyed in writing: the smell of the trenches, the mountain dawns stretching away into inconceivable distances, the frosty crackle of bullets, the roar and glare of bombs; the clear cold light of the Barcelona mornings, the stamp of boots in the barrack yard, back in december when people still believed in the revolution; and the food-queues and the red and black flags and the faces of Spanish militiamen; (...)".

*Homage to Catalonia*, chap. XIV, p. 246-247.
*Catalogne libre*, chap. XII, p. 248-249.

Cette énumération comprend les éléments qui intéressent précisément Simon, que celui-ci sait très bien "rendre" (expression que l'auteur accepterait difficilement) et qui figurent au premier plan dans tous ses romans et dans l'ensemble des *Géorgiques*. Nous verrons plus loin comment ils se présentent dans la quatrième partie de ce dernier roman. Nous croyons que les quelques citations que nous venons de donner du texte d'Orwell permettent de constater que l'auteur anglais et le romancier français ont vécu la même aventure, les mêmes expériences et ont éprouvé les mêmes difficultés quand il s'agissait de les coucher par écrit et peu importent ici les différences du genre (essai, roman). Simon s'est appliqué toute sa vie à résoudre les problèmes du descriptif signalés par Orwell, quitte à leur subordonner le côté événementiel, le côté histoire. (Ainsi Claude Simon donne, en quelque sorte, une leçon de description à Orwell quand il relate l'arrivée d'O. à Barcelone (p. 320-323), fragment où une longue phrase énumérative (sans syntaxe structurante) est finalement reprise en un seul mot, "cela", qui résume le tableau de la ville et marque la fin de la démonstration, et qui est suivi par un infime élément de diégèse: "Puis il y sera".)

C'est un des traits de la critique de Simon contre Orwell dont nous en relèverons bien d'autres.

Qu'on ne se méprenne pas pourtant. Malgré le nombre de traits communs au personnage du livre et à celui de la scène politique, malgré la quantité de passages concordants entre *Les Géorgiques* et *Homage to Catalonia* que nous signalerons, Orwell n'est pas O. à proprement parler. Il s'agit ici visiblement d'une sorte de bouc émissaire servant à mettre en place, en face du narrateur simonien, une figure antithétique, frappée de discrédit. O. permet à l'auteur de démontrer comment se conduire par rapport à l'histoire, à la révolution et à l'écriture. Orwell - en tant que tel - dans toute l'affaire, ne fournit que l'occasion du débat. Ce débat, Claude Simon, on l'a compris, l'engage, pour commencer, avec lui-même.

Si Orwell s'avoue fasciné par les événements quíl a vécus personnellement à Barcelone, il reconnaît en même temps qu'il était déçu par les rivalités qui opposaient les différentes factions au mois de mai, avant son retour au front d'Aragon ("-it was difficult to think about this war in quite the same naïvely idealistic manner as before", p. 193). Il essaie cependant à travers l'ensemble du texte de reconstruire les événements, de mesurer leur importance pour le cours de l'histoire et y consacre deux chapitres. Ainsi, au début du chapitre V, il interrompt son récit de la guerre sur les hauteurs d'Aragon, où rien ne se passe, et où dit-il "our sole preoccupation was keeping warm and getting enough to eat" (p. 47), pour donner une analyse de la situation politique, parce qu'il s'agissait avant tout d'une guerre politique.

Cette digression (chapitre V, p. 47-75), qui n'en est pas une puisqu'elle doit expliquer pourquoi rien ne se passe sur le front, a été, dans la traduction française, rejetée, en appendice comme nous l'avons déjà vu ("Les dissensions entre les partis politiques", *Catalogne Libre*, appendice I, p. 252-280) et cela d'une manière assez expéditive, et sans aucune justification, en supprimant, en outre, le lien qu'établit Orwell entre les événements et la situation politique au début du chapitre V, (lignes 11-15). A la fin du chapitre X où il raconte les événements de Barcelone, il annonce qu'il abordera de nouveau la situation politique, tout en s'excusant auprès de ses lecteurs et en les invitant à sauter éventuellement ce chapitre. Or, en méconnaissant une tradition anglaise d'auto-satire, l'éditeur français a pris cette invitation à la lettre et a placé ce chapitre XI dans un deuxième appendice intitulé: "Ce que furent les troubles de Barcelone" (C.L., appendice II, p. 281-314)[26].

Nous insistons sur ces manipulations du texte d'Orwell, parce qu'elle ont pu influencer Claude Simon dans sa lecture. Nous croyons toutefois que la traduction ne peut pas disculper entièrement la lecture de Simon qui y a mis du sien. Orwell veut faire ressortir l'importance que peuvent prendre les luttes en Espagne pour l'Europe entière et cela explique que les toutes dernières lignes de son livre, qui suivent la description des ses retrouvailles avec l'Angleterre du sud contiennent une vision prémonitoire:

> "(...) - all sleeping the deep, deep sleep of England, from which I sometimes fear that we shall never wake till we are jerked out of it by the roar of bombs".
>
> (H.C., chap. XIV, p. 248)
> (C.L., chap. XII, p. 251)

Ce que Simon n'accepte pas, c'est qu'Orwell ait mené parallèlement un compte-rendu d'inspiration personnelle et la construction d'une vision englobante de l'histoire où doit s'inscrire cette aventure personnelle.

A l'avant-dernière page (247) de son livre Orwell dresse, honnêtement, le bilan de l'aventure espagnole telle qu'il l'a vécue et continue à la vivre, et telle qu'il l'a consignée par écrit. L'expérience vécue ne l'a pas désillusionné:

> "This war, in which I played so ineffectual a part, has left me with memories that are mostly evil, and yet I do not wish that I had missed it. When you

have had a glimpse of such a disaster as this - and however it ends the Spanish war will turn out to have been an appalling disaster, quite appart from the slaughter and physical suffering - the result is not necessarily disillusionment and cynicism. Curiously enough the whole experience has left me with not less but more belief in the decency of human beings".

(H.C., chap. XIV, p. 247)
(C.L., chap. XII, p. 249)

Pour ce qui est de l'objectivité, de la véracité de son compte-rendu, Orwell est le premier à avouer qu'il est impossible de traiter un tel sujet en témoin impartial et il incite ses lecteurs à lire d'autres témoignages que le sien, non sans les mettre en garde contre le risque d'y trouver le même défaut:

"And I hope the account I have given is not too misleading. I believe that on such an issue as this no one is or can be completely truthful. It is difficult to be certain about anything except what you have seen with your own eyes, and consciously or unconsciously every one writes as partisan. In case I have not said this somewhere earlier in the book I will say it now: beware of my partisanship, my mistakes of fact and the distortion inevitably caused by my having seen only one corner of events. And beware of exactly the same thing when you read any other book on this period of the Spanish war".

(H.C., chap. XIV, p. 247)
(C.L., chap. XII, p. 249-250)

Nous touchons là à la question de savoir si une historiographie plus ou moins objective est possible ou non[27]. Ce sujet va préoccuper Orwell encore davantage dans son essai *Looking back on the Spanish war*[28], où il se montre hanté par le thème de la falsification de l'histoire par la propagande ou par l'arbitraire d'un dictateur:

> "This kind of thing is frightening me, because it often gives me the feeling that the very concept of objective truth is fading out of the world. After all, the chances are that those lies, or at any rate similar lies, will pass into history. How will the history of the Spanish war be written? (...)
>
> I know it is the fashion to say that most of recorded history is lies anyway. I am willing to believe that history is for the most part inaccurate and biased, but what is peculiar to our own age is the abandonment of the idea that history *could* be truthfully written.
> In the past people deliberately lied, or they unconsiously coloured what they wrote, or they struggled after the truth, well knowing that they must make many mistakes; but in each case they believed that "facts" existed and were more or less discoverable. And in practice there was always a considerable body of fact which would have been agreed to by almost every one".
>
> (p. 235-236)

Les régimes totalitaires conduiront à un monde cauchemardesque, dit-il:

> "in which the Leader, or some ruling clique, controls not only the future but *the past.* If the Leader says of such and such an event, 'It never happened' - well, it never happened. If he says that two and two are five - well, two and two are five. This prospect frightens me much more than bombs - and after our experiences of the last few years that is not a frivolous statement".
>
> (p. 236)

Pour mesurer ce qui lie et surtout ce qui oppose les deux auteurs, il est utile d'opposer à ces déclarations d'Orwell les affirmations faites par Simon dans une interview à propos de la parution de son roman *Le Palace*. Lorsqu'on s'apprête à lui poser une première question sur "ce livre (...) sur la révolution espagnole", il corrige tout de suite: "Non, ce n'est pas un livre sur la révolution espagnole ... C'est un livre sur "*ma*" révolution. La révolution espagnole? Pour en parler valablement, il faudrait dépouiller des archives pendant des années. Faire un travail d'historien. Un romancier ne peut avoir qu'un aperçu faux et subjectif des choses. Je n'ai pas voulu porter témoignage sur la révolution espagnole ... (...). *Le Palace* ne peut pas être un témoignage parce qu'en aucun cas l'art ne peut être un témoignage". Quand on lui demande: "Et *L'Espoir*, d'André Malraux, n'est-ce pas un témoignage sur la guerre d'Espagne?" il répond: "*L'Espoir*[29]? Pour moi, c'est un peu Tintin faisant la révolution. C'est une sorte de roman-feuilleton, de roman d'aventures écrit par quelqu'un qui est un aventurier, dans le cadre de la révolution". Au fond Orwell est taxé de la même façon par Simon, lorsque, dans *Les Géorgiques* (p. 352), il qualifie le premier personnage que nous décrit Orwell d'"apparition sortie tout droit, aurait-on dit, d'un roman de quelque Fenimore Cooper (...)". Il s'agit d'un milicien italien qu'Orwell a rencontré au moment où il venait d'arriver à Barcelone, rencontre qui semble avoir été capitale pour lui, car il y revient dans *Looking back on the spanish war,* cinq ans plus tard, et écrit des vers à la mémoire de ce soldat:

> "For the flyblown words that make me spew
> Still in his ears were holy,
> And he was born knowing what I had learned
> out of books and slowly".

Simon, dans cette interview, se montre fasciné par Barcelone aux mains des anarchistes. Et, comme nous l'avons déjà vu, il a bien retenu qu'Orwell écrit quelque part que la période sur le front d'Aragon avait été comme "un enchantement" (terme employé par Claude Simon dans la cinquième partie des *Géorgiques* (p. 348) pour traduire "magic quality"). Au niveau de l'expérience vécue il y a donc un certain accord. Au niveau de l'écriture, il y a un profond désaccord. Simon estime qu'au moment de se mettre au travail "Il faut savoir abandonner ce qu'on a voulu faire au profit de ce qui "se fait". On se met à écrire et puis le langage, de lui-même, engendre quelque chose dont on ne savait pas qu'on était porteur ...". Nous verrons qu'il s'imaginera dans *Les Géorgiques* O., de retour en Angleterre, assis à sa table de travail, tenté de procéder comme lui; mais chez Orwell ce ne sont que des velléités momentanées, il n'ira pas jusqu'au bout, il est repris par la tentation du témoignage que Simon ne lui pardonnera pas. Une dernière remarque faite par Simon dans l'interview peut illustrer la divergence fondamentale entre les deux auteurs: "Avez-vous lu, dans un des derniers recueils publiés de Francis Ponge, ce qu'il dit à propos de Staline? Il y deux parties dans le dictionnaire: celle où trouvent place les héros, les personnages comme Staline, tout ce qui appartient à l'histoire. Et puis il y l'autre partie du dictionnaire: "Celle où justement se trouvent le soleil, l'eau, le creux de la main ...". Et bien c'est cette partie-là du dictionnaire qui m'intéresse. Vous l'avez peut-être vu, j'ai mis en exergue à mon livre: "Revolution: mouvement d'un mobile qui, percourant une courbe fermée, repasse successivement par les mêmes points. "C'est cette révolution-là que j'ai voulu décrire, la révolution qui va avec le creux de la main, les arbres, les nuages ...". Claude Simon ne s'intéresse qu'à une partie du dicitonnaire. Orwell redoute cette tendance à abandonner l'autre partie, la partie "histoire", craignant qu'elle soit faussée, que tel ou tel Staline s'avise de contrôler non seulement l'avenir mais aussi "le passé". Son biographe, Crick[30], dit à ce sujet qu'en Espagne "Orwell saw before his own eyes not merely the distortion of evidence through differing perspectives but the sheer invention of history. One aspect of *Nineteen-Eighty-Four* was already occuring".

Cela ne veut pas dire qu'il ne s'intéresse pas à la révolution telle que l'évoque Simon. Depuis le front d'Aragon il a écrit une lettre à sa femme qui nous rappelle celles de L.S.M.: "The weather is much better, real spring most of the time, and the look of the earth makes me think of our garden at home and wonder whether the wallflowers are coming out and whether old Hachett is sowing potatoes"[31]. Et Simon pourra emprunter à Orwell des éléments qui proviennent de ce bout du dictionnaire qu'ils ont en commun, comme nous le verrons. Mais Simon n'accepte pas qu'Orwell s'intéresse avant tout à la partie délaissée par lui, la partie "histoire".

Cette introduction générale au texte d'Orwell était nécessaire, croyons-nous, pour lui rendre justice devant les attaques dont O. sera l'objet de la part de Simon dans *Les Géorgiques*. Car une comparaison approfondie des deux textes nous apprend qu'à travers le personnage d'O., pour lequel, rappelons-le, *Homage to Catalonia* a servi de ferment, Simon critique sévèrement Orwell en tant qu'homme et écrivain. Avant d'aborder cette confrontation, il nous semble utile de donner un aperçu rapide de la composition du texte d'Orwell pour voir ensuite les avatars qu'il subit sous la plume de Simon.

Le reportage d'Orwell s'ouvre sur la scène de rencontre avec le milicien italien dont nous avons déjà parlé. Il s'engage alors comme volontaire à la caserne Lénine d'où il part, après une semaine d'instructions militaires, pour le front d'Aragon (Chap. I, p. 1-13).

Les chapitres suivants racontent la drôle de guerre sur le front, d'abord près de Alcubierre, puis près de Huesca, déc. '36 - fin mars '37 (chap. II-IV, p. 14-46).

Suit alors une série de considérations sur la situation politique (chap. V, p. 47-74). L'auteur revient ensuite à l'histoire du front où il ne se passe toujours rien. ("The English had got into the habit of saying that this was not a war but a bloody pantomime", p. 75) (chap. VI, p. 75-90).

Le chapitre VII décrit l'attaque d'une redoute fasciste ("One afternoon Benjamin told us he wanted fifteen volonteers", p. 91) (p. 91-107).

Orwell dresse alors le bilan de 115 jours passés au front ("(...) they taught me things that I could not have learned in any other way", p. 110). Le jour de la relève est arrivé et il revient à Barcelone le 26 avril '37. (chap. VIII, p. 108-114).

Il compare la situation et l'ambiance à Barcelone à son arrivée en Espagne avec celles qu'il y trouve au moment de sa permission (chap. IX, p. 115-128).

Toujours à Barcelone, il décrit les événements du début du mois de mai: les rivalités entre les factions; les troubles autour du Telephone Exchange. En faisant le guet sur le toit d'un cinéma, d'où il a une vue sur la ville, il formule des réflexions sur la façon dont on fait l'histoire (p. 148-149); réflexions auxquelles Simon va souscrire (chap. X, p. 129-159)).

Le chapitre XI, p. 160-192, contient, de nouveau, des analyses politiques.

Déçu par les événements de Barcelone, Orwell retourne au front du côté de Huesca où il est grièvement blessé par une balle qui lui traverse le cou et endommage sa voix. Il est hospitalisé à plusieurs endroits, entre autres à Lérida (chap. XII, p. 193-208).

De retour à Barcelone il est libéré du service. Il reste quelques jours dans la ville. A. Nin est arrêté. Le POUM est déclaré illégal. Orwell doit se cacher pour échapper à la terreur (chap. XIII, p. 209-218).

Il fait des démarches pour obtenir la libération de son ancien commandant Kopp. Le consul d'Angleterre ayant régularisé son passeport, il quitte Barcelone après une semaine d'angoisse et réussit à atteindre Banyuls en France, d'où il regagne l'Angleterre (chap. XIV, p. 229-248).

C'est là le résumé des événements qui fonctionnent en filigrane dans *Les Géorgiques* et plus particulièrement dans la quatrième partie. Nous avons déjà pu voir que les événements vécus par Orwell se prêtent admirablement à la construction d'analogies poétiques avec les expériences de l'ancêtre et celles de Simon, ce qui accroît le malaise du lecteur devant le ton polémisant que prend Simon envers Orwell, l'homme aussi bien que l'auteur.

On peut se demander alors si Claude Simon exploite le texte d'Orwell dans un esprit historique, avec toute la bonne foi requise, ou s'il s'ensert, comme ce serait son droit, en tant qu'auteur de fiction. Or, il pourrait paraître que sous l'oeuvre de fiction qu'est *Les Géorgiques* un certain procès est intenté à Orwell, en tant qu'historien d'abord et, par-delà, à une certaine façon de faire de la littérature. Question délicate qu'il faut néanmoins se poser. Pour tenter d'y répondre, nous analyserons plusieurs aspects du texte de Simon. Tout d'abord il faut préter attention aux formules, aux verbes de présentation qui servent à insérer le texte d'Orwell dans celui des *Géorgiques*, puisque ces expressions peuvent avoir une grande force suggestive par rapport à la confiance que mérite la source citée. Comme il s'agit là d'un aspect du texte des *Géorgiques* qui n'échappera pas au lecteur - abstraction faite même du texte d'Orwell - ces formules demandent une analyse minutieuse. D'une manière plus générale il faut examiner le portrait qui nous est fait d'Orwell comme personne, comme membre d'une caste, d'une classe intellectuelle, comme spécimen du peuple anglais, comme lecteur, comme volontaire. A cet égard, la mise en scène elle-même, - Orwell assis à sa table de travail - mérite aussi de retenir notre attention.

Il nous faudra enfin confronter l'ordre dans lequel Orwell raconte son aventure avec celui dans lequel elle est présentée dans *Les Géorgiques* et voir ce qui en a été repris, élaboré, ou éliminé par Simon.

Si nous interrogeons la quatrième partie des *Géorgiques* sur les points que nous venons d'indiquer, nous comprendrons peut-être également l'insertion mystérieuse du fragment concernant le cardinal Manning (p. 308-309), qui à première vue semble constituer un corps étranger dans l'ensemble, mais qui, quand on y regarde de plus près,
1 symbolise l'état d'esprit d'Orwell tel qu'il nous est présenté par Simon.

La quatrième partie des *Géorgiques* est typographiquement subdivisée en cinq segments à l'aide d'astérisques. Le premier fragment (p. 259-262) en constitue, pourrait-on dire, le "générateur". Il s'agit de la description d'une photo, représentant des soldats qui se penchent par les fenêtres d'un train et sont vus depuis le quai, images qui, selon un procédé classique du nouveau roman, commencent peu à peu à bouger. Ces quelques pages initiales ne semblent pas contenir de références au texte d'Orwell, du moins pas de références repérables pour nous, lecteur.

Le deuxième segment (p. 263-280) introduit, dès la première ligne, Orwell comme narrateur interposé, sans le nommer toutefois, (ce qui peut amener le lecteur à se demander s'il ne figurait pas sur la photo dont il vient d'être question):

> "Heureusement, raconta-t-il, c'était juin, et quoique fraîches parfois, surtout dans les moments qui précédaient l'aube, les nuits n'étaient pas froides, mais en même temps, du fait aussi que c'était juin, le jour se levait tôt, de sorte qu'au matin il ou plutôt ils (lui et les deux autres comme lui) étaient obligés de rester longtemps encore cachés dans l'abri (l'église incendiée, le chantier abandonné, le fossé dans les herbes hautes d'un terrain vague) où ils avaient sinon dormi, (...)".
>
> (G. p. 263)

Claude Simon prend donc le reportage d'Orwell par la fin, par les chapitres XIII et XIV qui racontent les cinq jours pendant lesquels Orwell fut pourchassé à Barcelone avant son départ définitif. Cette anticipation n'est pas innocente, puisqu'elle permet à Simon de mettre en valeur dès l'entrée en scène d'O. le côté absurde, le côté "débâcle" de son aventure: cet idéaliste qui croyait pouvoir infléchir le cours de l'histoire mais est rattrapé par elle, c'est lui qui doit plier bagages.

Comme la fin des événements vécus par Orwell à Barcelone s'accorde avec la conception de l'histoire prônée par Simon, celui-ci peut rester neutre dans sa présentation d'O. - narrateur secondaire, puisque les faits racontés par lui parlent contre lui et que son espoir humain paraît s'effondrer. Nous trouverons donc des formules objectives du genre "raconta-t-il" (p. 262), "comme il le raconta" (p. 264), "celui qui plus tard raconta toute l'affaire". Remarquons tout de suite qu'une lecture superficielle des *Géorgiques* pourrait suggérer qu'Orwell aurait raconté oralement son histoire à Simon, d'autant plus que, comme nous le verrons plus loin, celui-ci se l'imaginera s'adressant à un auditoire anglais. Mais en fait le verbe "raconter" annonce un emprunt au livre d'Orwell.

Dans cette partie, celui-ci nous est déjà présenté comme un naïf, notamment dans ses opinions favorables sur les Espagnols (son reportage est un hommage), dont Simon parle avec mépris. Orwell raconte, dans son reportage (p. 239-240), la perquisition à Barcelone de la chambre de sa femme par la police. Pendant leur enquête de deux heures les policiers évitent de toucher au lit dans lequel la femme d'Orwell est couchée, et n'inspectent même pas le dessous. De cette attitude déférente l'auteur donne l'explication que voici:

> "But they were also Spaniards, and to turn a woman out of bed was a little too much for them. This part of the job was silently dropped, making the whole search meaningless".
>
> (H.C., p. 240)

Cet incident est repris et élaboré par Simon (p. 268-269), mais il se distancie sans aménité de l'explication que donne Orwell lui-même de cette omission:

> "(...) ce qui-quoi qu'ils fussent six - prit près de deux heures pendant lesquelles aucun n'eut l'idée de regarder dans le lit où la femme se tenait couchée, les draps tirés jusqu'au menton, suivant de ses yeux silencieux leurs allées et venues, détail qui (tout au moins il voulait le croire, ne pouvait pas arriver à se persuader du contraire)

lui fit penser qu'ils n'étaient pas de véritables professionnels, attribuant cette omission (n'avoir pas regardé dans le lit) à une persistance chez les visiteurs (ou plutôt les intrus) d'un vague sentiment de pudeur ou d'honneur et non à la simple stupidité (...)"

(G. p. 269)

Avec la tournure "lui fit penser" et surtout la façon dont celle-ci est amenée par la parenthèse "ne pouvait pas arriver à se persuader du contraire", nous sommes déjà loin du verbe de présentation "raconter" tout court. Ceci s'explique du fait que, même au moment de finir le travail d'écriture entrepris après son échec, Orwell fait toujours preuve d'idéalisme, d'une certaine foi en la dignité humaine et espagnole en particulier, comme si l'aventure espagnole ne lui avait rien appris! Car il relate cet incident de la perquisition à l'occasion d'un bilan final, à la suite et à l'appui d'un autre incident qui se produit au moment où il tente d'obtenir la libération de Kopp. Dans ses démarches, Orwell a affaire a un officier qui, bien qu'il ait des raisons de se méfier de lui, lui serre la main au moment de la séparation:

"And then there happened a strange and moving thing. The little officer hesitated a moment, then stepped across and shook hands with me.

I do not know if I can bring home to you how deeply that action touched me. It sounds like a small thing, but it was not. (...) It was like publicly shaking hands with a German during the Great War. I suppose he had decided in some way that I was not really a Fascist spy; still, it was good of him to shake hands.

I record this, trivial though it may sound, because it is somehow typical of Spain - of the flashes of magnanimity that you get from Spaniards in the worst of circumstances. I have the most evil memories of Spain, but I have very few bad memories of Spaniards. (...) They have, there is no doubt, a generosity, a species of nobility, that do not really belong to the twentieth century (...). There had been a queer little illustration of this fact a few nights earlier, when the police had searched my wife's room".

(H.C., p. 238-239)

Simon reprend en la développant longuement (p. 274-279) cette intervention d'Orwell pour obtenir la libération du chef de bataillon Kopp (p. 233-238) et il insiste sur le résultat négatif de l'entreprise, en supprimant la scène de la poignée de main d'adieu qui ne convient pas à la démonstration, (alors qu'il présente bien (p. 277-278) les deux personnages dans un "face à face" au début de leur rencontre pour marquer la distance qui les sépare, surtout quant à leurs vêtements bien sûr):

"(...) le petit officier (...) le prenant sous le bras, l'entraînant très vite - et naturellement cela ne servit à rien, car après le chef de bataillon fut mis au secret (ou peut-être fusillé le soir même - en tout cas on ne le revit plus jamais), et cette nuit-là ils (c'est-à-dire lui et les deux autres qui s'en était remis avec lui à leurs réflexes animaux) couchèrent dans un lotissement abandonné, grelottant de nouveau quoique ce fût juin et incapables de dormir, recroquevillés, (...).

(G. p. 279)

Avec le thème du froid du mois de juin la boucle de ce segment de la quatrième partie est bouclée.

L'insistance simonienne sur ce phénomène de la nature nous amène à envisager quels éléments du texte d'Orwell sont repris ou élaborés par lui, et lesquels il passe, au contraire sous silence. D'une manière générale, au niveau de l'ensemble de la quatrième partie, l'on peut dire que Claude Simon reprend les éléments anecdotiques et humoristiques, surtout s'ils soulignent le caractère absurde de la situation au front ou à Barcelone. Mais ce qui ne peut pas ne pas frapper une fois de plus le lecteur, c'est qu'il reprend également tous les détails descriptifs sur l'évolution de la nature et des saisons selon un rythme qui ne se soucie pas des agissements des êtres humains. L'insistance sur ces détails est en parfait accord avec le rôle que joue la nature dans l'ensemble du texte simonien. Ainsi nous retrouvons, page 270, la description des vagues qui charrient inlassablement des déchets, vus par Orwell (lui-même déchet charrié (dans les deux sens du terme) par l'histoire?) à Banyuls:

> "Il faisait gris, la mer était mauvaise. Ils achetèrent les journaux et lurent que l'on annonçait l'arrestation de l'un d'eux (...)
> puis ils cessèrent de lire les journaux, ils cessèrent même de parler, restèrent assis sur la plage de galets à regarder monter et descendre sur l'eau une faible écume grise charriant un mélange de têtes de sardines coupées, de déchets , d'épluchures de légumes, d'entrailles de poissons, de menus fragments d'algues et de liège".
>
> (G., p. 280)

Les personnages qui "cessèrent même de parler" devant ce spectacle de la nature, constituent un détail ajouté par Simon. (L'emploi par Simon du terme "même" s'explique par le fait qu'il considère O. comme un discoureur, comme nous le verrons plus loin.) Voici le texte correspondant d'Orwell qui fait ressortir que Simon le suit de près dans ce petit tableau descriptif tout en le chargeant d'un sens qu'il n'a pas chez Orwell où la description débouche sur le voeu de retourner en Espagne:

> "It was chilly weather, a persistent wind blew off the sea, the water was dull and choppy, round the harbour's adge a scum of ashes, corks, and fish-guts bobbed against the stones. It sounds like lunacy, but the thing that both of us wanted was to be back in Spain".
>
> (H.C., p. 246)

La suppression de la dernière phrase de ce passage s'explique à la lumière de l'aversion que nous avons constatée chez Simon pour la foi inébranlable d'Orwell en l'Espagne et son espoir d'un meilleur avenir humain. Pour la même raison il ne reprend pas non plus le fait que, lors de ses démarches pour essayer de libérer Kopp, Orwell rencontre un garde civil qui reconnaît avoir gardé un bon souvenir de ce commandant:

> "He said he had heard of Kopp's action from some of his comrades; Kopp was a "buen chico" (a good fellow). But even at the time I knew that it was all useless. If Kopp were ever tried, it would be, as in all such trials, with faked evidence. If he has been shot (and I am afraid it is quite likely) that will be his epitaph: the "buen chico" of the poor Civil Guard who was a part of a dirty system but had remained enough of a human being to know a decent action when he saw one".
>
> (H.C., p. 241-242)

Cette trace de dignité humaine chez un policier espagnol n'intéresse pas autant Simon qu'Orwell.

Par contre certains éléments signalés seulement en passant par Orwell seront largement élaborés par Simon. Souvent il s'agit alors de traits se rapportant à la sexualité. Celle-ci se glisse discrètement dans la scène de perquisition chez la femme d'Orwell par le petit détail ajouté par Simon: "les draps tirés jusqu'au menton" (p. 269). Mais la description des cachettes dont parle Orwell dans son livre (boutique de coiffure, p. 229; bains publics, p. 230; restaurants, p. 242), avec pour commentaire "The whole thing seemed too absurd" (p. 242), sera reprise dans les *Géorgiques* sans aucune retenue dans la veine simonienne (p. 269-272). Nous devons nous arrêter ici un instant à ces passages, parce qu'ils permettent de comprendre ce que Simon entend par la notion de "ferment" quand il définit par ce terme le texte d'Orwell par rapport au sien. Simon commence par visualiser d'une manière bien à lui, c'est-à-dire au moyen d'une description vesti-
7 mentaire, la métamorphose qu'ont subie Orwell et ses camarades, devenus, pour échapper à la police, "d'inoffensifs touristes - ou

correspondants de presse" (p. 269-270) -.C'est là encore un trait décoché par Simon à Orwell, et une façon de l'intégrer dans un mouvement révolutionnaire, défini déjà dans l'exergue du *Palace* comme "mouvement qui repasse successivement par les mêmes points", car Orwell parle seulement de leur apparence de "prosperous English visitors" (p. 242). -Mais c'est surtout dans la description de ces "touristes" et dans l'évocation de l'ambiance des endroits où ils se réfugient, que le texte prend des accents purements simoniens. Regardons-les dans un salon de coiffure:

> "déambulant d'un air nonchalant jusqu'à la première boutique de coiffeur où ils justifiaient par des clins d'oeil *égrillards* et des sous-entendus *graveleux* leurs paupières rougies par l'insomnie et leurs traits tirés, (...), contemplant les réclames (...) où, coloriés de teintes suaves, souriaient les visages poudrés de rose et incrédibles de femmes iris aux lourdes chevelures onduleuses et jaunes, aux poitrines opulentes, demi nues ou vêtues de péplums vert pâle, proposant ou tenant sous leurs narines pâmées quelque flacon magique d'un parfum parisien: mais il fallait prendre garde à ne pas s'assoupir (...)"
>
> (G. p. 270)

Ce développement a pour simple point de départ dans le texte d'Orwell ces quelques mots: "in the barber's shop" (p. 229) et "a shave" (p. 242)[32].

De la même manière s'amplifie et se transforme, chez Simon, l'indication de cette autre cachette, les bains publics dont l'évocation semble inspirée par les connaissances qu'a l'auteur de la peinture:

> "Seulement, même en faisant traîner les choses, il était difficile de passer les journées entières chez le coiffeur, au café ou assis dans des restaurants coûteux: il y avait bien aussi les établissements de bains publics, avec leurs suintantes parois de briques émaillées, leurs fades relents de stupres et cette vague, émolliente et libidineuse

atmosphère qui imprègne ces sortes de lieux, les corps exténués, flottant laiteux et sans poids dans les transparences couleurs d'huître d'où s'élevaient en grises fumerolles rampant et se tordant à la surface de l'eau brûlante d'impalpables et convulsives vapeurs, comme les ectoplasmiques exhalaisons d'innombrables étreintes masculines, d'innombrables orgasmes tarifés d'innombrables gitons: ce fut l'un d'entre eux sans doute (...) qui alerta ceux qui les traquaient (...)"

(G. p. 271-272)

Nous avons déjà signalé, dans une perspective "poétique", la correspondance entre cette scène où les ennemis politiques sont surpris dans leur bain, et un incident identique, survenu à Paris sous la Révolution. Voici de nouveau, dans le cadre de notre lecture comparative centrée sur la polémique Simon-Orwell, le pendant de cette scène sous la plume d'Orwell:

"I spent a long time that day, and the next, in having a bath at one of the public baths. This struck me as a good way of putting in the time and keeping out of sight. Unfortunately the same idea occurred to a lot of people, and a few days later - after I left Barcelona - the police raided one of the public baths and arrested a number of "Trotskyists" in a state of nature"

(H.C., p. 230)

Finalement il est intérssant de signaler un autre écart entre les phantasmes érotiques de Simon et l'extrême pudeur d'Orwell. Dans son texte, Simon ajoute à la série des cachettes, pour la nuit cette fois, le bordel, localisation qui jouait déjà un grand rôle dans *Le Sacre du Printemps* et *Le Palace*, possibilité qui est evoquée sur le mode hypothétique, probablement parce qu'Orwell ne la mentionne pas du tout:

"(...) et *peut-être auraient-ils pu aller* dans quelque bordel - puisque ceux-ci étaient de nouveau ouverts - et y jouer leurs personnages de riches touristes (ou journalistes) étrangers, sauf qu'il y avait de fortes chances pour qu'ils (c'est-à-dire ceux qui étaient à leur recherche) surveillent aussi ces sortes d'endroits (ou la prostituée chez qui ils auraient pu passer la nuit), sans compter que ce qu'ils auraient dû faire là pour justifier leur présence était bien sans doute la dernière chose non seulement dont ils se souciaient alors mais probablement dont leur corps avait envie, les réflexes de rut remplacés (ou effacés, quoiqu'ils fussent tous également jeunes et vigoureux) dans leurs chairs, leurs muscles, par ces autres réflexes resurgis et non moins animaux de vigilance, d'instinctive alarme, revenus au stade de bêtes sauvages (ou mêmes domestiques, comme le chat par exemple, à tout instant capable de passer sans transition de l'immobilité, que ce soit celle du guet, de l'affût ou du sommeil le plus profond, à une série de mouvements d'une foudroyante rapidité (...)".

(G., p. 263-264)

Réflexes de rut ou de vigilance, la réouverture des bordels et la réapparition de réflexes d'animaux sauvages représentés ici par le chat, qui s'était déjà trouvé face à face avec la protagoniste de *L'Herbe* (p. 17-18): la régression à l'état d'animal comme résultat final d'une participation à la révolution espagnole est longuement développée par le texte de Simon, alors qu'Orwell persiste à vouloir discerner et mettre en lumière des traces de dignité humaine et à vouloir donner un sens à l'histoire.

Le troisième segment (p. 280-293) de cette partie des *Géorgiques* couvre les chapitres VI et VII de *Homage to Catalonia* (p. 75-107) dans lesquels Orwell décrit la drôle de guerre sur le front d'Aragon où rien ne se passe à part l'attaque de la redoute fasciste (chap. VII). Par rapport aux pages des *Géorgiques* que nous venons d'analyser nous remontons dans le temps. Maintenant Simon suit de près et chronologiquement l'ordre des événements racontés par Orwell avec, comme trait final, le cigare dans la poche d'O. qui ne s'est pas brisé pendant l'attaque (*Les Géorgiques* (p. 291-292); *Homage to Catalonia* (p. 107)). Seul l'événement du début de ce segment, un avion survolant le front, est repris au chap. IV d'Orwell (p. 43-44). Si nous comparons cette scène d'ouverture au fragment correspondant chez Orwell, nous voyons combien toute cette description de l'avion est animée ici par la double causalité de l'ordre mécanique ("comme suspendu à un invisible fil") et de l'ordre des puissances maléfiques ("comme dégoûté, méprisant, lâchant en signe de suprême dédain, de suprême dérision, comme un oiseau qui se soulage en plein vol, une mince fiente" (p. 281)) formes de causalité que nous avons distinguées dans notre premier chapitre. La fiente d'oiseau relie par ailleurs cette scène à celle où L.S.M. est vu comme perchoir, dans la cinquième partie des *Géorgiques* (p. 366): Dans l'incident de l'avion (dont l'apparition n'est pas présentée dans le texte d'Orwell comme un fait unique) Simon profite encore d'un autre détail pour mettre sa griffe sur le texte: le fait qu'il lâche d'autres choses que des bombes. Orwell signale qu'il s'agit de "copies of a Fascist newspaper, the "Heraldo de Aragon", announcing the fall of Malaga", p. 44); Simon, sous l'influence peut-être de ce qu'Orwell vient de raconter sur la guerre par mégaphone ("As a matter of fact, on this front and at this period of the war the real weapon was not the rifle but the megaphone. This method of warfare is so extraordinary that it needs explaining", p. 42), parle de "tracts défaitistes", d'"appels à la désertion" (p. 281) ce qui ajoute encore au caractère absurde de cette guerre.

Certes, Simon peut souscrire ici à l'expérience guerrière d'Orwell, qui correspond à la sienne pendant la guerre de '39-'40. Il fait donc confiance au narrateur Orwell, dont il insère le discours dans le sien propre, tout comme dans le
1 deuxième segment. Et pourtant la personne d'Orwell y est

de nouveau dépouillée de toute dignité humaine dans le passage où Simon décrit - reprenant le texte d'Orwell - la poursuite d'un adversaire dans le boyau, et où, à la suite d'une digression que nous aurons à examiner, il fait de O. un "ange exterminateur" don-quichottesque:

> "(...) puis lui, l'ange exterminateur, en train de boiter maintenant sur le remblai, poursuivant à coups de baïonette une silhouette d'homme à moitié vêtu, les épaules enveloppées d'une couverture sombre, galopant, courbé en deux au-dessous de lui dans le boyau tandis qu'il s'efforçait de se rappeler les leçons du moniteur de boxe de l'aristocratique collège où lui avait été dispensée son éducation, tenant maladroitement son fusil par la crosse, lançant maladroitement ses bottes, s'escrimant à enfoncer une lame d'acier entre les omoplates de l'Iniquité en fuite (un pauvre diable, selon toute vraisemblance, enrôlé de force), la manquant, trébuchant sous son élan, reprenant sa course, l'Iniquité gagnant de vitesse sur lui, s'évanouissant dans le noir, le laissant là, bredouille, frustré, hors d'haleine - (...)".
>
> (G. p. 290)

Or voici le texte d'Orwell qui donne lieu à cette attaque ironique et hargneuse:

> "I must have been very close to him, for I could see him clearly. He was bareheaded and seemed to have nothing on except a blanket which he was clutching round his shoulders. If I had fired I could have blown him to pieces. But for fear of shooting one another we had been ordered to use only bayonets once we were inside the parapet, and in any case I never even thought of firing. Instead, my mind leapt backwards twenty years, to our boxing instructor at school, showing me in vivid pantomime how he had bayoneted a Turk at the Dardanelles. I gripped my rifle by the small of the

> butt and lunged at the man's back. He was just out of my reach. Another lunge: still out of reach. And for a little distance we proceeded like this, he rushing up the trench and I after him on the ground above, prodding at his shoulder-blades and never quite getting there - a comic memory for me to look back upon, though I suppose it seemed less comic to him.
>
> Of course, he knew the ground better than I and had soon slipped away from me. When I came back the position was full of shouting men".
>
> (L.C., chap. VII, p. 97-98)

L'expression "bredouille", qui évoque la chasse, à laquelle Simon vient de faire allusion (p. 287 [O.] "déplorant en lui-même par un réflexe instinctif de chasseur que l'on eût pas pris auparavant la précaution de s'assurer de la direction du vent afin de s'approcher du bon angle") et le terme "frustré", suggèrent une réaction chez Orwell, qui est visiblement absente de son texte. Orwell considère ses adversaires comme de pauvres bougres au même titre que lui-même, et cela à bien des endroits de son texte, alors que le commentaire entre parenthèse de Simon ("un pauvre diable") suggère au contraire qu'il faut défendre le poursuivi contre la férocité du chasseur O., lequel est de surcroît, rendu plus don-quichottesque encore par l'image allégorique - l'Iniquité - qu'il est censée se faire de l'ennemi.

Non seulement en tant que chasseur mais aussi en tant que boxeur, O. est présenté comme l'Anglais cliché, produit de son éducation. Le souvenir des "leçons du moniteur de boxe" dans un combat à la baïonette devient grotesque sous la plume de Simon, du fait qu'il est présenté comme voulu par O., l'"Ange exterminateur", qui cherche dans les leçons apprises une tactique inapplicable à la situation dans laquelle il se trouve. Au contraire, Orwell insiste sur le caractère saugrenu de ce retour en arrière: "In any case I never thought of firing. *Instead, my mind leapt backwards* twenty years", phrases qui, soit dit en passant, montre un

Orwell aux antipodes de l'"Ange exterminateur" luttant contre l'"Iniquité".

Simon s'était déjà attaqué plus violemment à l'éducation d'Orwell à la page 203 où est abordé une première fois le thème de la conversion d'O. au Marxisme. Marx est ici présenté comme un autre Moïse, celui qui accomplit Moïse, juif lui aussi, perfectionnant l'image du Dieu, telle que la lui avaient léguée ses ancêtres:

> "(...); toujours est-il, donc, qu'en dépit de ces deux aléas il (l'engagé volontaire) n'avait pas encore depuis trois mois l'impression de participer à une guerre, lui, l'ange ou l'archange exterminateur qui avait fait tant de chemin non pas seulement pour racheter des siècles de débauche et d'iniquité, comme il était écrit dans le Livre dont son enfance avait été nourrie, mais encore obéir à l'autre Bible dont, à son tour, son adolescence avait été nourrie, oeuvre d'un autre Moïse, tout aussi barbu, quoique sans cornes et revêtu d'un complet-veston, issu toutefois du même vieux peuple que ses prédécesseurs, perfectionnant en quelque sorte le dieu exigeant, sévère et législateur qu'ils avaient façonné".
>
> (G., p. 283)

Ce nouveau prophète continue, après sa mort, à exercer son pouvoir sur les esprits des jeunes Anglais de la génération d'Orwell par ses écrits qui secrètent la violence comme son corps secrète une humeur cadavérique:

> "(...) leurs visages trop roses ou trop pâles, leur paradoxale et filiforme conformation d'increvables coureurs de fond, les voix calmes, flegmatiques et passionnées s'élevant tour à tour, eux assis dans des fauteuils de cuir fatigués, ou par terre, adossés aux murs, leurs jambes repliées parmi les piles croulantes de disques stravinskiens ou de ces livres, de ces brochures aux titres brefs, neutres, éducatifs, aux ternes couvertures brochées,

> semblables, avec leurs pages couvertes de caractères serrés, leur profusion d'interminables et patientes démonstrations, leur aspect de manuels à l'usage d'écoles du soir, à ces sortes de guides pratiques que l'on peut trouver au rayon du bricolage des grands magasins, sauf que de leur inertie même, de leur aspect utilitaire, grisâtre, émane cette expèce de violence concentrée particulière aux emballages d'explosifs, comme si ce qu'ils contenaient était quelque chose comme de la nitroglycérine sous forme de papier imprimé, comme ce que continuait par-delà la mort à secréter l'inerte et formidable cadavre du prophète aux majestueuses pilosités respectablement revêtu d'un complet veston et d'une chemise empesée, reposant dans un cimetière voisin aux allées ratissées tandis que se fanent l'un après l'autre sur la pierre qui le recouvre les successifs et pieux monceaux de gerbes cravatées de rouge".
>
> (G., p. 317-318)

Causalité spatiale - Marx est enterré à Londres - assimilation du pouvoir de ses livres à la violence de la matière évoquée sous la forme de la fluidité proliférante de la matière morte, caractérisation du cadavre du prophète par une épithète se rapportant à la constitution du vivant - "aux majestueuses pilosités" - autant de traits qui rappellent Michelet et sa conception de l'histoire. Dans cette vision de Simon les écrits de Marx fonctionnent pour O. comme une loi (mécanique) de la matière:

> "Entraîné par l'inerte pesanteur des brochures et des bavardages politico-philosophiques dont il s'est nourri, il glisse de haut en bas sur la carte dans cette étroite zone (cette frange, cette mince lisière - une île perdue suspendue au-dessus de l'extrême cap ouest de l'Asie -, ce dernier espace encore libre, encore préservé, coincé entre la barbarie et l'océan) (...)".
>
> (G., p. 319)

Dans ce segment Simon reprend, d'ailleurs, plusieurs éléments anecdotiques et humoristiques. Signalons, outre le cigare intact déjà mentionné, l'obus qui fait la navette d'un camp à l'autre (p. 283; H.C., p. 76); l'expression "pantomime avec effusion de sang" (p. 284; H.C., p. 75) qui reviendra plusieurs fois dans la suite du texte de Simon alors qu'Orwell ne parle qu'une fois de "bloody pantomime"[33]; la remarque sur les brassards blancs (p. 287; H.C., p. 92) qu'on pourrait demander aux ennemis de porter pour éviter des confusions. Pour ce qui est du détail du "bras gauche stupidement replié contre sa joue gauche" (p. 290), geste que fait O. pour se protéger contre les balles, il peut être là comme une nouvelle attaque venimeuse contre la naïveté de cet Anglais: mais le texte d'Orwell où figure également l'adverbe "stupidement" ("An idiotic gesture - as though one's hand could stop a bullet! - but I had a horror of being hit in the face") nous fait comprendre que ce n'est pas la seule lecture possible. C'est aussi un réflexe naturel de défense contre une menace de mort auquel Simon doit avoir été sensible, parce qu'il traduit une expérience vécue, celle d'être exposée au feu, qu'il partageait avec Orwell, (expérience décrite déjà dans *La Corde Raide*, avec la fuite sur le ballast[34]).

Humour et sexualité vont ensemble dans le développement à propos du jeu de mots sur les initiales D.S.O., signalé en passant par Orwell (p. 86) mais élaboré par Simon (p. 282) (qui s'est peut-être laissé inspirer par la note explicative en bas de la page 85 de l'édition française):

> "(les balles) avaient encore assez de force (...), pour les plus malchanceux atteints au basventre, [pour ] leur décerner par sectionnement de leurs organes virils ce qu'en argot militaire les Anglais appellent avec humour un "D.S.O.", entendant par là non le glorieux "Distinguished Service Order" mais le peu enviable "Dickie shot off" qui fait d'un guerrier une absence d'homme sans pour autant le pourvoir des grâces féminines (...)".
>
> (G., p. 282)

Orwell se contente et peut se contenter d'écrire pour son public anglais:

> "Thomas Parker got a bullet through the top of his thigh, which, as he said, was nearer to being a D.S.O. than he cared about".
>
> (H.C., p. 86)

En tout cas, pour une fois, un bon point pour l'auteur anglais: il a de l'humour.

Comme détails descriptifs, toujours sur le plan du rythme cyclique de la nature se moquant des agissements des humains qui croient faire de l'histoire, Simon reprend à Orwell le "concert des grenouilles":

> "Quant à lui (l'archange) il calculait maintenant, non sans mélancolie, qu'en trois mois de cette ordalie de boue glacée, de crasse et de nuits sans sommeil il n'avait eu en tout et pour tout l'occasion de tirer que trois coups de fusil dont, au surplus, il doutait fort qu'ils eussent atteint qui que ce fût, jouant néanmoins avec application sa partie dans ce que l'un d'eux (l'un des autres engagés volontaires) appelait une pantomime avec effusion de sang, contemplant à l'horizon pendant les nuits de garde au long desquelles il se sentait peu à peu se transformer en un bloc de viande congelée les éclairs roses de lointaines canonnades, les étoiles fixes dans le ciel noir, écoutant le concert des grenouilles qui montait des fossés d'irrigation, essayant de se réchauffer au retour en trempant dans le thé fumant cadeau des vieux "Army and Navy Stores" les biscuits provenant également des stocks [...]"
>
> (G., p. 283-284)

Simon ne développe pas cette notation concernant les grenouilles qui intervient deux fois chez Orwell, sous une forme plus élaborée, pour marquer le contraste entre la nature et les circonstances de guerre créées par les hommes:

"Spring was really here at last. The blue in the sky was softer, the air grew suddenly balmy. The frogs were mating noisily in the ditches. Round the drinking-pool that served for the village mules I found exquisite green frogs the size of a penny, so brilliant that the young grass looked dull beside them".

(H.C., p. 82)

"Seven hours lying in a horrible marsh, in reedy smelling water into which one's body subsided gradually deeper and deeper: the reedy smell, the numbing cold, the stars immovable in the black sky, the harsh croaking of the frogs. Though this was April it was the coldes night that I remember in Spain. Only a hundred yards behind us the working-parties were hard at it, but there was utter silence except for the chorus of the frogs".

(H.C., p. 85)

Un autre détail descriptif (la percée des crocus et des iris) emprunté à Orwell (H.C., p. 40) introduit chez Simon l'attaque de la redoute fasciste et assimile ainsi le renouveau de la nature et l'épreuve du feu:

"De sorte que (le printemps arrivait, déjà les crocus et les iris sauvages commençaient à percer le sol) lorsque le chef de bataillon fit savoir qu'il avait besoin de quinze volontaires pour un coup de main il fut le premier à se présenter (...)".

(G. p. 284-285)

Le soldat de la guerre de '39-'40 doit aussi patienter jusqu'au printemps pour subir enfin l'épreuve du feu:

"Mais le temps n'était pas encore venu. Sans doute fallait-il que d'abord ils (les hommes, les cavaliers) passent (comme au cours de ces initiations rituelles que pratiquent des ordres ou des confréries secrètes) par la série des épreuves qu'avait consacrées une longue coutume (la pluie en automne, le froid ensuite, l'ennui) avant d'en arriver au printemps, à cette suprême et dernière consécration: celle du feu, soudaine, violente, brève, juste le temps d'apprendre ce qu'on (les commandements réglementaires et les métaphores de poètes) leur avait caché, c'est-à-dire que ce que l'on appelait le feu était véritablement du feu, brûlait, (...)".

(G., p. 130)

Dans le quatrième segment (p. 293-308) du texte de Simon sur sa révolution, nous nous retrouvons à Barcelone sans transition aucune. Le fil de l'hisoire d'Orwell est coupé. Orwell avait entretemps dressé le bilan de 115 jours passés au front et avait raconté son voyage de retour du front d'Aragon à Barcelone (dans le chapitre VIII, p. 108-114) auquel Simon ne fera allusion qu'à la page 349: "Quand on les releva". Au chapitre IX Orwell compare la situation de décembre '36 à Barcelone avec celle de fin avril-début mai, et pour cette comparaison il faut se reporter à la page 349 du texte de Simon: "Ce qui le frappa le plus lorsqu'il se retrouva à Barcelone". Mais ici Simon passe directement au chapitre X (p. 129-159) d'Orwell qu'il suivra de près, au fil des pages.

Orwell - narrateur n'est pas critiqué dans la présentation de son discours. Les détails qu'il fournit et les impressions qu'il donne, sont jugés corrects (parce que vécus) par Simon, et sont présentés d'une manière neutre: "raconta-t-il plus tard" (p. 297), "faits insignifiants, sinon dérisoires, tels que ceux qu'il récapitula plus tard" (p. 304).

Simon prend par contre nettement ses distances à l'égard de la personne d'Orwell qui devient de nouveau l'objet de ses sarcasmes. Ainsi Orwell raconte (p. 134) comment il passe la nuit enveloppé dans le rideau de scène d'un cinéma-music hall. Simon reprend ce fait à la page 293, et y revient un peu plus loin (p. 299) en qualifiant la situation d'O. d'"état propice aux actions historiques".

Le POUM n'est pas nommé sous cette forme par Simon mais présenté comme "sa secte philosophique" car il a horreur des abréviations[35]. Pendant trois pages (302-304) Simon s'étend non sans acrimonie, sur les idées d'O., victime de son éducation et de ses lectures - Simon parle avec condescendance de la collection Penguin qu'il ne met pas plus haut que le roman policier - et lorsqu'il le montre finalement enclin à se ranger, sous l'influence de l'expérience qu'il est en train de vivre, à un avis que Simon juge plus sage, il le fait encore sous une forme dépréciative: "(...) à la fin, donc, il décida de décider qu'il n'y avait rien à décider, que tout cela était simplement absurde" (p. 303). Plus loin, "le guetteur sur le toit" livre ses pensées:

> "inclinant de plus en plus à penser que son ignorance ou l'insuffisance de son éducation en matière de politique (ou de philosophie) s'avérait d'une telle ampleur que la pratique (où comment l'appeler: l'exercice) de la politique (ou de la philosophie) lui inspirait une indifférence et une lassitude (sinon une répulsion) croissant d'heure en heure ou de nuit sans sommeil en nuit sans sommeil et de journée sans nourriture en journée sans nourriture".
>
> (G., p. 306)

Ce lecteur des "fastidieux fascicules de la collection Penguin" (p. 304) se trompe aussi selon Simon, sur l'enjeu et l'importance historique des événements auxquels il participe (p. 304). Affirmation péremptoire qui semble en contradiction avec une parenthèse du genre "si tant est qu'on pût être sûr de quelque chose" (p. 295), qui correspond pourtant à la philosophie de l'histoire à laquelle adhère Simon. Très caractéristique est sous ce rapport la façon dont celui-ci exploite le vagissement d'un bébé[36], qu'Orwell signale en passant (p. 134), mais dont Simon fait l'interprète de sa vision sur la vie et le langage:

> "Sans compter, pour couronner le tout (et comme il est de règle dans ces sortes de situations), que personne ne savait très bien ce qui se passait,

sauf sans doute celui des bébés qui criait sans discontinuer, cramoisi, les poings serrés et les yeux fermés, avec ce tenace désespoir, cette tenace épouvante, la tenace prémonition des créatures vagissantes (ou mugissantes: comme ces boeufs, la nuit, enfermés dans les wagons immobilisés sur les voies d'une gare de triage et beuglant lugubrement) pas encore douées de parole mais sans doute de quelque faculté de voyance leur représentant en condensé la terrifiante somme de souffrances et de misères qui sera leur lot, et qui disparaît (le don, la voyance) dès que le rassurant emploi des mots vient s'y substituer, s'étranglant jusque-là dans les larmes et les protestations".

(G., p. 294)

Les notations humoristiques et anecdotiques, puisées dans le texte d'Orwell ne manquent pas non plus dans cette partie. Simon combine le mot "artisanal" dans un premier temps avec le mot "bombe" (p. 293), ce qui est conforme à l'esprit du texte d'Orwell, mais les autres emplois, auprès du mot "gouvernement" (p. 293) et auprès du mot "sommeil" (p. 296), relèvent d'un travail de métaphorisation laborieuse de sa part:

"(...) car à trois heures du matin on le secoua pour le réveiller (si toutefois l'on peut réveiller quelqu'un d'un demi-sommeil: un sommeil en quelque sorte de fabrication artisanale lui aussi ou, en d'autres termes, un bricolage de sommeil) si bien qu'il fut tout aussitôt dans cet état propice aux actions historiques, c'est-à-dire cette demi-conscience et cet abrutissement (...)".

(G., p. 296)

Quelques incidents empruntés par Simon à Orwell, le jeu de quilles avec les bombes (G., p. 298; H.C., p. 137), les bouteilles de bière (G., p. 302; H.C., p. 141) offertes par les adversaires installés en face au café Moka, et surtout la remarque sur le projet de numérotation des pavés (G., p. 307; H.C., p. 144), qualifié par Simon de "facétieux", sont propices, pour entrer dans le vocabulaire de Simon, à démontrer le caractère circulaire de ce qui se passe à Barcelone et dans toute l'Histoire:

> "(l'un des journalistes - ou des agents doubles - qu'abritait l'hôtel suggéra facétieusement que dans cette ville et pour plus de commodité on les numérotât (les pavés), ce qui permettrait à l'édification et à la destruction périodiques des barricades de s'effectuer de façon plus rapide et plus rationnelle)".
>
> (G., p. 307)

Ce quatrième segment se termine sur un développement sur le succès, auprès des femmes de Barcelone, des soldats de la guardia de Asalto qui arrivèrent de Valencia en leurs beaux uniformes. Orwell remarque à propos des prestiges de l'uniforme seulement ceci: "It was noticeable that most of them had picked up a girl after a day or two" (H.C., p. 154). Simon associe à sa façon les femmes et les confiseries dans une profusion de couleurs dont les connotations, la charge érotique n'a plus besoin d'être démontrée[37]:

> "les autres (ceux revêtus des élégantes tenues cintrées) promenant les jolies filles pendues à leur bras et qui ralentissaient l'allure, devenant plus jolies encore, langoureuses, palpitantes, pressant amoureusement leur tiède et jeune chair contre les buffleteries cirées et les corps bien nourris, devant les vitrines des beaux quartiers enfin rouvertes pour de bon et proposant leurs étalages croulants de charcuteries, de douceurs et de multicolores confiseries, rose bonbon, pistache, vert bonbon, cerise, jaune bonbon".
>
> (G., p. 307-308)

Ainsi il compose ses variations sur le texte d'Orwell pour souligner que les lois de la nature priment celles de l'histoire. Un passage capital de ce segment est constitué par la description du panorama qu'O. voit se dérouler devant ses yeux quand il monte la garde sur le toit d'un cinéma à Barcelone. Or dans la bouche du narrateur ce passage ouvre sur un détail descriptif des plus typiquement simonien qui fonctionne au niveau de l'ensemble des *Géorgiques* (comme dans d'autres romans): le jeu des couleurs et le mouvement des feuilles des platanes de l'avenue, sorte de rideau vivant à travers lequel sont filtrés les faits guerriers destructeurs:

> "Un peu au-dessous du toit affleuraient les plus hautes branches des platanes de l'avenue, avec leurs tendres pousses printanières, leur feuillage d'un vert encore hésitant, commençant à peine à se vernir, couronnés par l'ocre pâle des jeunes feuilles garnissant l'extrémité des rameaux d'un poudroiement léger dans la tendre lumière de mai, et qu'il (le guetteur) pouvait voir chaque matin un peu plus déployées, comme si les bourgeons profitaient de l'obscurité, de la trêve qu'apportaient les nuits, l'arrêt du fracas des bombes et de la fusillade, pour se dégager, s'extirper un peu plus de leur enveloppe et se déplier, comme un duvet délicat, roux, la tendre et fragile éclosion, le tendre et irrépressible renouveau, fidèle au rythme des saisons, aveugle, formidable, patient, au-dessus dela chaussée parsemée de vitres brisées et de rameaux hachés par les rafales, comme les vestiges de quelque fête, le sillage de quelque cortège triomphal, se froissant et se flétrissant lentement".
>
> (G., p. 301)

Le cinquième segment de l'histoire simonienne de la guerre d'Espagne commence par un paragraphe (p. 308-309) qui, à première vue, constitue dans cet ensemble un corps étranger. Il ne contient aucune référence au texte d'Orwell, du moins pas de références explicites, repérables. De ce
3 point de vue ce paragraphe ressemble au segment "générateur"

dont nous avons parlé. Mais ces pages étaient d'une pure facture simonienne et séparées typographiquement de la suite, alors que, du paragraphe qui nous occupe, on passe sans aucune transition au suivant qui porte de nouveau sur l'aventure d'Orwell bien que d'une façon insolite, parce que sous forme de résumé, de sommaire, ce à quoi le texte de Simon ne nous avait guère habitués jusqu'ici. Autant d'éléments intrigants qui incitent à chercher la raison d'être de ce paragraphe.

Simon y procède à un nouveau et curieux travail d'intertextualisation en se référant à la biographie du cardinal Manning écrite par Lytton Strachey[38]. Qu'il la cite d'après la traduction française, n'est pas pour nous surprendre, sinon il aurait dû avoir recours à un fascicule de cette "fastidieuse" collection Penguin. Nous citons ici intégralement ces lignes dont nous avons mis en italique les parties empruntées textuellement par Simon à Strachey:

> "Dans sa biographie du cardinal Manning dont la conversion au catholicisme romain secoua l'Angleterre victorienne, Lytton Strachey raconte que deux des contemporains du grand homme *perdirent leur foi* au cours de ces bouleversements, *avec cependant cette différence que* pour l'un événement *se trouva ressembler plutôt a la perte d'une lourde valise dont on découvre ensuite qu'elle n'était pleine que de plâtras et de vieux chiffons, tandis que l'autre* en resta si *mal à l'aise qu'il continua à la chercher partout jusqu'a la fin de ses jours.* Brillant élève d'Oxford, le futur cardinal Manning appartenait avec Gladstone et Wilberfore à cette catégorie de *jeunes gens* à qui *le monde semblait offert,* car, dit Strachey, *ils étaient riches, pourvus de bonnes alliances,* et surtout *"doués d'une capacité infinie à faire des discours".* Parmi ces discoureurs, Manning semble avoir été séduit par un théologien (ou faut-il dire un théoricien?) nommé Newman qui démontrait que *l'Eglise d'Angleterre*

*était bien la véritable Eglise, mais qu'elle avait subi une éclipse depuis la Réforme - c'est-à-dire, en fait, depuis qu'elle existait. La religion chrétienne se conservait encore intacte entre les mains du clergé anglais, mais s'y conservait pour ainsi dire inconsciemment - précieux dépôt transmis aveuglément de génération en génération, et qui subsistait moins par la volonté des hommes qu'en vertu du Commandement de Dieu en tant qu'il s'exprime dans la mystérieuse efficacité des sacrements. Bref, le christianisme avait été compromis dans une série de circonstances malheureuses desquelles c'était le devoir évident de Newman et de ses amis de le délivrer. Ils ne laissaient pas, continue Strachey, d'admirer que cette mission leur eût été réservée ; un petit nombre de théologiens du XVII$^{e}$ siècle avait bien aperçu, par la faveur céleste, quelques lueurs de vérité, faibles lueurs il faut l'avouer. Non, les eaux de la véritable Foi avaient coulé sous terre depuis la Réforme, et elles attendaient que Newman frappât le rocher de sa baguette et les fit jaillir de nouveau à la lumière du jour. Toute l'affaire à n'en pas douter était de l'ordre de la Providence - sinon comment l'expliquer?*

De retour aux premières lignes vers la fin du mois de mai 1937 après une courte permission et un hiver passé dans les tranchées du front d'Aragon, O... est atteint au cours d'une inspection aux avant-postes d'une balle qui lui traverse le cou de part en part. D'abord sommairement pansé sur place et soigné ensuite dans divers hôpitaux, il est finalement réformé et, son bulletin de démobilisation en poche, regagne Barcelone où il arrive dans les derniers jours de juin pour être aussitôt pris en chasse par la police".

Le lecteur qui a gardé présents à l'esprit les points nodaux de ce fragment, se rendra compte au fur et à mesure de sa lecture que ce paragraphe est une sorte de lit de Procuste sur lequel Simon va étendre dans la suite de son texte, la vie d'Orwell. C'est l'histoire d'une conversion, où le converti est Manning et le convertisseur le théologien Newman, (qualifié par Simon, entre parenthèses, de "théoricien"), qui se prend (ou/et?) est pris pour l'instrument de la Providence, un nouveau Moïse. Le converti, deux de ses amis, Gladstone et Wilberforce, et le convertisseur ont reçu la même éducation, ils disposent tous "d'une capacité infinie à faire des discours". Convertir, se laisser convertir et discourir vont ensemble.

Deux autres familiers de Newman ont perdu leur foi à la suite de la réconciliation avec Rome prônée par lui: "pour l'un l'événement se trouva ressembler plutôt à la perte d'une lourde valise dont on découvre ensuite qu'elle n'était pleine que de platras et de vieux chiffons, tandis que l'autre en resta si mal à l'aise qu'il continua à la chercher partout jusqu'à la fin de ses jours". Cette métaphore de la valise, empruntée aussi par Simon à Strachey, introduit dans son récit l'idée de la dévalisation[39].

Dans la suite du texte l'argumentation, le raisonnement de Simon, consistera à construire la vie d'Orwell sur "l'exemplum" qui vient d'être donné (presque comme un exercice scolaire qui oblige à raconter une histoire du même genre, ou comme un sujet de composition à développer). Ainsi Simon ne manquera pas de présenter Orwell comme le produit de sa classe, de son éducation bien anglaise, identique à celle de Manning, Newman et compagnie, tous sortis du même "moule" dont est sorti également le public pour lequel Orwell écrit. Qu'il écrive pour "un certain public" (p. 314) le disqualifie déjà comme écrivain aux yeux de Simon qui le considère comme un "discoureur", qui parle, qui "raconte" mais qui n'écrit pas, activité dont Simon fera la démonstration à Orwell:

> "En fait, il est constamment préoccupé de l'effet produit. Assis là à sa table, ce sera comme s'il parlait tout haut dans le silence, s'interrompant peut-être de temps à autre pour porter la main à son cou, toucher la cicatrice de la balle qui lui a à moitié sectionné les cordes vocales comme pour s'assurer qu'il n'a pas rêvé, puis se remettant à écrire, ou plutôt à parler de sa voix blanche, voilée, semblable à un halètement, épiant son invisible auditoire de morts et de vivants à la fois incrédule et attentif, composé de personnages qui sont à quelques variantes près comme autant de copies conformes de lui-même, coulés dans le même moule de cette éducation rigoriste et puritaine peuplant les collèges et les bâtiments gothiques et couverts de lierre des vieilles universités de jeunes gens dégingandés et osseux, pourvus de chevelures d'étoupe, aux dents légèrement proéminentes, aux lèvres toujours légèrement entrouvertes comme s'ils éprouvaient quelque difficulté à respirer à la suite de végétation mal soignées ou de l'écrasement d'une cloison nasale par quelque coup de crosse de hockey (...)".
>
> (G., p. 314-315)

L'allusion au geste de O. touchant sa cicatrice "comme pour s'assurer qu'il n'a pas rêvé" (geste qui ne figure pas dans le texte d'Orwell) semble un peu appuyée et relève d'un humour assez gros, et vise à atteindre cet idéaliste, touché précisément dans l'organe qui lui permettait de témoigner devant ses semblables et maintenant condamné à recourir à l'écriture, alors qu'il ne sait que discourir.

Quand on fait l'inventaire de toutes les remarques détractrices débitées sur Orwell comme produit du moule universitaire anglais (qui, un peu plus, feraient regretter la légèreté avec laquelle ce même sujet est traité, disons, dans *Les carnets du major Thompson*[40]), on finit par se demander ce que le milieu estudiantin anglais a bien pu faire à Simon pendant les quelques mois qu'il a passés à Oxford et à Cambridge. Dans le passage qui fait suite à notre citation, ces étudiants sont évoqués après un match de rugby, lorsqu'ils passent sous la douche:

> "sous les jets brûlants des douches dont le ruissellement révèle peu à peu les torses et les mollets rayés de sanglantes estafilades, les sexes roses dans les buissons de poils roux, les longs corps laiteux, semés de taches de son, fantomatiques dans les nuages de vapeur fade, comme quelque allégorie préraphaélite de la chair vulnérable et fragile habitée d'une coriace et inflexible détermination. Ce fut en décembre qu'il arriva à Barcelone, laissant derrière lui ce pays (...)".
>
> (G., p. 315)

Les détails fournis ici font penser à la théorie de Michelet selon laquelle "toute l'histoire repose en dernière instance sur le corps humain", et "le génie national n'est rien d'autre qu'une transformation de la terre nationale", théorie qui a amené son auteur, comme le signale Barthes dans sa monographie (p. 80-81), à faire de Pitt "l'Anglais rose et lacté".

A côté de ces attributs virils qui font partie du moule et auxquels Orwell, par conséquent, a droit aussi, celui-ci, "ancien élève d'Eton" (p. 317), "continuait à porter partout cet invisible et rigide col Eton" (p. 326) et appartient, implicitement, à ces "esprits subtils formés sur les terrains de cricket ou les campus d'université anglo-saxonnes ou autres" (p. 341). Mais sur le front d'Aragon son aspect extérieur change:

> "lui avec son invisible et impeccable cravate, son invisible chapeau haut de forme et son impeccable col Eton remplacés maintenant par une crasseuse casquette à oreillettes et un cache-nez troué, se lavant dans la gamelle où il mangeait, s'accroupissant dans les ordures, ses mains aux ongles cassés gonflées d'abcès, aux doigts gourds mala-

> droitement serrés sur son arme tandis qu'il tremblait paisiblement de froid à un crénau, regardant les étoiles s'éteindre une à une, le ciel pâlir, se lever des aubes d'acier ou resplendissantes de couleurs suaves, pervenche, jonquille, irisées d'améthyste, corail, pourpres, à tel point que, plus tard, il dut encore une fois s'interrompre, rester là un moment devant sa feuille de papier, (...) lâchant le mot impossible à faire admettre, qui était pourtant le seul qui traduisît l'intraduisible, formant une à une sur le papier, lentement, les lettres qui le composaient, écrivant que cette période avait été comme un "enchantement".
>
> (G., p. 347-348)

Orwell reste ici l'"Eton boy" mais en même temps son "outfit" change et, qui plus est, il vit "maintenant dans une sorte de symbiose", au milieu de "cette violence sauvage et innocente de la matière" (p. 347). Son état d'esprit est celui d'un homme qui ne veut plus diriger l'histoire mais se résigne à se conformer à la nature, comme l'indique l'adverbe "paisiblement" dans notre citation. Cette nouvelle condition, ce nouvel enracinement dans la terre ne reste pas sans conséquence pour son langage: "son ton changeait peu à peu", il "avait cessé de tordre sa bouche en coin et de multiplier les clins d'oeil". Il ne se préoccupait plus d'approbation ou de désapprobation, de bien ou de mal (...)" (p. 346). Ainsi Orwell arrive, aux yeux de Simon, à l'état de grâce, à l'état d'écrivain: il peut enfin écrire, sans tenir compte de son public, "le mot impossible à faire admettre". Changement qui ne va pas sans un grand effort: "il dut encore une fois s'interrompre", (entendons: s'arrêter de "discourir"), pour réussir enfin à écrire dans la veine de Simon! Il est frappant que, dans ce passage, Simon regarde pour ainsi dire avec lui toutes les merveilles nuancées de la nature, se substituant à lui, l'aidant à capter dans son écriture les couleurs merveilleusement composées qu'offre la nature, avec les sensations qu'elles provoquent. Nouvelle conversion, dont on dirait qu'elle est "la seule qui traduisît l'intraduisible", et qui arrache, enfin, à Orwell l'aveu final: l'impression d'avoir vécu dans un "enchantement"[41]. Simon rappelle qu'Orwell dit, dans son livre, à propos de son retour à la ville de Barcelone, (ville décrite par Simon à la façon de l'aube d'Aragon (p. 349-351) et comme s'il voulait donner un nouveau modèle d'écriture) que c'était "simplement (ce furent les mots qu'il employa plus tard) une maison de fous". Et il ajoute: "Pourtant cela aussi il l'admit" (p. 351). Simon découvre ici une autre trace dans le texte d'Orwell qui aurait pu faire de lui un écrivain, maintenant que l'expérience sur le front d'Aragon lui semble permettre de mieux juger la situation à Barcelone:

> "Ou peut-être avait-il découvert un autre sujet d'intérêt, peut-être le froid, les poux et tout ce qu'il avait subi durant les quatre mois écoulés l'avaient-ils fait accéder à une autre échelle de valeurs que celle dont il avait débattu au cours d'innombrables discussions nocturnes entre les brillants adolescents (puis les brillants jeunes hommes) doués de cette capacité infinie de faire des discours qui se doublait chez lui d'une capacité infinie à endurer la souffrance".
>
> (G., p. 351)

Mais il se croit obligé de constater que malheureusement ces états de grâce étaient momentanés, et qu'Orwell recommençait à discourir, alors que sa "capacité infinie à endurer la souffrance" (un peu comme la vieille tante Marie dans *l'Herbe* dont le carnet de comptes acquiert un statut littéraire par l'activité d'écriture de Simon) aurait pu lui permettre de devenir écrivain. Retombant dans ses vieilles habitudes, il n'aurait pas, suggère Simon, réussi à faire de son texte quelque chose de valable:

> "Naturellement, que ce fût par orgueil ou par pudeur, il ne raconta pas les choses tout à fait comme

cela, ne se les avoua-t-il sans doute pas lui-même en ces termes. Plus tard, il se lança dans des explications compliquées et pour ainsi dire techniques, émaillées de sigles, d'initiales de partis, de syndicats, de factions, d'organismes de police, de ligues ou d'unions, comme ces symboles de corps chimiques seulement compréhensibles aux initiés et qui, selon la façon dont ils sont mélangés et dosés, peuvent se combiner à peu près à l'infini pour constituer aussi bien des engrais, des détergents ou des explosifs".

(G., p. 352)

Les arguments dont Simon se sert dans cette diatribe semblent indiquer que son irritation est née sous l'influence de la traduction française du livre d'Orwell qui - rappelons-le-met en tête une liste d'abréviations et a relégué, dans des appendices, les analyses de la situation politique en Espagne durant la révolution. Mais cela n'innocente pas les insinuations que Simon insère dans ces pages. Pour illustrer ce qu'il considère comme une tendance condamnable chez Orwell à raisonner et à intervenir dans l'histoire - qui, pourtant, suit sa logique interne et en décide autrement que lui - il allègue l'hésitation d'O. sur le bienfondé de son choix politique. Pendant son congé à Barcelone, il se serait demandé s'il ne ferait pas mieux de quitter le POUM, qui ne disposait que d'un secteur fastidieux du front et de se rallier au parti communiste, plus puissant, pour pouvoir aller au front de Madrid. Mais ce faisant, Simon porte une accusation très grave:

"Il reconnaissait que si ses démarches pour se faire engager dans la caserne qu'il considérait à présent comme la plus apte à favoriser son dessein avaient abouti, il se serait probablement trouvé tôt ou tard dans l'obligation déplaisante de tirer sur ses anciens compagnons. Il ne dit pas ce qu'il eût fait alors, sauf qu'il aurait été dans une impasse. Par chance (ou par malchance?) les événements devaient le dispenser d'avoir encore à débattre de ce nouveau problème, car à peine avait-il eu le temps de se débarrasser de la crasse des tranchées, dormir quelques nuits à côté de la femme qui était venue le rejoindre, se gaver à s'en rendre malade de tout ce qu'on pouvait acheter en fait de nourriture et d'alcool, contacter ses nouveaux amis, se commander une nouvelle pair de chaussures et négocier l'achat d'un pistolet, qu'il se se retrouva armé de deux bombes et d'un fusil allongé sur le toit d'un cinéma et en train de surveiller les occupants vêtus d'uniformes d'un café situé de l'autre côté de l'avenue sur laquelle donnait le cinéma, tandis que lui parvenait l'assourdissant tapage des rafales d'armes automatiques et des explosions qui secouaient sauvagement la pimpante station climatique [...]".

(G., p. 353)

Devant cette suggestion accablante qu'O. aurait pu étre capable de tirer froidement sur ses anciens amis, force nous est de reprendre *Homage to Catalonia*. Or on y découvre qu'en fait Orwell avait discuté ouvertement avec les gens du POUM son idée de rejoindre la Brigade Internationale par l'intermédiaire des communistes pour pouvoir ainsi être envoyé à Madrid:

"And besides all this I was making preliminary arrangements to leave the POUM militia and enter some other unit that would ensure my being sent to the Madrid front.

I had told everyone for a long time past that I was going to leave the POUM. As far as my purely personal preferences went I would have liked to join the Anarchists. (...) If I wanted to go to Madrid I must join the International Column, which meant getting a recommendation from a member of the Communist Party. I sought out a Communist friend, attached to the Spanish

Medical Aid, and explained my case to him. He seemed very anxious to recruit me and asked me, if possible, to persuade some of the other I.L.P. Englishmen [Independant Labour Party] to come with me. If I had been in better health I should probably have agreed there and then. It is hard to say now what difference this would have made. Quite possibly I should have been send to Albacete before the Barcelona fighting started; in which case, not having seen the fighting at close quarters, I might have accepted the official verson of it as truthful. On the other hand, if I had been in Barcelona during the fighting, under Communist orders but *still with a sense of personal loyalty to my comrades* in the POUM, my position would have been impossible. But I had another week's leave due to me and I was very anxious to get my health back before returning to the line. Also - the kind of detail that is always deciding one's destiny - I had to wait while the bootmakers made me a new pair of marching boots".

(H.C., p. 124-125)

Le texte nous semble clair. Tout ce qu'on pourrait imaginer sur ce qu'O. aurait fait (dû faire), s'il avait rejoint indirectement le parti communiste, sont des spéculations théoriques après coup. En réalité Orwell est resté fidèle a ses amis et les combats à Barcelone firent précisément qu'il renonça à son projet[42]:

"Our Communist friend approached me once again and asked me whether I would not transfer into the International Column.

I was rather surprised. "Your papers are saying I'm a Fascist", I said. "Surely I should be politically suspect, coming from the POUM".

"Oh, that doesn't matter. After all you were only acting under orders".

> I had to tell him that after this affair I could not join any Communist-controlled unit. Sooner or later it might mean being used against the Spanish working class".
>
> (H.C., p. 155)

O. retourne au front de Huesca, (comme L.S.M. laisse derrière lui les querelles internes) mais non sans avoir été représenté de nouveau dans le texte de Simon comme le prototype de l'universitaire anglais qui a reçu une bonne leçon. Il a appris qu'il n'avait pas le choix, pas même celui d'une mort, mais qu'il lui fallait l'accepter telle que d'autres la lui réservaient à savoir, ignominieuse, dérisoire ...:

> "de façon qu'elle serve d'exemple, décourage à jamais pour l'avenir tous ceux qui, quelle que soit leur origine ou leur capacité à faire des discours, s'aviseraient de venir mettre en question la qualité ou la nuance du rouge dont était teint le seul drapeau authentiquement rouge, et donc ceci: (...)".
>
> (G., p. 354-355)

Avec ces trois derniers mots Simon, sur un ton péremptoire et magistral, fait table rase de toutes les explications possibles mais inefficaces de ces gens qui ont une "capacité infinie de faire des discours", et annonce sa propre version des événements dans laquelle nous est montré en même temps, comme par un narrateur omniscient, le dessous des cartes politiques (p. 355-357). Puis il reprend les événements qu'Orwell raconte au début du chapitre X (p. 128-137), dont il avait déjà repris certains éléments depuis la page 296 des *Géorgiques*: ainsi nous retrouvons O. de nouveau "enveloppé d'un rideau de théâtre déchiré, parmi les vagissements des bébés en pleurs" (p. 358), non pas dans un "état d'hébétude", mais:

> "se débattant pour ainsi dire avec précaution dans cette sorte de demi-sommeil dont il lui semblait qu'il n'arrivait plus à s'éveiller, s'interrompant de nouveau d'écrire pour dévisager les invisibles

auditeurs pour lesquels il parlait et qui l'observaient hochant dubitativement la tête, évitant ses yeux, échangeant à la dérobée de brefs regards cachés par leurs lunettes aux fines montures, l'écoutant avec cette indulgence apitoyée que l'on accorde aux obsédés et aux fous, vaguement offusqués, vaguement gênés, exhalant leurs odeurs d'embrocations, de lainages mouillées (...)".

(G., p. 358-359)

Les dernières pages de ce cinquième segment et de l'ensemble de la quatrième partie des *Géorgiques* nous remènent aux mêmes images qui avaient ouvert le débût du deuxième segment et se réfèrent au même chapitre XII d'Orwell: O. court, il est en fuite, poursuivi par la police:

"(...) le traquant, le cernant, tandis qu'il ne courait plus maintenant que pour fuir, affolé, dans les rues de cette ville où, l'automne précédent, il avait cru entrevoir l'image d'un monde nouveau, couchant la nuit dans les terrains vagues, les églises incendiées, les chantiers à l'abandon, chassé comme une bête, un animal puant, terrifié - et des mois après il était toujours en train de courir quoiqu'il fût assis dans une chambre paisible, entouré de la paisible nuit anglaise, avec, devant lui, cette valise dont la poignée lui était restée dans la main, ses serrures de camelote arrachées, ses flancs béants, ses dérisoires intestins de débris et de vieux journaux au papier maintenant jauni, qu'il s'escrimait encore à ramasser, ranger dans leur cercueil de simili-cuir, rabattant le couvercle, obstruant tant bien que mal les déchirures et remplaçant la poignée absente et les serrures défaillantes par d'innombrables entrecroisements de vieilles ficelles de sorte qu'elle (la valise) ressemblait à présent à celles que l'on voit dans les gares ou les aéroports, portées sur une épaule par l'un ou l'autre de ces émigrants, (...)

> errants, chassés de ports en ports, de gares en gares et de taudis en taudis par quelque inapaisable malédiction (...)".
>
> (G., p. 361-362)

Orwell sera donc toujours en train de (dis)courir, même dans la nuit "paisible" de l'Angleterre parce qu'il croit toujours au contenu de sa valise (son éducation, ses lectures) déglinguée, mise à rude épreuve, mais dont il ne peut pas se passer, bien que le contenu soit de la camelote, comme les "coucous suisses" et les "tours Eiffel dorées" que transportent les émigrés dans leurs valises triées par les douaniers. Toute la pauvreté et l'inutilité de ce qu'Orwell, ramène d'Espagne, de ce voyage en terre promise, se retrouvent intégralement dans cette métaphore finale de la valise, introduite dès l'histoire de Manning empruntée à Strachey, et même déjà préparée avant:

> "(...) accroupi dans la boue (...), en contemplant le fusil à la crosse fendue et à la culasse rouillée, qu'on lui avait attribué, aussi dérisoire, aussi inutilisable là où il se trouvait maintenant que tout le contenu philosophique de la valise si longtemps trimbalée: (...)".
>
> (G., p. 343)

Dans sa préface à la traduction française du livre de Strachey, André Maurois écrit: "Beaucoup d'esprits avaient souffert de la convention historique qui depuis si longtemps protégeait les Victoriens. Le livre de Strachey fut pour eux une délivrance, d'autant plus librement goûtée que la violence de l'attaque était voilée d'apparente candeur et de la méchanceté du trait enveloppé d'une forme exquise". Maurois signale que "Sur l'illusion de l'histoire-science, Lytton Strachey, grand historien, fut toujours aussi sévère que Paul Valéry". Il insiste sur les procédés de raillerie de Strachey, "sa méthode favorite, pour détruire, [étant] de citer, "d'user de la citation empoisonnée". Et il conclut ainsi: "Il n'est détaché qu'en apparence. Ses haines et ses amours, ses haines surtout sont vigoureuses. En les dissimulant sous un résau léger d'épigrammes, il accroît leur puissance offensive: "Je n'impose rien; je ne propose rien; j'expose", dit-il, citant un mot célèbre. Mais ce n'est pas tout à fait vrai. Il propose par ce qu'il retient; il impose par ce qu'il omet. "Choisissez vous-même", nous dit le prestidigitateur en nous tendant son paquet de figures. Mais il a pris soin de le disposer pour diriger notre choix". Ces dernières remarques pourraient s'appliquer aussi à la stratégie dont use Simon envers Orwell. Malheureusement - si l'on tient compte de notre démonstration - Simon auteur tourne à la polémique, fait siens certains des défauts de Strachey, sans pourtant en avoir toutes les qualités[43]. Il est regrettable qu'il ne s'en soit pas tenu à cette partie du dictionnaire dont l'ensemble des *Géorgiques* constitue une merveilleuse illustration[44].

NOTES

1 *Les Géorgiques*, Paris, Les éditions de Minuit, 1981.

2 Philippe Hamon, *Introduction à l'analyse du descriptif*, Paris, Hachette (Coll. Langue Linguistique Communication), 1981, p. 11.

3 Voir l'*Entretien avec Claude Simon*, déjà cité (2, note 11) p. 102.

4 Georges Orwell, *Homage to Catalonia*, London, Secker & Warburg, 1938. Nous citons d'après la réédition de 1967. Le livre a paru également dans la collection Penguin où il est suivi de *Looking back on the Spanish war*, du même auteur.

5 Cette double thématique figure au titre du numéro spécial de *Critique* consacré récemment à l'auteur, non par hasard.

6 C'est un des traits poétiques du texte de Simon, parmi lesquels il faut compter aussi tout ce qui relève de la composition et de la thématique textuelle, dont nous parlons au paragraphe suivant.

7 *Les Misérables*, éd. établie et annotée par M. Allem, Paris, Gallimard 1951 (coll. Pléiade).

8 *Op. cit.*, p. 124.

9 *Op. cit.*, p. 124.

10 En appendice à un compte-rendu des *Géorgiques* qui a paru dans *Le Quotidien de Paris* du 22 septembre 1981 figure un petit entrefilet, portant le titre "Qui est LSM?" que nous faisons suivre ici:

> "Qui est ce fameux LSM dont Claude Simon s'est inspiré dans son livre et qui est son ancêtre? Catherine Giron a découvert sa véritable identité dans la "Petite Biographie conventionnelle, ou tableau moral et raisonné des 749 députés qui composèrent l'assemblée dite de la Convention" (1815 - Paris, chez Alexis Eymery Libraire, rue Mazarine no. 30).
> Lacombe-Saint-Michel (J.P.):
> "Capitaine d'artillerie dans le 7e régiment où il avait servi pendant 25 ans, chevalier de Saint-Louis, député à la Convention, y vota la mort du roi. Il passa ensuite au Conseil des anciens, en sortit en mai 1798, et reprit son rang dans l'artillerie.
> Nommé par le Directoire à l'ambassade de Naples, il fut abreuvé de tant de dégoûts à cette cour qu'il la quitta en février 1799. Il devint après général de brigade, puis général de division. En 1803, Bonaparte le nomma inspecteur général de l'artillerrie".

11 Renvoyons, à titre d'exemple, à la page de couverture de *L'ombre de Robespierre* de Pierre Gascar (Paris, Gallimard, 1979):

> "A dix-sept ans il publie des pamphlets révolutionnaires, parle au Club des Jacobins, est chargé par Condorcet d'une mission secrète en Angleterre; l'année suivante, il est nommé commissaire des guerres; Robespierre fait de lui son agent privé. Il inspecte les provinces de l'Ouest, où sévit la guerre civile, se dresse, à Nantes, contre le redoutable Carrier et obtient sa destitution. Maître quasi absolu à Bordeaux, alors qu'il vient d'avoir dix-neuf ans, il fait arrêter et décapiter les derniers chefs girondins, déjoue les manoeuvres de la belle Thérésa Cabarrus, la future Mme Tallien. Il sera en partie responsable, mais bien involontairement, du 9 Thermidor ... Cet enfant prodige du jacobinisme, c'est Marc-Antoine Jullien dit Jullien de Paris, un nom qu'on trouve chez Michelet, chez Stendhal, chez Karl Marx, mais qui n'a pas beaucoup d'échos dans la plupart des livres d'histoire, car les documents concernant ce fascinant personnage faisaient jusqu'ici défaut.
> Grâce à ceux qu'il a découverts et dont certains sont de la main même de Marc-Antoine Jullien, Pierre Gascar a pu retracer ici le prodigieux destin de cet homme, reconstituer sa vie privée, éclairée par l'amour d'une mère "ardente amie de la liberté" et nous plonger dans le "rêve terrible et merveilleux" qu'a été la Révolution française".

12 Dans un entretien avec J. Piatier intitulé "Claude Simon ouvre 'Les Géorgiques'" (*Le Monde* du 4 sept. 1981), l'auteur répond à la question s'il s'agit d'une histoire vraie et s'il figure en tant que personnage dans le texte:

> "*Mais c'est une histoire vraie?*
> -Ce qui est vrai, ce sont les documents, les lettres, les fragments de discours, de Mémoires, les jugements ou procès-verbaux d'audience que j'ai déchiffrés, sélectionnés et intégrés dans mon texte. Pour le reste, on en est réduit à des conjectures, des interrogations ... Les figures de deux autres personnages vivant dans des époques différentes viennent plus ou moins se superposer à celle de LSM. L'un d'eux est celui qui compulse ses archives et que l'on suit pendant son enfance, puis pendant la guerre de 1939-1945 ...
> *-C'est vous?*
> -Si l'on veut. Mais avec le statut de personnage qui implique une certaine distanciation: ce n'est

pas le "narrateur", je crois qu'il faut bien le préciser ... Quant à l'autre, il pose tout autant d'interrogations que LSM. De même que tous ces vieux papiers de famille n'ont été pour moi qu'un ferment, le ferment pour celui que j'appelle O. a été le reportage, *la Catalogne libre*, dans lequel Orwell a relaté l'aventure qu'il a vécue en Espagne. Résumons-la aussi brièvement si vous voulez: lorsqu'il arrive à Barcelone, en décembre 1936, les anarchistes sont maîtres de la ville. Quand il y revient après un hiver passé dans les tranchées du front d'Aragon, les communistes prennent le pouvoir, neutralisent les anarchistes et entreprennent l'extermination systématique des membres du POUM trotskyste dont Orwell fait partie. Revenu du front gravement blessé et démobilisé, il est pris en chasse par le Guépéou jusqu'à ce que le consul d'Angleterre parvienne à lui faire quitter l'Espagne".

*Homage to Catalonia* a été traduit en français sous le titre *Catalogne libre*, Paris, Gallimard, 1955. Nous nous référons à la réimpression de 1976 dans la collection "idées" (no. 346).

13 C'est là un détail qui a dû faire rêver Simon.

14 Voici la version originale des "bains publics", dans *Homage to Catalonia*, le reportage d'Orwell dont Simon a dit lui-même qu'il a été pour lui "un ferment" pour la création du personnage de "O" (cf. note 12):

"The thing to do was to avoid hanging round POUM (Partido Obrero de Unificacion Marxista) buildings and going to cafés and restaurants where the waiters knew you by sight. I spent a long time that day, and the next, in having a bath at one of the public baths. This struck me as a good way of putting in the time and keeping out of sight. Unfortunately the same idea occurred to a lot of people, and a few days later - after I left Barcelona - the police raided one of the public baths and arrested a number of "Trotskyists" in a state of nature". (p. 230). Nous reviendrons sur ce passage à la page 109.

15 Dans ces renvois nous nous servirons des sigles suivants:
G. = *Les Géorgiques*; H.C. = *Homage to Catalonia*;
C.L. = *Catalogne Libre*.

16 C'est nous qui soulignons.

17 R. Barthes, *Michelet*, Paris, Seuil, 1954, p. 86.

18 R. Barthes, *op. cit.*, p. 33.

19 Avec la "narquoise divinité" nous retrouvons le mauvais génie de famille et le déplacement de l'ordre de la causalité signalé au chapitre premier.

20 Comparer l'article consacré à l'entrée "Histoire sérielle" dans *La Nouvelle Histoire*, encyclopédie sous la direction de Jacques Le Goff, Paris, 1978, Retz-C.E.P.L., p. 508-509.

21 Voir l'entretien avec J. Piatier dans *Le Monde* du 4 sept. 1981.

22 L. Dällenbach, "Les Géorgiques ou la totalisation accomplie", dans *Critique*, XXXVII, no. 414, p. 1226-1242, p. 1237.

23 Pour ce phénomène de l'intertextualité voir aussi: Françoise Van Rossum-Guyon, "De Claude Simon à Proust: un exemple d'intertextualité", *Marche romane*, tome 21(1-2), 1971, p. 71-92. (Repris dans *Les Lettres Nouvelles*, sept. 1972, p. 107-133).

24 "Je veux dire quand tu seras capable non pas de comprendre mais de sentir certaines choses parce que tu les auras toi-même éprouvées ..." (*Les Géorgiques*, p. 445).

25 Déjà dans *La Corde Raide* nous lisons (p. 49-50):

> "Un après-midi de printemps, il est arrivé ainsi que je me suis tout à coup trouvé tout seul, en train de courir lourdement sur un ballast, au fond d'une tranchée de chemin de fer du haut de laquelle, un peu en arrière de moi, des types me visaient. J'avais, pendant les quarante-huit heures précédentes, parcouru environ deux cents kilomètres à cheval, à peu près rien mangé, encore moins dormi et été soumis aux secousses nerveuses habituelles dans ce genre de circonstances. J'étais de plus saucissonné de courroies, bretelles, harnachements, et trimballais sur moi un attirail brinquebalant, supposé nécessaire et suffisant pour le rôle auquel on me destinait. C'est-à-dire qu'en courant j'arrivais à me déplacer un peu plus vite qu'un couple de retraités en promenade, un peu moins vite qu'un marcheur pressé.
>
> Au bout d'un moment du reste, je cessais de courir. J'aurais pu m'arrêter, jeter mon mousqueton et lever les bras. Raisonnablement, c'était la seule chose à faire, et je n'arrive pas encore à comprendre pourquoi je ne l'ai pas faite, pourquoi j'ai continué à marcher sur ce putain de ballast, tellement hors de souffle qu'il me semblait que j'allais vomir, n'ayant même pas la force de calculer mes enjambées de façon à poser mes pieds sur les traverses, écoutant les balles qui passaient, me disant

qu'ils tiraient comme des cochons et attendant avec certitiude - *je sentais mon dos terriblement vaste et fantastiquement permeable* - le coup qui me dispenserait de continuer.

26 Pour que ce procédé inélégant échappe à l'attention du lecteur, "next chapter" (H.C., p. 159) est devenu "dans un chapitre en appendice, placé à la fin de ce livre" (C.L., p. 177) et "I must discuss as best I can the larger issues" (H.C., p. 159) a été traduit librement par "Je me propose d'examiner les choses sous un angle plus large" (C.L., p. 177).

27 Stephen Spender aborde le même sujet à partir de la même expérience:

*Stephen Spender*

"At this time I came to a conclusion which, although it may appear obvious, was important to the development of my thinking about politics. This was simply that nearly all human beings have an extremely intermittent grasp on reality. Only a few things, which illustrate their own interests and ideas, are real to them; other things, which are in fact equally real, appear to them as abstractions. Thus, when men have decided to persue a course of action, everything which serves to support this seems vivid and real; everything which stands against it becomes abstraction. Your friends are allies and therefore real human beings with flesh and blood and sympathies like yourself. Your opponents are just tiresome, unreasonable, unnecessary theses, whose lives are so many false statements which you would like to strike out with a lead bullet as you would put the stroke of a lead pencil through a bungled paragraph.

Not to think in this way demands the most exceptional qualities of judicious-mindedness or of high imaginative understanding. During the Spanish War it dismayed me to notice that I thought like this myself. When I saw photographs of children murdered by the Fascists, I felt furious pity. When the supporters of Franco talked of Red atrocities, I merely felt indignant that people should tell such lies. In the first case I saw corpses, in the second only words. However, I never learned to be unselfcritical, and thus I gradually acquired a certain horror of the way in which my own mind worked. It was clear to me that unless I cared about every murdered child impartially, I did not really care about children being murdered at all. I was performing an obscene mental act on certain corpses which became the fuel for propagandist passions, but I showed my fundamental indifference by not caring about those

other corpses who were the victims of the Republicans".
(Stephen Spender in *The God that failed*, éd. R. Crossman).

28 Nous nous référons au texte qui a paru dans la collection Penguin à la suite de *Homage to Catalonia.*

29 L'interview en question (avec Madeleine Chapsal) a paru dans *L'Express* du 5 avril 1962, p. 32-33. On peut se demander si la polémique engagée avec Orwell ne vise pas tout autant Malraux et par delà ces auteurs, le type d'écrivain politiquement engagé.

30 Bernard Crick, *Georges Orwell, A Life*, Secker & Warburg, 1980. Nous nous référons à l'édition Penguin, 1982, p. 334.

31 G. Orwell, *The Collected Essays, Journalism and Letters*, édit. de Sonis Orwel et Ian Angus, Sacker & Warburg 1968. Nous nous référons à l'édition Penguin, vol. 1, p. 297.

32 La tonalité sensuelle de la boutique n'est pas sans rappeler le salon où entre Madame Bovary (éd. Garnier, p. 272):

> "Il faisait chaud dans ce petit appartement trop bas, où le poêle bourdonnait au milieu des perruques et des pommades. L'odeur des fers, avec ces mains grasses qui lui maniaient la tête, ne tardait pas à l'étourdir, et elle s'endormait un peu sous son peignoir".

33 La traduction française ne rend qu'en partie le sens du mot anglais "bloody".

34 Comparez la citation de la note 25.

35

> "Naturellement, que ce fût par orgueil ou par pudeur, il ne raconta pas les choses tout à fait comme cela, ne se les avoua-t-il sans doute pas lui-même en ces termes. Plus tard, il se lança dans des explications compliquées et pour ainsi dire techniques, émaillées de sigles, d'initiales de partis, de syndicats, de factions, d'organismes de police, de ligues ou d'unions, comme ces symboles de corps chimiques seulement compréhensibles aux initiés et qui, selon la façon dont ils sont mélangés et dosés, peuvent se combiner à peu près à l'infini pour constituer aussi bien des engrais, des détergents ou des explosifs". (G., p. 352).

Ce passage pourrait être inspiré par une remarque intitulée "Signification des principaux sigles", qui figure au début de la traduction française.

36 Les cris de bébés à l'intérieur d'un cinéma, constituent aussi le décor du déniaisement du jeune Simon dont les sens sont agressés (G., p. 208) par "l'élémentarité" (G., p. 209) des gitans.

37 Voir John Fletcher, "Erotisme et création, ou la mort en sursis", dans *Entretiens*, no. 31, 1972, p. 131-140; Raymond Jean, "Les signes de l'Eros", dans *Entretiens*, 31, 1972, p. 121-129; Christiane Makward, "Claude Simon, Earth, Death and Eros", dans *Sub-Stance*, 1974 (winter), p. 35-43.

38 Nous nous référons à la traduction française de *Eminent Victorians*, parue chez Gallimard en 1933 sous le titre *Victoriens éminents*, et rééditée en 1980 dans la collection Idées.

39 Comme le montre la citation suivante de Strachey, Simon a procédé à une substitution de noms. Wilberforce et Gladstone ont pris la place de Clough et de Froude:

> "Hurrell Froude était mort avant que Newman ne lût le fatal article sur Saint Augustin; mais son frère, James Anthony, ensemble avec Arthur Clough, le poète, eurent à supporter une épreuve qui était plus affligeante en ce temps-là qu'elle n'est devenue depuis: ils perdirent leur foi. Avec cette différence, cependant, que dans le cas de Froude la perte de la foi se trouva ressembler plutôt à la perte d'une lourde valise, dont on découvre ensuite qu'elle n'était pleine que de plâtras et de vieux chiffons, tandis que la perte de la sienne laissa Clough si mal à l'aise qu'il continua à la chercher partout jusqu'à la fin de ses jours; mais, pour une raison ou pour une autre, il ne la retrouva jamais. D'autre part, Keble et Pusey continuèrent pour le reste de leur vie à danser de façon exemplaire sur la corde raide du Haut Anglicanisme, de façon si exemplaire, en vérité, qu'encore aujourd'hui la corde raide a ses danseurs". (*Victoriens éminents*, p. 67-68)

L'insertion du fragment relatif à Manning (insertion asyndétique, ellipse des marques de construction argumentative) porte à considérer l'argumentation de Simon comme un raisonnement analogique, et plus spécialement comme un 'exemplum' qu'on définira, avec Barthes (*Communications*, 16, 1970, p. 200), comme un procédé inductif qui va "d'un particulier à un autre particulier par le chaînon implicite du général". La valeur rhétorique de ce procédé réside dans la "similitude persuasive" (ib.) que la simple juxtaposition ne manquera pas de suggérer ou de construire entre les deux objets (faits, figures, etc.).

40 P. Daninos, Les Carnets du Major Thompson, Hachette, 1954.

41 Et Simon commente ainsi cet aveu (G., p. 348): "tout lui éclate à la figure, exactement comme le ballon dans lequel un gamin souffle à perdre haleine", où il est peut-être possible de lire le ballon comme un substitut de la valise?

42 Crick, *op. cit.*, p. 69.

43 Dans *Inside the Whale* (*The Collectes Essays*, I, p. 554-556) Orwell écrit: "But at the bottom it is always a writer's tendency, his "purpose", his "message", that makes him liked or disliked. The proof of this is the extreme difficulty of seeing any literary merit in a book that seriously damages your deepest beliefs. And no book is ever truly neutral". Orwell fait cette remarque, lorsqu'il oppose the "Georgian poets" dont le mot-clef était "Beauty of nature" à un groupe d'écrivains d'après guerre dont la notion-clef serait "tragic sense of life" et qu'il appelle le "Joyce-Elliot group", dont il dit: "All of them are temperamentally hostile to the notion of 'progress'; it is felt that progress not only doesn't happen, but *ought not* to happen". Dans ce contexte, il caractérise le travail de Strachey (et donc par avance la critique de Simon): "With Strachey it is merely a polite eighteenth-century scepticism mixed up with a taste for debunking".

44 L'historien Michelet, lui, est fasciné par le document historique qui porte l'empreinte de la nature, comme en témoigne la citation suivante:
"Pour moi, je ne puis, encore aujourd'hui, rappeler ici, sans un extrême serrement de coeur, l'impression que j'eus le 30 septembre 1849, lorsque, fouillant l'Armoire de fer, parmi une foule de papiers insignifiants, je tombai sur deux chiffons rouges qui n'étaient pas moins que la dernière pensée de Pétion et de Buzot, et leur testament de mort. Le rouge n'est point du sang. Ces infortunés, on le voit, portaient un gilet écarlate, comme on les avait alors, et leurs corps restant abandonnés à la pluie et à la rosée des nuits, le papier s'est empreint de cette couleur.

(Michelet, *Histoire de la Révolution française*)

# Balzac, à la lecture de Claude Simon, divertissement

4

*Laissons les paroles oiseuses.*
*Venons au positif.*
(Balzac, *Le Cousin Pons*)

Qu'est-ce que lire Balzac aujourd'hui? La question ne manque pas d'ambiguïté, car tout dépend de l'identité du lecteur. A-t-'on en vue un critique balzacien, un spécialiste, ou un simple usager, un client naïf de kiosque, un fanatique de *Qui-Police,* de *Nous Deux* ou de la revue *Julie*? Car au vu du sommaire de ce dernier magazine[1], lui aussi se risque à lire Balzac mais seulement après avoir successivement absorbé un photo-roman complet (pp. 5-38), le poster du mois représentant Vicky Léandros (pp. 34-35), les mots croisés géants de Grib et Grob, et l'histoire illustrée tirée du film intitulé, *Seuls sont les indomptés.* Après ces préparatifs étalés sur 55 pages suivies d'une interview de Bernard Clavel qui sert de transition ou fait fonction de barrière (pp. 62-66), les lecteurs ont enfin droit à ce qui est annoncé comme une "nouvelle" et ce qui se trouve être un "épisode de notre grand feuilleton à suivre" (pp. 56-61, sur deux colonnes): Honoré de Balzac: *Eugénie Grandet,* avec entre parenthèses la mention "version abrégée" et bien sûr un résumé de 8 lignes, sur fond noir, des chapitres précédents. J'ai comparé le texte de l'édition Balzac standard avec celui de *Julie* et je n'ai repéré, sur 20 pages, qu'une suppression essentielle, il s'agit d'une intervention du narrateur, dont on peut dire en effet qu'elle donne plus à penser aux spécialistes ... qu'aux simples consommateurs de romans. Voici le fragment en question:

> "La flatterie n'émane jamais des grandes âmes, elles est l'apanage des petits esprits qui réussissent à se rapetisser encore pour mieux entrer dans la sphère vitale de la personne autour de laquelle ils gravitent"[2].

Or, il est symptômatique que de tels passages soient supprimés pour les seuls authentiques lecteurs actuels de Balzac, ceux-là qu'il postulait: il n'y a plus qu'eux en effet qui lisent ses ouvrages dans leur forme originelle, en épisode, comme roman-feuilleton.

Il faut donc croire qu'il y a plusieurs façons d'entrer dans le texte de Balzac et que le lire "aujourd'hui" c'est ou bien l'interpréter (avec force science) ou bien le consommer (naïvement!). Je voudrais tenter ici l'exercice d'initier le lecteur à l'interprétation de ce que nous consommons réellement. Je partirai pour ce faire des réactions d'un lecteur naïf - disons de mes propres réactions.
Mais le paradoxe n'est qu'apparent. Il se trouve que je suis un habitué du roman contemporain et plus spécialement du Nouveau Roman. C'est donc à travers des habitudes de lecture qui ne dépendent pas, en principe, des résultats de l'érudition balzacienne, que s'élabore ma lecture.

Le sous-titre doit être pris dans son sens pascalien "d'occupation qui détourne l'homme de penser aux problèmes essentiels qui devraient le préoccuper", dit le Robert. Ce "divertissement" sera peut-être, selon une terminologie doublement idéologique, pardonnable et récupérable à condition d'avoir pour effet de réchauffer le zèle des balzaciens "tièdes" (si ce n'est pas là une contradiction dans les termes) en leur faisant croire que ce sont eux qui pensent aux problèmes essentiels et que les égarés, les fourvoyés, les déroutés ce sont ceux qui se préoccupent de suivre les chemins tortueux de *La Route des Flandres* et de la phrase simonienne. Quod erit demonstrandum .

Cet intitulé, bien sûr, annonce l'état d'esprit de quelqu'un qui a lu *La Vie de Saint Alexis* de plus près que l'oeuvre de Pascal, mais surtout l'état d'esprit de celui qui, nourri de lectures simoniennes, a vécu longtemps dans l'erreur et qui, enfin illuminé par la lecture récente de quelques textes de Balzac est pris d'un zèle et d'une ferveur de néophyte dont il veut témoigner à tout prix tout en sachant qu'il prêche des convertis.

Du nouveau roman au roman "réaliste", de l'hérésie à l'orthodoxie: comment reçoit-on, lit-on, peut-on lire Balzac avec les habitudes de lecture engendrées par un texte qui se déclare incompatible avec lui? Retraçons, pour nous faire comprendre, l'histoire de cette "conversion". Pour passer d'une chapelle littéraire à une autre il faut que le futur prosélyte trouve dans les nouveaux textes des éléments, si infimes soient-ils, qui lui rappellent les anciens textes qu'il va renier. Peu lui importe à quel niveau du texte se situent ces analogies, ces correspondances, d'autant que jusqu'ici on lui a inculqué que dans les textes de Simon il n'y a pas de niveau, l'essentiel et l'accessoire, ne se départagent pas, tout se tient, se génère, tout est juxtaposé.

Empêtré dans mes anciennes habitudes de lecteur myope voici ce qui m'est apparu comme "familier" dans le texte de Balzac. Dans ce qui suit le lecteur chercherait en vain une argumentation ou une démonstration: il ne convient pas en effet à un néophyte de prendre des airs de prophète, mais un témoignage bâti sur le plaisir de la juxtaposition telle qu'elle est préconisée et pratiquée par son ancien "patriarche" Simon. Comme Emma Bovary je suis victime de mes lectures (qui sapent tout effort théorique et risquent de m'empêcher, moi aussi, de m'adapter au langage qui convient). Mais l'exploration et la découverte d'un monde nouveau, ne nécessitent-elles pas justement qu'on sache se débarrasser des anciennes manières de voir?

On trouvera ci-dessous quelques fragments du texte balzacien qui ont eu pour moi (à la lumière de l'oeuvre de Claude Simon) des résonances familières.

*Remarque:* Je suis bien sûr conscient que, toutes choses égales, on pourrait arriver à des résultats analogues en faisant de tels découpages dans d'autres textes d'autres auteurs. Le découpage et les convergences que je repère ont bien sûr pour l'instant un caractère hypothétique. D'ailleurs il serait tout aussi difficile de prouver d'autres spécificités. De toute façon, il faut bien le dire, le découpage des textes accroît la teneur en fiction du texte balzacien et repousse au second plan son message (ses messages) socioculturel(s). Le problème est d'ailleurs d'importance, car il faut bien se rendre compte qu'il y a nécessité pour la fiction balzacienne de formuler des propositions à caractère explicatif. Jamais le fonctionnement fictionnel ne sera laissé tel quel, dans l'esprit du lecteur; l'idée qu'il a des raisons d'être, qu'il possède des profondeurs sous-jacentes ne peut pas manquer de lui venir. Ce fonctionnement se trouve en effet immédiatement corseté par une tentative, plus ou moins adéquate d'ailleurs, de démonstration et de mise en relation à un savoir qui apparaît comme son alibi.

Le texte de Simon au contraire gomme, de manière volontariste, l'alibi explicatif que constitue le savoir et essaie de se maintenir au niveau de la surface textuelle. L'appareil explicatif a disparu, c'est dire que le recours au savoir est rendu impossible au lecteur[3].

*Pouvoir du langage*

> "Etre juge de paix!, c'était pour cet homme plein de capacités, docteur en droit et sans chaussettes, une chimère si rude à la monture, qu'il y pensait, comme les avocats-députés pensent à la simarre et les prêtres italiens à la tiare. C'était une folie" (C.P. 643). (F.) 217.

L'allusion à la mythologie qui se lit en filigrane dans ce fragment et la référence aux problèmes de monture de tout ordre, n'ont pas de quoi surprendre le lecteur simonien. Ce qui m'a frappé surtout c'est que Balzac, lui aussi, s'est déjà laissé entraîner par le pouvoir absolu du langage. Apparemment les lois de la productivité textuelle ont été monopolisées à tort par les nouveaux romanciers: ici dans le texte de Balzac, au niveau phonique "chaussette" amène "chimère", "chimere" amène "simarre" et "simarre" amène "tiare". Au niveau morphologique il y a association entre "chaussettes" et "tiare". Avec une variante sur ce que Vannier[4] a dit du portrait balzacien on pourrait dire que ce sont les lois phoniques qui régissent celles des couvre-chefs et aboutissent ainsi à des phantasmes vestimentaires: le pape coiffé de chaussettes, on dirait la Joconde aux moustaches. La matière verbale souligne le caractère verbal de toute entreprise descriptive.

Dans le fragment suivant j'ai retenu un élément du même ordre, cette fois un personnage dialoguant se laisse entraîner par le langage:

> " - Oh! j'en ai assez de sa maladie! Ecoutez, ce n'est ni mon père, ni mon mari, ni mon frère, ni mon enfant. Il m'a prise en grippe, eh! bien en voilà assez! Vous, voyez-vous, je vous suivrais au bout du monde; mais quand on donne sa vie, son coeur, toutes ses économies, qu'on néglige son mari, que v'là Cibot malade, et qu'on s'entend traiter de scélérate ... *c'est un peu trop fort de café comme ça ...*
>
> *"-Gavé?"*
>
> *- Oui café". Laissons les paroles oiseuses. Venons au positif!* Pour lors, vous me devez trois mois à cent quatre-vingt-dix francs, ça fait cinq cent soixante-dix; plus le loyer que j'ai payé deux fois, que voilà les quittances, six cents francs avec le sou pour livre et vos impositions; donc, douze cents moins quelque chose, et enfin les deux mille francs, sans intérêt bien entendu! au total, troix mille cent quatre-vingt-douze francs ...". (C.P. 675).
>
> (F.) 256-257.

Le pouvoir envoûtant, autonome du langage parlé, argotique fonctionne dans le texte de Simon comme un élément de dérive. Chez Balzac l'expression populaire "c'est un peu fort de café", mise en évidence par son altération allemande[5], n'a qu'un effet ponctuel et son développement est aussitôt enrayée par le personnage qui la prononce et qui se reprend:

"Laissons les paroles oiseuses". Le lecteur du temps de Balzac avait lui aussi tendance à évacuer les paroles oiseuses, le grotesque, ce qui oblige l'auteur à une mise au point à propos du nom de "Forzheim"[6]. Cette réticence devant le pouvoir du langage n'a rien d'insolite pour le lecteur influencé par Simon car la tournure que prend la conversation à la suite de ces quelques "paroles oiseuses" est en parfait accord avec les gloses simoniennes du texte balzacien. Si la lecture des déclarations théoriques des nouveaux romanciers m'avait mal préparé à trouver l'aventure de l'écriture chez Balzac, la conduite des personnages, par contre, notamment celle de Madame Cibot dans la citation qui nous regarde ("Venons au positif") m'avait été annoncée dans *L'Herbe* et dans *Le Sacre du Printemps:*

> " (...) des cendres, du néant, et pardessus, un entassement de vide dans ou sur lequel les fantômes des actions accomplies apparaissent avec une désolante insignifiance, concrétisés non par ces ambitieuses inscriptions tracées sur les pierres tombales mais par les dérisoires symboles de l'argent, dans une monnaie dépréciée qui confère aux anciens carnets de compte, *comme aux agissements des héros balzaciens*, cette sorte de fallacieuse, risible et minuscule irréalité au sein de laquelle généraux, banquiers, comtesses, faisans et putains semblent s'agiter et s'entre-déchirer pour la valeur d'une poignée de piécettes tintant dans la poche d'un gamin"[7].

> " (...) comme si elle faisait elle-même partie intégrante du quartier au même titre que les plaques émaillées et racoleuses avec leurs index pointés, leurs raisons sociales, vraies ou fausses et leur nostalgique et *littéraire pouvoir d'évocation d'une société aux infrastructures balzaciennes, besogneuses et avides*"[8].

 La formule "agissements des héros" m'a toujours intrigué.

Existerait-il donc des héros? Or, à la lecture des *Parents Pauvres* j'ai bien dû me rendre à cette évidence que les héros existent et agissent, d'où ma fascination pour un élément du récit plutôt mal vu dans la théorie et la pratique (déjà ancienne) du nouveau roman.

*Description de surface*

Dans la description de l'appartement des Marneffe j'ai retrouvé l'attention portée aux surfaces qui m'était familière depuis mes lectures de Simon. Confrontons dans cette optique une description de Simon et celle de Balzac:

> "L'appartement occupé par ce ménage, type de beaucoup de ménages parisiens, *offrait les trompeuses apparences de ce faux luxe* qui règne dans tant d'intérieurs.
>
> Dans le salon, les meubles recouverts en velours de coton passé, les statuettes de plâtre jouant le bronze florentin, le lustre mal ciselé, simplement mis en couleur, à bobèches en cristal fondu; le tapis dont le bon marché s'expliquait tardivement par la quantité de coton introduit par le fabricant, et devenue visible à l'oeil nu, *tout*, jusqu'aux rideaux qui vous eussent appris que le damas de laine n'a pas trois ans de splendeur, *tout chantait misère* comme un pauvre en haillons à la porte d'une église.
>
> La salle à manger, mal soignée par une seule servante, présentait l'aspect nauséabond des salles à manger d'hôtel de province: tout y était encrassé, mal entretenu.
>
> La chambre de monsieur, assez semblable à la chambre d'un étudiant, meublée de son lit de garçon, de *son mobilier de garçon, flétri, usé comme lui-même*, et faite une fois par semaine; cette horrible chambre où tout traînait, où de vieilles chaussettes pendaient sur des chaises foncées de crin, dont les fleurs reparaissaient dessinées par la poussière, *annonçait bien l'homme à qui son*

*ménage est indifférent,* qui vit au-dehors, au jeu, dans les cafés ou ailleurs". (C.B. 103). (F.) 84-85.

"Le fond de la moquette est d'un vert bouteille. Les fleurs sont groupées en bouquets de différentes grandeur qui se répètent régulièrement, composés de roses aux tons vineux, de petites fleurs crème et de feuilles. Vus ainsi, de tout près, les contours des fleurs, des feuilles, les nervures, obéissant à la trame, se découpent en escaliers. Les couleurs fades, passées, se fondent dans une *harmonie* vieillotte pour ouvrage de dames ou canevas. De microscopiques débris, des poussières, des brins de cheveux, des poils roulés en spirale, des crins, parsèment les taches roses, mauves, vert amande ou jaunâtres striées aux endroits les plus usés par les raies parallèles et grises de la trame mise à nu"[9].

L'orientation de la description balzacienne est démonstrative. ("faux luxe", "tout chantait misère", "mobilier usé comme lui-même", "chambre (...) annonçait bien l'homme à qui son ménage est indifférent") mais son intention offre un certain jeu, elle ne justifie, n'absorbe pas la série des surfaces détaillées, surtout pas dans une lecture intertextuelle qui permet de mesurer les écarts et les correspondances. L'harmonie dont il est question, de façon explicite, dans le texte de Simon est d'un autre ordre (pictural) que celle qui sous-tend la description de Balzac où les couleurs n'interviennent pas. Balzac ne terminerait pas son roman sur une description de tapis, de moquette, comme celle qui clôture ici le texte de Simon, la trame devenue visible dans les deux fragments n'est pas du même ordre non plus[10]. Les meubles sont recouverts de velours; velours dit ici quelque chose de la façon, dont la matière textile a été travaillée, ça fait du poil, (comme la moquette est un tapis avec du poil) la matière étant ici non pas la soie mais une imitation pour ainsi dire, le coton. Dans les deux cas la trame (les fils de chaîne et les fils de trame) du tapis de sol est devenue visible. Des rideaux Balzac nous décrit aussi ce qui apparaît en relief (ou en couleur): le damas. Les chaises de Marneffe sont rembourrées de crins que nous retrouvons également sur la moquette simonienne. Le dernier détail fourni par Balzac, "les fleurs reparaissaient dessinées par la poussière", prouve qu'il a l'oeil aussi microscopique que Simon, qu'il voit lui aussi les petits détails.

*Combine-painting*

Balzac insère déjà, lui aussi, dans son texte, des "combine-paintings", des collages à la Rauschenberg. Des déchets, des objets utilitaires sont déjà promus au rang d'oeuvre d'art:

> "L'escalier, éclairé sur une petite cour par des fenêtres à coulisse, annonçait qu'excepté le propriétaire et le sieur Fraisier, les autres locataires exerçaient des professions mécaniques. Les marches boueuses portaient l'enseigne de chaque métier en offrant aux regards des découpures de cuivre, des boutons cassés, des brimborions de gaze, de sparterie. Les apprentis des étages supérieurs y dessinaient des caricatures obscènes" (C.P. 633) (F.) 204-205.

Seulement, Balzac ne procède pas en esthète pur car ces objets sont précédés de considérations, rappelant celles de Sherlock Holmes, sur leur provenance et leurs propriétaires. Ces objets fonctionnent comme annonce, ils sont l'enseigne, ils constituent l'emblème d'une classe sociale. Simon aurait mis deux points (ce qui veut dire "développons cela") derrière le mot "sparterie" et il aurait établi des rapports crédibles entre les différents éléments du collage que compose chaque marche de l'escalier par lequel on monte chez M. Fraisier.

De la même façon le volet de la maison du nourrisseur Vergniaud (hôte du colonel Chabert), volet fait avec les planches d'une enseigne ("Magasin de nouveautés"), aurait permis à Simon des considérations sur la peinture écaillée sous l'influence des intempéries, sur la texture du bois, les pleins et les déliés des lettres, les interstices entre les planches:

> "La porte était ouverte et restait sans doute ainsi pendant toute la journée. Au fond d'une cour assez spatieuse, s'élevait, en face de la porte, une maison, si toutefois ce nom convient à l'une de ces masures bâties dans les faubourgs de Paris, et qui ne sont comparables à rien, pas même aux plus chétives habitations de la campagne, dont elles ont la misère *sans en avoir la poésie*. En effet, au milieu des champs, les cabanes ont encore une grâce que leur donne la pureté de l'air, la verdure, l'aspect des champs, une colline, un chemin tortueux, des vignes, une haie vive, la mousse des chaumes, et *les ustensiles champêtres*; mais à Paris la misère ne se grandit que par son horreur. Quoique récemment construite, cette maison semblait près de tomber en ruines. Aucun des matériaux n'y avait eu sa *vraie destination*, ils provenaient tous des *démolitions* qui se font journellement dans Paris. Derville lut *sur un volet fait avec les planches d'une enseigne: "Magasin de nouveautés"*. Les fenêtres ne se ressemblaient point entre elles et se trouvaient bizarrement placées (...).
> -L'homme qui a décidé de la bataille d'Eylau serait là, se dit Darville en *saisissant d'un seul coup d'oeil l'ensemble de ce spectacle ignoble*"[11].

Pour Balzac ce volet-enseigne possède en premier lieu une vertu démonstrative d'épave, de résidu de L'Empire, de dégradation du passé ("démolitions"). L'enseigne n'a plus "sa vraie destination", pas plus que cette autre épave qu'est le colonel Chabert, ancien porte-drapeau de l'armée impériale, rejeté au même endroit. Balzac n'insiste pas (ce que Simon n'aurait pas fait non plus) sur le disfonctionnement de l'enseigne, sur l'humour noir de son emploi détourné. Mais pour que le lecteur ne rate pas le message, pourtant fort redondant, Derville, le substitut du narrateur, le résume après coup, résumé qui sert en même temps, il faut bien le dire, de transition pour permettre la reprise du fil de l'histoire.

"La poésie des ustensiles champêtres", point d'aboutissement de l'intermède pastoral figurant à l'intérieur de la description de la maison de Vergniaud qui vient d'être citée, sera développée par Simon dans la description d'une ferme avec un hangar au toit de tôle (autre signe de déchéance):

> "(...), une grosse ferme, en fait, aux tours décapitées et dont subsistait seul le corps de bâtiment principal, encore que lui aussi à moitié effondré, la partie gauche, entre la tour de l'Ouest et l'aile relativement intacte, *remplacée par un hangar au toit de tôle où s'empilaient des balles de paille à côté d'un enchevêtrement de faucheuses rouillées, de herses de tombereaux hors d'usage, de perches à haricots, de fagots, de vieilles futailles, de harnais moisis, tout pêle-mêle dans un inextricable fouillis de roues, d'essieux brisés et de brancards de charrues* entre lesquels apparaissaient et disparaissaient les taches rousses, circonspectes et vagabondes de quelques poules étiques:
> *cela*, et, (...)"[12].

Les tachetures mouvantes des poules animent le tableau des ustensiles statiques. Le résumé, qui se réduit à un seul mot ("cela"), n'oriente pas ici le sens de la description qui précède, mais sert bient également de relance.

*Graffiti*

La description de la cage d'escalier qui donne accès à l'appartement de M. Fraisier (voir la fin de la citation de la page de mon texte) permet en même temps de signaler un autre trait de la modernité de Balzac: les graffiti. Comme les autres détails descriptifs de ce fragment, ils servent bien

 sûr à annoncer la déchéance de l'homme de loi M. Fraisier.

Que ces graffiti soient accompagnés du qualificatif à parfum moralisateur "obscènes" est pardonnable parce qu'il figure également dans les passages suivante de Simon:

> "(...) puis le vide, le bourdonnement mystérieux pendant qu'il attendait le coeur battant, les yeux stupidement fixés sur le mur griffé de *graffiti obscènes*, et bégayant de nouveau, et alors la voix virginale, basse, un peu voilée, là-bas, disant: "Combien? ... Ah oui", s'éteignant de nouveau, et lui dans la cabine puante à regarder cons et phallus gravés dans le plâtre comme les emblèmes, les symboles d'un *culte priapique* et barbare, et répétant: "Combien? ... Combien dites-vous? ..."[13].

> "(...) attendant calmement pendant que grésillait le silence, puis lorsqu'elle fut là ou plutôt sa voix, la sonore, artificielle délégation d'elle-même qui lui parvenait en intonations nazillardes et désincarnées, parlant de nouveau avec toujours ce même calme effrayant, cette même tranquille application, contemplant d'un oeil tranquille en face de lui les *obscènes graffiti*, les images crues, violentes et démesurées d'organes turgescents ou écartelés, l'évocation précise de l'*acte* que quelques heures auparavant il avait *accompli ou plutôt commis* et dont les symboles représentés à l'aide d'un *graphisme en quelque sorte rupestre* (clou, pointe rayant le plâtre griffé, multipliant sur les parois de l'étroite caverne ou jamais n'entre la blanche lueur du jour mais seule celle de l'ampoule électrique en rayons frisant les écorchures en formes de poissons ou d'ellipses à cils *comme une ichtyographie de modernes catacombes* où seule retentit la voix, électrique également, de divinités sans visages mais non sans mystères) étaient sous son regard glacé, moderne, vide, leur impitoyable et obsédant reproche"[14].

A l'encontre des idées courantes formulées au sujet du grand effort de collaboration active que devrait fournir le lecteur du nouveau roman, on pourrait prétendre que c'est plutôt Balzac qui invite son lecteur à élaborer avec lui les significations de son oeuvre. En effet quand il parle de graffiti il lui laisse une certaine liberté d'imagination (quels graffiti au juste, quelles formes, quels objets). Simon pour sa part ne laisse rien au hasard, impose à son lecteur l'association sacrilège entre le culte priapique et le culte chrétien[15] dans une curieuse juxtaposition, relayée par le "graphisme rupestre". Comme les agissements des héros, l'acte non pas "accompli", mais "commis" nous est communiqué en passant, entre deux graffiti et est ainsi réduit au statut de graffiti pour qu'il n'y ait plus d'agissements.

*Symbolique sexuelle*

Dans les textes de Simon et de Balzac la même symbolique sexuelle fonctionne à travers le même réseau connotatif métaphorique, à travers les mêmes embrayeurs métaphoriques:

> "Moi, je ne vaux donc pas une autre femme! moi qui ai été une des plus jolies femmes de Paris, qu'on m'a nommée 'la belle écaillère', et que je recevais des déclarations d'amour sept ou huit fois par jour ... Et que si je voulais encore! Tenez, monsieur, vous connaissez bien ce gringalet de ferrailleur qu'est à la porte, eh bien! si j'étais veuve, une supposition, il m'épouserait les yeux fermés, tant il les a ouverts à mon endroit, qu'il me dit toute la journée: "Oh! les beaux bras que vous avez!... mame Cibot! je rêvais, cette nuit, que c'était du pain et que j'étais du beurre, et que je m'étendais là-dessus!..." Tenez, monsieur, en voilà des bras!... *Elle retroussa sa manche et montra le plus magnifique bras du monde aussi blanc et aussi frais* que sa main était rouge et flétrie; un bras potelé, rond, à fossetes, et qui, tiré de son fourreau de mérinos commun, *comme une*

*lame est tirée de sa gaine*, devait *éblouir* Pons, qui n'osa pas le regarder trop longtemps. Et, reprit-elle, *qui ont ouvert autant de coeurs que mon couteau ouvrait d'huîtres*! Eh bien! *c'est à Cibot*, et j'ai eu le tort de négliger ce pauvre cher homme, qui se jetterait dans un précipice au premier mot que je dirais, pour vous, monsieur, qui m'appelez 'ma chère madame Cibot', quand je ferais l'impossible pour vous ...
- Ecoutez-moi donc, dit le malade, je ne peux pas vous appeler ma mère ni ma femme ..." (C.P. 606) (F) 171-172.

"(...) *ce réflexe qu'il a eu de tirer son sabre* quand cette rafale lui est partie dans le nez de derrière la haie: *un moment* j'ai pu le voir ainsi *brandissant cette arme* inutile et dérisoire *dans un geste héréditaire* de statue équestre que lui avaient probablement transmis des générations de sabreurs (...): *un instant l'éblouissant* reflet de soleil accroché ou plutôt condensé, comme s'il avait capté attiré à lui *pour une fraction de seconde toute la lumière et la gloire*, sur l'acier virginal ... Seulement, vierge, il y avait belle lurette qu'elle ne l'était plus, mais je suppose que ce n'était pas cela qu'il lui demandait espérait d'elle le jour où il avait décidé de l'épouser, sachant sans doute parfaitement dès ce moment ce qui l'attendait, ayant accepté par avance ayant assumé ayant par avance consommé si l'on peut dire cette Passion, avec cette différence que le lieu le centre l'autel n'en était pas une colline chauve, mais ce suave et tendre et vertigineux et *broussailleux* et *secret repli de la chair* ..."[16].

La scène (que Georges se rappelle comme dans un rêve) du capitaine Reixach qui tire son sabre dans "un geste héréditaire" de sabreur convoque dans l'écriture simonienne l'acte similaire (ou contraire) accompli, commis au moment de la "petite mort". Le jeu sur "virginal-vierge", qualifié par Ricardou de "métaphore structurelle"[17], ne joue qu'un rôle fort secondaire; nous ne passons pas d'un sens figuré à un sens propre mais d'un réflexe militaire, à un réflexe sexuel.

Chez Balzac le rêve du ferrailleur sert de point de départ à une description onirique: un bras est retroussé, il n'est pas "virginal" mais "blanc" et "frais", il n'attire pas "toute la lumière et la gloire" mais jouit également d'une qualification suprême ("le plus magnifique du monde"), il a le même caractère momentanément "éblouissant" (Pons n'ose pas le regarder trop longtemps) dû au même mode d'apparition fulgurante ("tiré de son fourreau (non pas "broussailleux" mais "de mérinos") comme une lame est tirée de sa gaîne"), il n'ouvre pas de "secret repli de la chair" mais il a ouvert autant de coeurs que "mon couteau ouvrait d'huîtres". Ce bras ... "Eh bien! c'est à Cibot".

*Abrégé de sociocritique*

Le dernier (?) changement de paradigme en critique littéraire oblige, à proférer, à titre de conclusion, quelques mots sur l'idéologie, au début de l'ère sociocritique. Il faut croire que les idées très nuancées que formule madame Cibot au sujet des révolutions sont celles de l'auteur ...:

> "Ah! un petit gros, qui vous a envoyé ses domestiques vous demander pardon ... de la sottise de sa femme ... que la femme de chambre m'a fait des questions sur vous, une vieille mijaurée à qui j'avais envie d'épousseter son crispin en velour avec le manche de mon balai! A-t-on jamais vu n'une femme de chambre porter n'un crispin en velours". Non, ma parole d'honneur, le monde est renversé! pourquoi fait-on des révolutions? Dinez deux fois, si vous en avez le moyen, gueux de riches! Mais je dis que les lois sont inutiles, qu'il n'y a plus rien de sacré, *si Louis-Philippe ne*

*maintient pas les rangs;* car enfin, si nous sommes tous égaux, pas vrai, monsieur, n'une femme de chambre ne doit pas avoir n'un crispin en velours, quand moi, mame Cibot, avec trente ans de probité, je n'en ai pas ... Voilà-t-il pas quelque chose de beau! *On doit voir qui vous êtes.* Une femme de chambre est une femme de chambre, comme moi je suis n'une concierge. Pourquoi a-t-on des épaulettes à grain d'épinard dans le militaire? *A chacun son grade*! Tenez, voulez-vous que je vous dise le fin mot de tout ça! Eh bien! la France est perdue!... Et sous l'Empereur, pas vrai, monsieur? tout ça marchait autrement. Aussi j'ai dit à Cibot: "Tiens, vois-tu, mon homme, une maison où il y a des femmes de chambre à crispin en velours, c'est des gens sans entrailles ..." (C.P. 609-610). (F) 176-177.

S'il y avait vraiment révolution le système descriptif de Balzac serait démantelé. Le signe vestimentaire est indice de la classe sociale à laquelle le personnage appartient. Une révolution sociale entraînerait une révolution descriptive. Nous pouvons donc trancher le débat sur l'appartenance politique de Balzac. Il est "réac", non pas pour des raisons politiques, mais pour des impératifs de technique romanesque.

L'obédience idéologique de Simon n'a jamais été débattue parce qu'elle est insoupçonnable. Simon apprécie la révolution du point de vue de la technique narrative, elle lui fournit le plaisir de la juxtaposition et de la superposition. La révolution c'est un changement de décor, sur fond de baignoir "les corps épilés des riches argentines" sont remplacés par "les dossier de police", les mots d'ordre couvrent "les gravures graveleuses", "les migrations de matelas et de pendules façonnent peu à peu la mystérieuse Histoire et les destins du monde". La révolution, les remplacements et déménagements périodiques, loins de le perturber, stimulent le système descriptif de Simon:

"(...) entièrement vidée de son mobilier (lit, fauteuils, rideaux, tapis eux aussi de ce style stéréotypé et cosmopolite imaginé la veille d'une révolution - comme si en dehors du repos des milliardaires fatigués, les grands hôtels n'avaient été conçus que pour être périodiquement réquisitionnés par des gouvernements plus ou moins provisoires, et leurs *baignoires occupées alternativement par les corps épilés des riches Argentines et les dossiers de police*), mobilier apparemment commandé en série (lustres, bonheurs du jour et bergères laquées) dans l'usine automatique qui ne cesse de déverser sur les montagnes, au bord des mers et dans le centre de grandes capitales des tonnes de guirlandes sculptées et peintes à la machine, de bureaux ministres, de nudités suprises et de mélancoliques mandolinistes à tricorne vêtus de soie brillante) entièrement vidée donc (et même plus que vidée: curetée, râclée) sans doute en vertue de cette loi qui veut que toute entité humaine constituée en troupe armée s'assigne pour tâche première le déménagement systématique des maisons conquises, comme si revolvers, fusils ou mitraillettes n'avaient été inventés que pour constituer une gêne et une charge supplémentaire, tant bien que mal rejetés derrière l'épaule, brinquebalant, la bretelle glissant le long du bras à chaque mouvement et l'arme, l'acier graisseux et noire, venant cogner bruyamment avec une sorte de fureur maligne (revanche ou vengeance de la matière attendant depuis la nuit des temps dans le sein ténébreux de la terre d'en être extrait pour accomplir sa vocation de meurtre et de puissance et au lieu de cela ignominieusement mêlée à des besognes domestiques) les tibias des déménageurs casqués et bottés ahanant dans les escaliers où *les périodiques migrations de matelas et de pendules façon-*

*nent peu à peu la mystérieuse Histoire et les destins du monde*"[18].

On pourrait regretter l'emploi, dans ce contexte, "idéologiquement suspect" de termes marquant l'alternance, la variation, la périodicité qui risquent d'imposer une vision circulaire de l'Histoire et par là d'entraver la marche en avant qu'on suppose qu'elle a. Mais, ne l'oublions pas, tout narrateur dépend aussi des techniques descriptives, - en principe - ahistoriques, qu'il emploie.

Les quelques rapprochements ci-dessus nous conduisent à penser que tout compte fait le Nouveau Roman n'est peut-être pas si nouveau qu'il y paraît. Le converti de fraîche date, saisi par le plaisir de la juxtaposition, s'aperçoit qu'il peut trouver dans Balzac des descriptions extraordinaires, servant, il est vrai, à la démonstration. Il n'empêche que chez le "réaliste" Balzac, on retrouve les mêmes mécanismes langagiers, picturaux et symboliques que chez Simon, à cette différence près que le fonctionnement des mécanismes balzaciens est entravé par la nécessité de raconter une histoire riche en événements, agissements, conformes aux exigences du lecteur et répondant au besoin d'allonger la copie.

Après cette expérience qui consistait à lire Balzac en partant de Simon, il serait peut-être intéressant de lire Simon en partant de Balzac. Cette expérience inverse permettrait peut-être de découvrir dans quelle mesure un texte peut former le seuil à partir duquel le lecteur est susceptible d'en percevoir, comprendre, interpréter un autre, dans quelle mesure la mode demeure tributaire du passé, comment l'autrefois marque l'aujourd'hui et s'il subsiste ou non un reste qui n'est pas éliminé ni même éliminable?

La parole est cette fois aux balzaciens bon teint.

NOTES

Nous citons *La Cousine Bette* (C.B.) et *Le Cousin Pons* dans la nouvelle édition de la Pléiade d'abord, puis nous nous référons à l'édition Folio (F.). Les autres textes de Balzac sont cités dans l'éd. du livre de poche classique.

1 Deuxième année no. 14, mars 1979.

2 *Eugénie Grandet*, éd. livre de poche classique, p. 239.

3 Pourtant la disparition de ce qu'on peut appeler le métalangage du texte n'est pas complète, témoin ces formules chevilles à caractère explicatif dont le dernier roman de Simon fait état, de façon plus ou moins parodique: "Ici il est peut-être nécessaire d'ouvrir une parenthèse pour tenter d'expliquer ce qui surviendra par la suite" (G., p. 82); "On ne doit pas oublier que" (G., p. 93).

4 "Les formes du discours régissent celles du corps". Bernard Vannier, *L'Inscription du corps*, éd. Klincksieck, 1972, p. 109.

5 On peut se demander si le mot "gavé" ne résume pas fort bien le sens profond de la situation: Madame Cibot a pour ainsi dire gavé les deux musiciens pour pouvoir les manger (= cueillir leur héritage) ensuite. Le jeu de mots sur café/gavé ne semble pas tout à fait gratuit.

6 Voir C.B. 56 et la note pp. 1243-1246; (F) 192 et la note pp. 192-193.

7 Claude Simon, *L'Herbe*, éd. de Minuit, 1958, pp. 141-142. Cette citation s'inscrit dans un long développement relatif aux carnets de compte tenus par deux vieilles tantes.

8 Claude Simon, *Le Sacre du printemps*, éd. Calmann-Lévy, 1954, p. 95.

9 Claude Simon, *Les Corps conducteurs*, éd. de Minuit, 1971, dernière page, non numérotée.

10 Chez Simon la trame fait allusion à la facture du texte qui n'est visible qu'après coup car "dans le domaine de l'art il n'y a rien qui soit préalable à l'oeuvre" (T. Todorov, *Le Secret du recit*, dans *Poetique de la prose*, Seuil, 1971, p. 176, considérations à propos de la nouvelle *L'Image dans le tapis* de Henry James), comme ne cesse de le répéter l'auteur (Voir Jo van Apeldoorn et Charles Grivel, *Entretien avec Claude Simon*, dans *Ecriture de la religion, ecriture du roman*, Ch. Grivel (éd.) P.U. Lille (1979), p. 87-107, p. 87.

11 Balzac, *Le Colonel Chabert*, éd. livre de poche classique, pp. 35-36.

12 Claude Simon, *Les Géorgiques*, éd. de Minuit, 1981, p. 144.

13 Claude Simon, *Le Sacre du printemps*, Calmann-Lévy, 1954, pp. 111-112.

14 Claude Simon, *Le Sacre du printemps*, Calmann-Lévy, 1954, p. 129.

15 Pour l'origine intertextuelle de l'association poisson (ichtus)/passion voir Jo van Apeldoorn et Charles Grivel *Entretien avec Claude Simon*, dans *op. cit.*, pp. 87-107.

16 Claude Simon, *La Route des Flandres*, éd. de Minuit, 1960, pp. 12-13.

17 *Problèmes du nouveau roman*, éd. du Seuil, 1967, p. 48.

18 Claude Simon, *Le Palace*, éd. de Minuit, 1962, p. 11-12.

# La météo et les sentiments 5

*Wenn die Schriftsteller etwas zu sagen haben, dann schreiben sie nicht vom Wetter ...* [1].
(Tolstoï)

Les conditions météorologiques font partie du décor du roman et pourraient servir de point de départ à une introduction au problème théorique de la description, pour jeter quelque lumière sur son caractère redondant ou sa valeur événementielle. Pour ne pas nous mouiller, mettons nous à l'eau tout de suite et réservons pour la fin de ce travail quelques considérations générales sur ce problème théorique important.

Nous allons regarder de plus près la fonction des notations de phénomènes atmosphériques dans l'économie d'un texte de Marguerite Duras *Dix heures et demie du soir en été*[2].
Quels sont les éléments du texte, qui invitent le lecteur à établir un rapport entre ciconstances atmosphériques (orage, éclair, vent, averse) et l'atmosphère psychologique, c'est-à-dire les sensations ou les sentiments éprouvés par les personnages.

Des rapports explicites entre l'atmosphère météorologique ("La météo") et la conduite des personnages se trouvent affichés à deux endroits précis du texte[3]:

45/24 "Après que ceux-ci sont passés la rumeur
conjugale reprend, lente, lassée, quotidienne,
dans le couloirs circulaires et dans les
chambres. Derrière les portes, dans les lits
45/28 dédoublés, dans *les accouplements nés de la*
46/1 *fraîcheur de l'orage*, on parle de l'été, de
cet orage d'été et du crime de Rodrigo
Paestra".

58/27 "S'il étendait la main, Pierre toucherait les
cheveux de Maria. Il a parlé de Vérone. *De*
59/1 *l'amour toute la nuit, entre eux, dans une*
*salle de bains de Vérone. Un orage aussi,*
*l'été aussi, et l'hôtel plein.* 'Viens, Maria'.
Il s'étonnait. 'Mais quand, quand aurais-je
assez de toi?"

Ces deux passages du roman vont nous servir de base pour analyser (en suivant l'ordre chronologique des événements) les liens, les correspondances que présentent les phases de l'orage avec d'une part l'évolution des sentiments de Pierre et Claire (I) et d'autre part ceux de Maria et Rodrigo(II).

*I L'orage entre Pierre et Claire*

Les premières tentatives de contacts physiques entre Pierre et Claire s'esquissent dans la voiture l'après-midi et coïncident avec le début des orages (13/1-2: 'Nous avions eu des orages depuis trois heures de l'après-midi, (...)'):

20/27 "Elle a presque gémi. Les mains de Pierre
se sont tendues vers les siennes et puis, elles
21/1 se sont rétractées. C'est dans l'auto, pendant
sa peur de l'orage, que ce geste lui est déjà
venu, dans le roulement du ciel sur lui-même,
du ciel suspendu au-dessus du blé, dans les
cris de Judith, dans la lumière crépusculaire
21/6 du jour".

Dans la construction de la phrase les compléments circonstanciels (21/3-6) 'déterminent' aussi bien le mot - orage - que le mot -geste- et semblent conférer à ce geste une dimension cosmique[4]. Les phénomènes qui accompagnent l'orage et le geste sont introduits par la préposition "dans" (21/3, 4, 5) au sens de "pendant"; mais en même temps le sens de la préposition "dans" (= 'à l'intérieur de') de 21/1 se projette sur les emplois ultérieurs[5].

Vers cinq heures (12/17) ils arrivent dans un village espagnol où ils doivent essayer de trouver un hôtel:

19/21 "Le désordre était partout dans l'hôtel. Il
ne pleuvait pas encore mais *l'orage* était
toujours là, *menaçant*. Lorsque Maria les a
retrouvés ils étaient dans le bureau de l'hôtel.
19/25 Ils bavardaient l'un près de l'autre dans ce
bureau de l'hôtel. Elle s'est arrêtée, pleine
d'espoir. Ils n'ont pas vu Maria. C'est alors
19/28 qu'elle a découvert leurs mains se tenant
20/1 l'une l'autre avec décence, le long de leurs
corps rapprochés. Il était tôt. On pouvait
penser que le soir était arrivé, mais c'était
l'orage qui obscurcissait le ciel. Il n'y avait
20/5 plus trace de sa peur dans les yeux de Claire.
Maria avait trouvé qu'elle avait le temps-
le temps-d'aller sur la place, dans ce café
20/8 qu'ils avaient aperçu en arrivant".

Ce qui frappe, dans un texte caractérisé par la simple juxtaposition de phrases courtes, c'est l'emploi exceptionnel et inattendu de "c'est alors que" (19/27-28), qui confère au passage ainsi introduit une grande importance événementielle, obsessionnelle - puisqu'il s'agit d'une scène filtrée par la conscience de Maria - et qui serait à rapprocher de la formule magique "un beau matin", annonçant le début d'une action[6].

L'événement "capital" (qualificatif étymologiquement inadéquat dans ce contexte) est encadré de notations concernant l'orage, la lumière du jour et le ciel, ce qui invite le lecteur à reporter ce qu'il y a de menaçant dans l'orage sur l'évolution de l'orage sentimental entre Pierre et Claire. La répétition du mot "temps" (20/6-7) semble souligner cette possibilité de lecture, "temps" pouvant se lire comme temps chronologique et comme temps météorologique connotant l'orage sentimental.

Ensuite Maria s'est installée au café où elle boit des verres de manzanilla avec un client 'entre six et sept heures du soir' (11/7-8):

> "-Il n'y avait plus de chambres, bien sûr. Déjà, il n'y en avait plus.
>
> Le couchant s'est de nouveau couvert. Une nouvelle phase de l'orage se prépare. Cette masse océanique, bleu sombre, de l'après-midi s'avance lentement au-dessus de la ville. Elle vient de l'est. Il fait juste assez de lumière encore pour voir sa couleur menaçante. Ils doivent toujours être à l'orée du balcon. Là, au bout de l'avenue. Mais voici que tes yeux sont bleus, dit Pierre, à cause, cette fois du ciel.
>
> -Je ne peux pas encore rentrer. Regardez ce qui se prépare".

Pendant la (re)lecture du deuxième paragraphe (14/3-12) le lecteur est amené à établir un rapport entre la description de l'orage (3-9) et la proposition 'Ils doivent toujours être à l'orée du balcon'. (9-10) qui suit immédiatement, sans que la moindre transition soit aménagée si on fait abstraction du point et de la majuscule. Cette simple consécution à l'intérieur d'un même paragraphe de notations atmosphériques et de notations concernant le lieu où se trouvent Pierre et Claire (sans aucune indication sur ce qu'ils font, sur ce qui se passe entre eux) invite le lecteur à transférer le contenu diégétique de la description de l'orage (qui menace et s'étend) à "Ils" (9) et à valoriser les indications de lieu. (Selon la terminologie du groupe 'mu' on pourrait dire que le mot "orage" peut être indexé sur deux isotopies). L'invitation à une double lecture est répétée et l'ambiguïté est maintenue dans la réplique de Maria (14/14-15): 'Je ne peux pas encore rentrer. Regardez ce qui se prépare'. Le lecteur, à court d'événements[7], est alléché par le mot "phase" (14/4) qui intervient dans la description de l'orage et qu'il serait tellement réconfortant de pouvoir appliquer à l'évolution des rapports (contacts) entre "Ils" (14/8) c'est-à-dire Pierre et Claire que l'orage de l'après-midi a déjà rapprochés et que l'orage du soir rapprocherait encore davantage au moment de rejoindre la ville ... Mais ce serait là forcer un peu les choses (Pour "phase" voir également 46/22; 48/1-3, 13-15; 61/15). Dans le café, Maria semble s'imaginer une scène entre Pierre et Claire au balcon qui apparaît comme le prélude à la scène qui se passera à dix heures et demie du soir.

Ensuite Maria est rentrée à l'hôtel où elle retrouve Pierre et Claire dans la salle à manger:

23/4 "-Je n'ai pas faim ce soir, dit Claire, tu
vois, je crois que c'est cet orage.
-Le bonheur, dit Maria.
Claire s'absorbe dans le spectacle de la
salle à manger. Derrière son expression tout
à coup pensive il y a un sourire. Pierre, le
23/10 visage crispé, lève les yeux sur Maria - les
mêmes yeux que ceux de Judith - et Maria
sourit à ces yeux-là.
-On attendait tellement cet orage, cette
fraîcheur, explique Maria.
23/15 -Comme c'est vrai, dit Claire".

La première réplique de Maria (24/6) met Pierre et Claire dans l'embarras. A aucun autre moment (endroit du texte) elle ne fait si 'clairement' (pour rentrer dans le jeu verbal de M. Duras sur le nom de Claire) allusion au rapprochement de Piere et de Claire. Cette première réplique est expliquée par la seconde. C'est le seul endroit, dans ce texte ambigu, où il arrive à un personnage de corriger le vague de ses propos. Mais (malheureusement) cette explication de Maria enlève toute pertinence à la première réplique, "orage" (23/5) pouvant de nouveau se lire de deux façons, tout comme "fraîcheur" (14/14) pourrait s'appliquer également à Claire.

Après le dîner Maria va coucher sa fille Judith et quitte Pierre et Claire en disant 'je reviens' (37/19, 41/20, 42/7). Au lieu de les rejoindre lorsque Judith s'est endormie, Maria s'attarde à regarder l'orage depuis le balcon, un peu avant 'dix heures' (43/3):

41/8 "L'électricité n'est pas revenue. Il va
encore faire de l'orage, des averses brusques
41/10 vont se succéder pendant toute la nuit. Le
ciel est toujours bas et court, toujours happé
par un vent très fort, vers l'ouest. Il est
visible, dans sa courbe parfaite jusqu'à
l'horizon. Et visibles aussi sont les limites
41/15 de l'orage qui tente de gagner toujours plus
avant les contrées claires du ciel.
Du balcon où elle se tient, Maria voit cet
orage dans toute son étendue. *Ils* sont restés
41/20 dans la salle à manger.
-Je reviens, a dit Maria".

La juxtaposition à l'intérieur du paragraphe (41/17-19) de l'orage (18) vu par Maria et de "Ils" (18), que Maria ne peut pas voir, amène de nouveau le lecteur à faire une double lecture de l'orage et peut-être à savourer le plaisir (si c'en est un) de dépister l'homonyme "claires" (41/16) exemple parmie bien d'autres[8], dont la manifestation répétée semble liée à ces 'accidents de l'écriture'[9] qui constituent un sujet d'émerveillement pour Marguerite Duras.

Juste avant dix heures, Maria se trouve toujours au balcon:

42/12 "(.............) Il y a plus de gens
dans cet hôtel que dans tout un quartier de
la ville. Au-delà de laquelle les routes
42/15 s'étalent, désertes, jusqu'à Madrid vers quoi
court l'orage depuis cinq heures du soir,
crevant par-ci, par-là, se trouant d'éclaircies,
se reformant encore. Jusqu'à épuisement.
Quand? Toute la nuit, il durera.
42/20 Plus un café n'est ouvert dans la ville.
-On t'attend, Maria, a dit Pierre".

Depuis cinq heures du soir (42/16), l'heure vers laquelle (12/17) Pierre, Claire et Maria sont arrivés dans la petite ville où ils vont faire étape (à cause de l'orage), cet orage poursuit le trajet, la course qu'ils auraient voulu suivre, eux aussi jusqu'au bout, c'est-à-dire jusqu'à Madrid et peut-être jusqu'à "épuisement" (42/18) pour le lecteur sensible (ou faut-il dire complexé?) qui voudrait pousser la double lecture jusque là. Dans le mot "éclaircies" (42/17) ... parfaitement on l'a deviné.

Peu après dix heures (43/27-28) Maria s'allonge un instant auprès de Judith qu'elle embrasse sur les cheveux (44/11-12) (l'amour filial comme ersatz?) Puis:

45/6 "Maria se relève, hésite à repartir vers la
salle à manger où ils sont encore dans l'émerveillement de leur *foudroyant* désir, seuls
encore au milieu des tables défaites et des
45/10 garçons harassés qui attendent leur départ,
et qu'ils ne voient plus.
Elle repart vers ce balcon, fume une cigarette".

Dans la double lecture que nous pratiquons de l'orage le mot "foudroyant" (45/8) n'est plus un simple cliché mais entre dans une métaphore revalorisée que prépare déjà le mot "émerveillement" (45/7-8) qui a ici son sens étymologique d'enchantement, d'événement, d'opération magique[10].

Maria qui vient d'apercevoir sur le toit d'en face la forme de Rodrigo Paestra (voir plus loin, dans la deuxième partie, l'évolution des rapports entre Maria et Rodrigo), découvre sur un balcon à l'étage supérieur (47/8-10, 47/14-20) Pierre et Claire qui s'embrassent:

47/20 "(...) Ils doivent se dire les premiers mots
de l'amour. Ils leur montent aux lèvres, entre
deux baisers, *irrépressibles, jaillissants*.
Les éclairs rendent la ville livide. Ils
sont imprévisibles, arrivent suivant un rythme
47/25 désordonné. Lorsqu'ils se produisent ils rendent leurs baisers livides aussi, ainsi que
leur forme maintenant unique jusqu'à l'aveu-
glement".

Les paroles échangées sont décrites en des termes comportant l'idée de débordement, de décharge (comme c'est le cas de phénomènes naturels, inéluctables): "irrépressibles", "jaillissants" (47/22) et qui s'associent dans l'esprit du lecteur à "averse" et "éclair". Les mots d'amour sont un phénomène d'accompagnement naturel des baisers comme les averses et les éclairs accompagnent l'orage (et aussi un liquide sécrété par le corps humain?). Les baisers de "l'orage sentimental" baignent dans la lumière "livide" causée par les éclairs. Est-ce que cette couleur mortuaire contient déjà en germe (on me pardonnera l'alliance de mots) la fin de l'amour de Pierre et de Claire?

Marie suit toujours les mouvements de Pierre et de Claire:

48/13 "Une nouvelle phase de l'orage se prépare
qui va les séparer et qui va priver Maria de
les voir.
Tandis qu'il le fait, elle le fait aussi, elle
porte ses mains à ses seins solitaires, puis
ses mains retombent et s'accrochent au balcon,
48/19 sans emploi".

L'orage (48/13) peut-être lu comme orage-météo qui oblige Pierre et Claire à quitter le balcon et à rentrer à cause de la pluie (symbole de la fertilité ...). Ou bien il s'agit de l'orage sentimental/sexuel au cours duquel (à l'encontre de l'orage météo (42/17-19)) il y aura stagnation parce que "Il n'y a pas de place cette nuit, dans cette ville, pour l'amour" (49/21-23). (Pour 'se prépare' (48/13), voir 14/14.)

Maria surveille toujours Pierre et Claire:

48/28 "(...) Le vent soulève sa jupe
49/1 et, dans un éclair, ils ont ri. Le même vent
que celui sous sa jupe, traverse de nouveau
49/3 toute la ville, cognant aux arrête des toits".

Sous l'action du vent s'esquisse un geste dont Maria se demandera à quel moment il sera accompli par Pierre: "Où lui enlèvera-t-il cette jupe légère, ce soir même?"

(51/5-6). Le rire de Pierre et de Claire est de caractère instantané ("dans un éclair" (49/1)) mais peut être lu également comme accompagnement de leur "foudroyant désir" (45/8). Par l'intermédiaire du vent le désir de Pierre et de Claire s'amplifie, s'étend à la ville entière et sera absorbé, dans un mouvement inverse, par la pluie au moment ou Claire se sera endormie:

62/8 "(...) Et l'odeur de pluie recouvre la
singularité du désir de Claire, la rend au
commun du désir qui, cette nuit, sévit dans
62/11 la ville".

Maria ne cesse d'observer Pierre et Claire: "Une main de Pierre est partout sur ce corps d'autre femme. L'autre main la tient serrée contre lui. C'est chose faite pour toujours" (49/15-18). A cet endroit du texte l'indication temporelle (qui fait écho au titre) est enregistrée avec précision et constitue à elle seule un paragraphe se composant d'une seule ligne: "Il est dix heures et demie du soir. L'été" (49/19)[11].

Vers "onze heures" (50/22) Pierre et Claire "ont disparu complètement de ce balcon avec la pluie" (51/8-9). Maria rentre dans le couloir, s'allonge et se demande ce que font Pierre et Claire ('est-ce fait?', 51/21). Au bout d'un certain temps, Pierre et Claire rejoignent Maria: "Ils sont arrivés avec la fin de l'averse" (51/28). Les notations atmosphériques qui ponctuent la disparition et la réapparition de Pierre et de Claire pourraient suggérer une correspondance entre la montée de l'averse et l'affaiblissement possible de la tension dans l'orage sentimental et sexuel. Ou n'est-ce pas plutôt que la violence des soupçons, de la jalousie de Maria est suggérée par sa façon de ressentir (enregistrer, percevoir) la pluie. Un peu avant "minuit moins le quart" (60/1) Claire s'est endormie et Pierre et Maria discutent:

59/16 "Claire dort bien. Voici qu'elle se
retourne brusquement et gémit sous le coup
de cette odeur de ville endormie et de ce

récent événement des mains de Pierre, ce soir,
59/20 sur son corps. Pierre entend aussi ce gémissement de Claire. C'est passé. Claire *s'apaise* ".
Tandis que "apaisé" et "apaisement" servaient jusqu'ici à décrire le ciel (46/18, 46/25-26) et par conséquent l'orage, le verbe "s'apaiser" (59/21) s'applique ici à Claire. Les manifestations de la présence physique du corps de Claire ("gémit", 59/17; "gémissement", 59/20-21) sont enregistrées par Maria comme les échos, les séquelles d'un double orage, sexuel et atmosphérique. Peut-on aller jusqu'à dire que les séquelles de l'orage sexuel qui a sévi dans le corps de Claire sont également ressenties (par procuration) par Maria?[12] Les séquelles des deux orages sont enregistrées par Maria avec la même sensibilité et, dans les citations qui vont suivre, les averses et les éclairs s'inscrivent sur l'échelle (le baromètre) des soupirs et des gémissements, de façon explicite (61/1-3) ou implicite par juxtaposition (62/2-6):

61/1 "(..................................) Les
averses durent maintenant très peu, le temps
61/3 d'un soupir de Claire".

62/2 "(........................) Il n'y a plus
d'éclairs, que très faibles et très lointains. Claire
gémit encore sous le coup du souvenir des
mains de Pierre serrées sur ses hanches
62/6 découvertes".

Ces deux citations encadrent des déclarations d'amour renouvelées que Pierre adresse à Maria ("Je t'aime", 61/4; "Tu es mon amour" 61/27), séparées par un paragraphe météorologique (61/9-17) où "fin de l'orage" (61/10), "phase de l'orage" (61/15) peuvent se lire sur le mode des rapports entre Pierre et Claire:

61/9 "Que se passe-t-il? Que se prépare-t-il? Est-
ce vraiment la fin de l'orage? Quand les
averses arrivent ce sont des seaux d'eau renversés sur la verrière et sur les toits. Un bruit

de douche qui dure à peine quelques secondes. Il aurait fallu s'être endormi avant cette
61/15 phase de l'orage. S'être fait à l'idée de
cette nuit ratée avant qu'arrive ce mo-
61/17 ment".

*II L'orage entre Maria et Rodrigo*

Pierre s'endort. Maria atteint le balcon à minuit et demi (62/28-63/1). A partir de ce moment-là l'orage entre Pierre et Claire (l'Histoire I) s'éloigne, s'efface devant un autre orage (l'Histoire II). Maria n'est plus tellement obsédée par l'amour entre Pierre et Claire qui "n'est pas encore fait" (76/13): "L'orage est devenu lointain" (73/5-6). Momentanément elle oublie son chagrin en fixant son attention sur Rodrigo Paestra: "Quel divertissement à cet ennui" (70/3-4). Maria semble transférer son amour deçu par Pierre sur Rodrigo Paestra "cet homme si recherché dans la ville, l'assassin de l'orage, ce monument de douleur" (73/24-26). Dans l'Histoire I, l'orage symbolisait l'amour charnel et notamment l'adultère possible entre Pierre et Claire. Rodrigo Paestra peut être qualifié d' "assassin de l'orage" pour plusieurs raisons. D'abord pour avoir tué sa femme et Toni Perez à cause de leur adultère. Ensuite parce qu'il constitue un obstacle à "la férocité du désir contrarié de Claire" (126/3; cf. aussi 158/8). Finalement, il constituera pour Maria l'objet de sa quête d'un amour absolu, en lui faisant oublier plus ou moins son obsession de l'adultère de Pierre et Claire. A cause de "l'assassin de l'orage" survient un brusque changement atmosphérique:

76/19 "Un miracle climatique se produit comme
souvent l'été. L'horizon s'est désembrumé
puis, peu à peu, tout le ciel. L'orage s'est
76/20 dissous. Il n'existe plus".

Ainsi l'Histoire II présente tout comme l'Histoire I des correspondances avec les conditions météorologiques.

Tout comme les premiers contacts entre Pierre et Claire (constatés par Maria) s'établissent pendant les orages qui ont lieu "depuis trois heures de l'après-midi" (13/1-2), la constatation par Rodrigo de l'adultère de sa femme avec Toni Perez et l'assassinat de ces deux personnages par Rodrigo se situent "au début de l'après-midi" (9/10-11). Il y a donc coïncidence temporelle entre les premiers pas vers l'adultère de Pierre et Claire, constatés par Maria et l'adultère consommé, constaté par Rodrigo. La découverte par Maria de Rodrigo sur le toit (46/11-14; 50/6-10) se situe au moment des premiers baisers échangés par Pierre et Claire (47/14-15; 49/28-50/1-5). L'aspiration à l'amour de Rodrigo s'accompagne de phénomènes atmosphériques particuliers.

Après le miracle climatique de"l'orage (...) dissous" (78/21-22), "le renouveau du temps s'affirme" (78/26) où le "temps" permet la double interprétation de nouvelles circonstances atmosphériques et celle d'une nouvelle phase prometteuse dans la vie de Maria, aspirant à trouver l'amour absolu. Chacune des phases du rapprochement, de l'entente entre Maria et Rodrigo et de leur éloignement est précédée ou suivie (marquée) d'une notation atmosphérique qui prend une valeur événementielle. D'abord seulement "géographiquement réuni à elle" (76/18) Rodrigo finit par regarder Maria, l'évolution du "face à face" répété (78/25; 78/27) vers "se regardent" est assurée par "le renouveau du temps";

78/25 "Ils sont face à face. C'est un visage.
Le renouveau du temps s'affirme. Ils sont
78/28 face à face et se regardent".

"Maria est devenue la proie du bonheur" (79/3) lorsque "Rodrigo Paestra a consenti à la voir" (79/11-12). L'évolution sentimentale de Maria est marquée par "un vent tiède" (79/20) qui suggère une entente cordiale. Maria sent ce vent au moment merveilleux où Rodrigo répond au signe de la main qu'elle lui a fait:

79/20 "(...) Un vent tiède se lève qui commence à
assécher les rues. Il fait beau comme il
ferait beau le jour, lumineusement. La nuit
est entière, encore. Des solutions sont peut-

être possibles à l'incertitude de la conscience.
On pourrait le croire.
Maria, sereinement, lève la main, encore.
79/27 Il répond, encore. Ah quelle merveille".

Maria quitte le balcon, sort la Rover de la cour de l'hôtel, stationnée dans la rue sous la pente du toit où se trouve Rodrigo et "chante tout bas" (92/12) pour attirer son attention et entrer de nouveau en contact avec lui. L'apparition de Rodrigo s'accompagne d'un "ciel devenu clair" (93/4) et d'un "vent chaud" qui "semblerait-il, a recommencé à souffler dans la région" (93/10-11). Rodrigo rampant sur les tuiles pour descendre du toit est associé par Maria au vent, cette descente du toit est physiquement ressentie par elle comme le bruit du vent:

93/23 "Il ne doit pas avoir de souliers. Il ne fait
aucun bruit sinon celui pareil à celui du
vent lorsqu'il rencontre, dans sa course, les
92/27 arbres, les maisons, les angles des rues".

Maria réussit à s'échapper de la ville avec Rodrigo sur la banquette arrière et s'arrête dans un chemin parmi les champs de blé. L'angoisse que lui inspire l'idée d'un échec possible de la tentative de sauvetage a disparu, elle se retourne vers Rodrigo. Celui-ci "regarde autour de lui" (100/26-27), "Il n'a pas regardé cette femme" (101/13), "C'est la cigarette qu'il regarde" (101/20-21), offerte par Maria. La situation atmosphérique telle qu'elle est ressentie par Maria, subit une détérioration car au "vent chaud" (93/10) se substitue le froid: "Il fait froid, les nuits d'orage, en Espagne, une heure avant l'aurore" (101/10-11). L'état atmosphérique correspond donc au sentiment de déception qu'elle éprouve dans ses rapports avec Rodrigo ou plutôt qu'éveille en elle le manque de contact avec lui. Ils échangent quelques paroles, Maria lui dit l'heure, "un peu plus de deux heures et demie" (101/16) mais le vent a tourné, dirait-on:

103/23 "*Il fait froid. Le vent chaud qui soufflait*
tout à l'heure sur la ville a-t-il jamais existé?

*Une bourrasque qui suivait l'orage* et qui est
passée. Les blés mûrs et houleux, torturés
par les averses de la journée, sont immobiles
103/28 *Il fait un froid qui surgit* tout à coup de
104/1 l'immobilité même de l'air et qui assaille
les épaules et les yeux.
Rodrigo Paestra a dû s'endormir. Sa tête
repose sur le dossier de la banquette. Et sa
104/5 bouche est entrouverte. Il dort.
Quelque chose change dans l'air que l'on
respire, une pâleur court sur les blés.
Combien de temps? Depuis combien de temps
dort-il? Un assaut commence quelque part à
104/10 l'horizon, incolore, inégal, impossible à limiter. Un assaut commence quelque part dans la
tête et dans le corps une gêne grandissante
irréductible au souvenir d'aucune autre, cher-
cheuse de son ordre. Pourtant, pourtant, le
104/15 ciel est pur et bleu si on le veut bien. Il
l'est encore. Bien entendu qu'il ne s'agissait
que d'une clarté accidentelle, d'une illusion
parfaite d'un changement d'humeur et qui
s'est produite sous le coup d'une complais-
104/20 sance soudaine, venue de loin, de fatigues
diverses et de cette fatigue-ci, de cette nuit-ci.
Peut-être?
Non. C'est l'aurore.
Il dort. Il dort.
104/25 Il n'y a encore, dans l'aurore, aucune couleur nommée".

"Il fait froid" (103/23) semble devoir être lu comme une constation météorologique mais cette lecture est minée par la proposition qui suit: "Le vent chaud qui soufflait tout à l'heure sur la ville a-t-il jamais existé?" (103/23-24). On ne peut pas mettre en doute, après coup, l'existence d'un vent chaud purement météo: nos sens ne nous trompent guère dans ce domaine. Ainsi le vent chaud, qui ne peut pas être qu'un vent chaud, perturbe (pour adapter un instant notre vocabulaire à notre sujet) notre lecture jusqu'ici univoque de "Il fait froid". Le mot "bourrasque" (103/25) ("coup de vent impétueux et de courte durée" d'après le Robert), qui introduit la proposition suivante, pourrait, par son aspect technique et par le fait qu'il survient pour la première fois dans le texte, de sorte qu'il ne fonctionne pas encore dans le système (et que le lecteur n'est pas encore conditionné), amener celui-ci à reconsidérer l'ensemble du paragraphe et à en faire une lecture uniquement météo. Cependant le mot "orage" (103/25) à double sens, météo/rapports Pierre-Claire, rend de nouveau équivoque cette proposition et l'ensemble du paragraphe. L'introduction de l'article indéfini "un" dans "Il fait un froid" (103/28), au début du paragraphe suivant, corrige également une lecture purement météo du paragraphe précédent, il s'agit bien de sensations physiques enregistrées par Maria (attribuées à Maria) et qui sont un indice de la façon dont elle envisage ou plutôt ressent l'évolution de ses rapports avec Rodrigo. Cette lecture est aussi imposée par l'alternance des paragraphes consacrés successivement à des sensations de Maria (103/28-104/1-2), à la conduite de Rodrigo (104/3-5) et de nouveau aux sensations de Maria (104/6-7). Les phénomènes météo et les sensations de Maria sont également mis en rapport par la répétition de la formule "un assaut commence quelque part" (104/9; 104/11). La restriction "si on le veut bien" (104/15) a le même effet que l'interrogation "a-t-il jamais existé" (103/24): le lecteur se dit qu'il ne peut pas s'agir que de la météo. La répétition de "pourtant" (104/14) semble avoir une valeur affective, comme le "bien entendu" (104/16) qui introduit la proposition suivante. L'apparition incongrue de ces deux expressions (qui normalement marquent des liens explicites entre deux phrases) dans ce texte, où la simple juxtaposition est de rigueur, devrait éclairer le lecteur, mais leur effet est plutôt perturbateur[13].

L'analyse de ce dernier extrait avait pour but de montrer que le lecteur ne peut jamais pratiquer une lecture conforme à la couche d'information qu'il vient de recevoir (décoder) dans le paragraphe, la phrase, les mots précédents.

D'ailleurs en tant que lecteurs nous sommes déjà conditionnés par ce texte dès son début. La preuve en est que dans un roman traditionnel la hiérarchie établie par le lecteur entre les différentes couches, séries d'information concernant une situation romanesque identique (une femme et un homme ou plutôt un homme et une femme dans une voiture parmi les champs de blé à trois heures du matin, elle devant, lui sur la banquette arrière il est vrai) serait inverse. Il s'intéresserait davantage aux notations concernant les faits et gestes de Rodrigo qu'aux considérations météo. Du moment que le lecteur sait que les deux personnages en question sont à l'abri à l'intérieur de la voiture (décapotable ou pas), il ne se préoccupe pas de la pluie et du beau temps puisque ça va pouvoir se "faire" aussi bien sur la banquette (arrière de préférence) que parmi les champs de blé (et cela au gré des circonstances atmosphériques, au gré des personnages), il s'intéresse surtout à ce que (traditionnellement) le personnage masculin va entreprendre. Voilà ce qui passerait par l'esprit d'un lecteur moyen, sain de corps et d'esprit, qui n'a pas à hésiter entre deux couches d'information. Mais nous autres lecteurs un brin pervertis, nous sommes polarisés précisément par la météo ...

*Conclusion*

Lorsque Cismaru[14] constate à propos de ce roman de Marguerite Duras que "the setting is romantic because of the lightning, the thunder and the persisting rains", il risque de donner l'impression que les circonstances atmosphériques ne constituent qu'un décor romantique, qu'un arrière-plan sur lequel se déroulent les événements. Or toute notre analyse a précisément démontré le contraire.

Delius[15] qui est très discret quand il en arrive à tirer des conclusions générales à la fin de son analyse de quelques romans - allemands, du reste - ose toutefois formuler: "Allgemein lässt sich nur das Eine sagen: Quantität und Funktion der Nebensache Wetter werden im modernen Hochroman noch mehr abgebaut". Et un peu plus loin: "Das Wetter wurde gesagt, nimmt im modernen Roman immer weniger Raum ein"[16]. Dans le cadre de ce travail nous ne pouvons pas nous arrêter aux considérations fort intéressantes de Delius sur la fonction idéologique du temps météo dans le message narratif (qui relève du domaine de l'analyse sémantique); nous les réservons pour une analyse des mêmes phénomènes dans quelques romans plus traditionnels. Pour l'instant il suffit de retenir la qualification "Nebensache" pour les notations atmosphériques et leur diminution numérique dans les romans modernes.

Nous avons pu constater que les circonstances atmosphériques, l'orage et le vent, ne constituent pas uniquement un décor (setting) romantique. Ce décor ne souligne pas, n'encadre pas un seul événement (momentané) important dans l'histoire; dans ce roman, l'orage connote la sensualité et le crime à travers l'ensemble du texte, il s'agit là d'un phénomène d'extension. Les phénomènes météorologiques ne sont plus de simples éléments redondants et superflus dans l'économie du texte. Ils n'ont plus pour seule fonction de souligner l'évolution des sentiments et des sensations des personnages. Cette évolution est à ce point ambiguë et peu explicite que le lecteur a recours à (se voit imposé) une deuxième série d'événements - un autre code[17] - (qui n'est pas secondaire), celui des événements atmosphériques sur lequel il "se rabat" par tradition pour recevoir l'information qui lui fait défaut dans la première. Dans un roman traditionnel le décor fait ressortir, souligne un moment culminant mais ponctuel de l'histoire; ici la chaîne des notations atmosphériques couvre une grande partie du texte et au niveau de la surface du texte ces notations continuent à être juxtaposées aux éléments de l'histoire, comme dans un roman traditionnel. Mais au niveau du texte comme histoire et message, elles sont ici imbriquées dans l'ensemble, c'est-à-dire que les données, les informations d'une série font progresser l'autre. Parfois les deux séries se rencontrent à l'intérieur de la même petite phrase, imposant ainsi au lecteur une façon particulièrement harassante de lire le texte. En jouant sur l'exergue nous pourrions dire que les écrivains qui parlent du temps qu'il fait soumettent le lecteur à rude épreuve et ne lui laissent aucun répit: aucun beau fixe ne viendra jamais satisfaire son désir et combler son attente.

NOTES

1 Tolstoï, cité d'après Delius, *op. cit.*, note 15, p.

2 Paris, éd. Gallimard, 1960.

3 Nous indiquons, en marge des citations, d'abord le numéro de la page puis celui de la ligne, séparés par un trait. La mise en italique a été effectuée pour le besoin de la démonstration.

4 Plus loin la première apparition de Rodrigo Paestra prendra également une dimension cosmique:

46/8 "Maria voit leur cime apparaître et disparaître derrière les arêtes des toits et, lorsque les éclairs illuminent la ville et la campagne, dans leur blême clarté, dans le même temps, elle voit la forme fixe et noyée de Rodrigo Paestra agrippé autour d'une cheminée de
46/14 pierre sombre".

De même dans:

93/3 "Une ombre brise l'arête si pure des toits
93/4 sur le ciel devenu clair. C'est lui".

5 Un certain emploi de la préposition *dans* permet de donner aux sentiments éprouvés par Maria une dimension spatiale et de matérialiser ses sentiments qui peuvent ainsi être perçus, ressentis de la même façon que les phénomènes atmosphériques:

126/2 "Sortir ce corps du blé, le charger dans l'auto,
126/3 dans la férocité du désir contrarié de Claire".

6 Nous retrouverons cette formule dans le texte publicitaire analysé au chapitre 8.

7 Certains mots du texte, servant de faux embrayeurs diégétiques, doivent contenter "la férocité du désir" du lecteur en mal d'événements. En voici quelques-uns: "au bout de", "autre", "brusquement", "cesser de", "continuer", "à", "déjà", "de nouveau", "falloir", "mais", "peu à peu", "toujours", "voici que".

8 Comparez aussi:

57/26 "-Il fait déjà plus clair, dit Pierre. Le
57/27 temps va peut-être se lever. Tiens, Maria".

69/10 "(...........) C'est à son faîte, autour d'une cheminée carrée, sur l'arête qui sépare les deux versants, que se trouve cette chose dont la forme reste identique à elle-même depuis dix heures et demie, lorsque Maria l'a vue
69/15 à la faveur d'un éclair".

102/13 "(...........) Maria ne voit pas ses yeux, mais son regard, elle l'a vu
102/15 aussi clairement qu'en pleine lumière".

9 Voir: Marguerite Duras et Michelle Porte: *Les lieux de Marguerite Duras,* Paris, Les éditions de minuit, 1977, p. 85.

10 Comparons aussi pour le même sens étymologique:

36/18 "(......) Où était-ce dans ce crépuscule, à eux laissé par Maria, tout à l'heure, à quel endroit de l'hôtel se sont-ils étonnés d'abord et ensuite *émerveillés* de s'être connus si peu jusque-là, de cette adorable convenance qui entre eux cheminait pour se découvrir enfin derrière cette fenêtre? sur ce balcon? dans ce couloir? dans cette tiédeur refluante des rues après les ondées, derrière le ciel si sombre, Claire, que tes yeux, en ce moment
36/28 même ont la couleur même de la pluie".

79/26 "Maria, sereinement, lève la main, encore.
79/27 Il répond, encore. Ah quelle *merveille*".

147/20 "Elle se penche. Il dort. Elle le portera en France ce corps-là. Elle l'emmènera loin,
147/23 l'assassin de l'orage, sa *merveille*".

Dans *Un barrage contre le Pacifique,* Paris, Gallimard, (coll. Folio), 1950, p. 46:

"La mère, rougissante, souriante, buvait les paroles de M. Jo. Celui-ci s'en aperçevait et il avait l'air d'en être très satisfait. Ça devait être assez rare qu'n l'écoute dans l'*émerveillement*".

Dans *Moderato cantabile,* Paris, U.G.E., (coll. 10-18), 1958, p. 110-111:

"-Une dernière fois, supplia-t-elle, dites moi.
Chauvin hésita, les yeux toujours ailleurs, sur le mur du fond, puis il se décida à le dire comme un souvenir.
-Jamais auparavant, avant de la rencontrer, il n'aurait pensé que l'envie aurait pu lui en venir un jour.
-Son consentement à elle était entier?
-*Emerveillé*.
Anne Desbaresdes leva vers Chauvin un regard absent. Sa voix se fit mince, presque enfantine.
-Je voudrais comprendre un peu pourquoi était si *merveilleuse* son envie qu'il y arrive un jour".

11 Le corps du texte ne fournit donc pas de commentaire explicite du titre. Il le reprend presque intégralement et c'est au lecteur d'établir le rapport entre les deux énoncés.
Il n'en va pas de même - et c'est là une intéressante opposition - dans le roman néerlandais de Sal Santen, intitulé *Stormvogels* (Amsterdam, Arbeiderspers, 1976) où l'élément météorologique que comporte le titre

(Oiseaux de la tempête) est expliqué avec instance au lecteur à la fin du livre (p. 171-172), lorsqu'un orage qui approche amène les protagonistes à évoquer leurs souvenirs et où la conception ou la naissance de leurs enfants s'associe chaque fois à une tempête. Nous traduisons:

> "Tu te souviens de l'orage que nous avons eu dans les Ardennes? Et de cette nuit insensée à Horssen? Et comment nous avons mis notre Wessel en chantier, au milieu de cet hiver de famine? Il faut croire que c'est notre destinée, l'orgage et le mauvais temps".
> Mais aussi le bonheur, ajouta Liesje. Il n'y a pas à dire, nous avons de la chance avec nos enfants. Mais ce sont des oiseaux de la tempête".

Nous retrouverons le problème de l'explicite et de l'implicite à propos du fonctionnement des descriptions dans le roman populaire et dans le roman cultivé (chap. 7).

12 Comparons le mimétisme gestuel, dans la scène du balcon:

48/16 "Tandis qu'il le fait, elle le fait aussi, elle porte ses mains à ses seins solitaires, puis ses mains retombent et s'accrochent au balcon, sans
48/19 emploi".

De même:

51/13 "(..............) Maria s'étire, rentre, s'allonge dans le couloir, s'étire encore. Est-ce fait maintenant? Dans un autre couloir noir, étouffant, il n'y a peut-être personne - qui les connaît tous - celui qui se trouverait dans le prolongement de leur balcon, par exemple, au-dessus exactement de celui-ci, dans le couloir miraculeusement oublié,
51/21 le long du mur, par terre, est-ce fait?"

170/20 "Elle va vers lui et se tient contre lui tout entière, de la tête aux pieds, de ses cheveux à ses cuisses, tout entière elle s'en remet à lui. Ils ne s'embrassent pas.
L'alcool fait battre le coeur plus que de raison. Quelle durée avant le soir. Maria entrouve ses cuisses où bat son coeur, un
170/27 poignard".

13 Quelques éléments de la description météorologique résistent à mon analyse et nécessitent visiblement qu'on en passe par l'inventaire sémantique. Cf. l'article de Charles Grivel "Les Créances Duras" dans: *Recherches sur le roman I* (CRIN, 1-2, 1979, p. 73-137).

14 Cismaru, A.: *Marguerite Duras*, New York, Twayne Publishers, 1971, p. 99.

15 Delius, F.C.: *Der Held und sein Wetter*, München, Carl Hanser Verlag, 1971, p. 106. "En général nous pouvons dire une chose: la quantité et la fonction de l'élément secondaire que constitue le temps météorologique vont en diminuant dans le roman littéraire moderne".

16 Delius, op.cit., p. 108: "Le temps météorologique prend de moins en moins de place dans le roman moderne".

17 "Qu'est-ce qu'un orage? Plus exactement, qu'est-ce que l'orage dans sa valeur sémiologique". C'est le problème que se pose, au colloque Roland Barthes, François Flahault dans sa communication intitulée: "La limite entre la vie et la mort", publiée dans *Prétexte Roland Barthes*, Paris, U.G.E. 1978 (coll. 10-18), p. 65-75.

# Description et Signification 6

*sous le regard chastement*
*complaisant de la lune attendrie ...*
Léo Dartey, *Des pas dans l'ombre.*

## I QUELQUES REFLEXIONS PRELIMINAIRES

*Modèle théorique et lecteur empirique*

Que recouvre le terme de description lorsqu'il s'agit du roman? Certes on pourrait tenter d'examiner ce problème en se basant sur un modèle théorique. Cette procédure, si elle permet d'atteindre immédiatement un certain degré de généralisation, risque en même temps d'empêcher de saisir la spécificité du roman particulier qui est l'objet de l'analyse[1]. C'est pourquoi je voudrais procéder inductivement et, partant de l'expérience, privilégiant ainsi le lecteur que je suis, mettre envaleur l'expérience d'un lecteur confronté avec le concret du livre. Mon propos est de montrer, comme au ralenti, ce qui se passe dans l'esprit d'un lecteur qui se met à lire pour ainsi dire à haute voix et de montrer, en somme, comment son esprit se laisse guider par les mots du texte. Privilégier sa propre expérience de lecteur et construire un modèle semblent d'ailleurs deux soucis irréconciliables si l'on accepte comme définition du lecteur empirique: "Lecteur considéré sur le plan de la réalité et dont l'existence est posée indépendamment de la possibilité, pour la métalittérature, d'en rendre compte"[2]. Ce lecteur ne rentre pas dans un modèle, au contraire "il déborde les modèles, menace constamment leur intégrité, par exemple en trouvant un plaisir esthétique à la lecture de l'annuaire de téléphone"[3]. En fait, il faut bien voir que le lecteur empirique résiste au modèle, il est impossible de tracer son portrait, "ses seuls contours possibles sont d'ordre statistique, mais devenu chiffrable, doté d'un profil par l'école de Bordeaux, il cesse aussitôt d'être lecteur pour devenir simplement effigie de la lecture sociale"[4]. Le lecteur empirique dont il sera question dans mon analyse n'est pas passé par l'ordinateur des statisticiens ou des sociologues, je le livre brut, non travaillé.

*Types de lectures*

Si les réflexions qui précèdent dispensent de la constuction d'un modèle théorique, il me faut, en revanche, préciser tant soit peu le statut du lecteur que je suis. Pour définir ce statut ainsi que ma méthode d'approche je me réfère aux théoriciens de l'esthétique de la réception qui distinguent deux types de lectures: la lecture naïve et la lecture réflexive.

Tout lecteur empirique pratique une première lecture naïve à un stade élémentaire de la réception qualifiée par Stierle[5] de "quasi pragmatique", concept basé sur l'idée que la fiction s'oppose à la pratique. A ce niveau de réception le discours fictionnel et le discours pragmatique se confondent:

> "Dans le cas de la réception quasi pragmatique, le texte de fiction s'efface au profit d'un au-delà textuel, d'une illusion que le récepteur - sous l'impulsion du texte - produit lui-même. L'illusion (comme résultat de la réception quasi pragmatique de la fiction) est un hors-texte comparable à celui de la réception pragmatique, qui, au-delà du texte se rapporte toujours déjà à son propre champ d'action. L'illusion est comme la forme diluée de la fiction, qui se détache, dans la réception quasi pragmatique, de ce qui l'articule, sans pour autant se donner un lieu dans le champ pragmatique du récepteur du réel"[6].

Stierle stipule que la littérature triviale est "le paradigme par excellence des formes de fiction qui spéculent uniquement sur une réception pragmatique"[7].

La lecture naïve, pratiquée par le lecteur de la littérature triviale, peut servir de base à "des formes supérieures de la réception, appropriées au statut spécifique de la fiction" et "axées sur la fictionnalité du texte"[8]. C'est la lecture réflexive.

A l'intérieur de la lecture réflexive on pourrait ranger, en s'appuyant sur Culler[9], la lecture de l'analyste qui possède une certaine compétence littéraire et qui aspire à un consensus intersubjectif.

*Option de lecture*

En tant que lecteur empirique je pratique à la fois une lecture naïve et une lecture réflexive c'est-à-dire celle qui s'intéresse aux procédés littéraires et sépare la description de l'intrigue. A cette double lecture s'ajoutent l'analyse des procédes littéraires et mes réactions à ces procédés, que je confronte ensuite avec les réactions hypothétiques (et leurs causes éventuelles) du lecteur "postulé" (visé par l'auteur).

Les procédés littéraires auxquels je choisis de m'intéresser et ma réaction à ces procédés sont déterminées par mon statut de lecteur empirique particulier, grand "consommateur" de nouveaux romans. Longtemps sevré ainsi d'aventures, de héros et d'intrigue, je fonctionne, en abordant les roman populaires, sur le mode de la "pure appréhension passive"[10], de "l'identification sympathisante"[11] avec le héros et ses aventures. Même les "archilecteurs" et les constructeurs de modèles n'ont pas honte d'avouer qu'ils pratiquent cette lecture: "On lit comme personne à plusieurs niveaux"[12]; "Je suis deux quand je lis, le naïf et le savant[13]; le lecteur naïf est toujours enfoui dans celui-là qui le répudie"[14].

Cependant à certains endroits ponctuels du roman populaire (jusqu'à quel point un processus de sélection inconscient intervient, demeure un problème) je me mets irrésistiblement à réfléchir sur le texte et à l'interroger sur sa fictionnalité, non pas dans le but d'arriver à "une
1 élaboration théorique des conditions formelles d'une com-

pétence réceptive" mais pour rendre compte analytiquement d'une expérience de réception. Dans cette tentative, je n'échappe pas au risque signalé par Stierle: "Là où des réceptions d'oeuvres particulières existent, il s'agit toujours de réceptions déjà articulées, dont la particularité ne reproduit jamais simplement la complexité de l'expérience concrète de la réception mais épure celle-ci en fonction des concepts, des normes ou des intérêts en vigueur"[15]. Vu les "intérêts en vigueur" il est évident que ma réflexion s'articule autour du phénomène de la description pour des raisons épistémologiques. Disons que devant les fragments descriptifs du roman populaire ma lecture se fait en fonction, participe d'une "culture subjective qui n'est jamais tout à fait réductible à d'autres cultures subjectives, et qui implique une multiplicité - non théorisable - de possibilités de réception. Qu'un lecteur lise Tolstoï après avoir lu Proust ou qu'il lise Proust après avoir lu Tolstoï peut être très important pour la réception concrète. Mais cette dimension de la réception ne peut-être qu'évoquée; elle ne se prête pas à une compréhension systématique"[16]. C'est précisément cette dimension de la réception que je voudrais mettre en valeur à travers mon expérience de lecteur empirique comme contribution sans doute modeste, peut-être prématurée, à une "science littéraire empirique", dont Stierle souhaite qu'elle "montre comment la réception littéraire s'effectue, de manière générale, dans un cadre de profils de réception dans un système motivé de décisions quant au choix de lectures; (...)"[17]. Préciser et faire intervenir le fait que je suis un lecteur empirique qui a lu, dans l'ordre (et dans le désordre), du nouveau roman, du San-Antonio, du Balzac, du Flaubert avant d'aborder le roman populaire me fait encourir le reproche, de la part de Warning, de ne présenter qu'une "réalisation textuelle" (Textrealisat): "La question de savoir qui comprend, comment et pourquoi, peut être révélatrice d'un point de vue sociologique ou socio-psychologique mais pour celui qui s'occupe de la science de la littérature, elle devient seulement intéressante en vue d'un modèle textuel qui renseigne sur la bonne lecture"[18]. Il ne faudrait pourtant pas confondre la subjectivité du lecteur empirique et l'arbitraire. L'ordre de la mémoire, l'ordre de la lecture existent. Nous touchons à un problème difficile, qui pour l'instant n'a pas reçu de solution acceptable, celui de la constitution de l'intertexte.

Mon opération de lecture pourrait se définir (a contrario) à partir de l'une des cinq modalités d'identification esthétiques distinguées par Jauss à savoir: l'identification ironique: le texte invite alors le lecteur à "s'arracher de son attitude irréfléchie envers l'objet esthétique pour évoquer sa réflexion esthétique ou morale"[19]. Dans les fragments descriptifs du roman populaire il n'y a pas présentation ironique du texte, offre d'ironie, mais il y a une demande d'ironie de la part du lecteur, il y a une ironisation projetée dans ces textes parce que moi, lecteur, je les lis en fonction de mes lectures précédentes, de mon caractère permanent, de mon attitude de lecteur. Ainsi ma lecture risque de devenir caricaturale parce qu'elle est surinvestie. Maintenant, reste à savoir pourquoi je souris davantage aus moments descriptifs. Cela tient sans doute à la nature même de la description. Tout d'abord les descriptions sont des entités typologiques closes qui se situent hors du flux narratif; pendant la lecture de ces passages descriptifs, mon sens moral est pratiquement mis hors circuit. En tant que lecteur, je suis donc plus libre, plus détaché.

Ensuite comme chacun sait, le description est le lieu privilégié de la métaphore. Or, la métaphore se dévalorise, s'use plus rapidement que le reste. Le sourire qui naît à la lecture de la métaphore est la marque de sa dégradation. Ajoutons toutefois qu'en tant que signe, que catégorie sémiotique, ce sourire, tout en créant une certaine distance ironique, implique aussi une participation.



Comment ces fragments descriptifs fonctionnent-ils alors,

dans le débit narratif, pour le lecteur postulé[20]. Il semble bien qu'ils fassent appel à sa mémoire et à son apprentissage scolaires. C'est ce que nous verrons aussi.

## II EXEMPLES DE LECTURE

Sur la base des considérations théoriques et empiriques précédentes, nous avons retenu, assez arbitrairement, au fil de nos lectures, plusieurs fragments qui nous ont paru aptes à illustrer un certain nombre de procédés propres à la description.

Nous les avons analysés dans une perspective contrastive, de manière à faire apparaître les différentes techniques utilisées selon que ces passages appartiennent à des romans populaires, comme ceux de Dartey et de Delly, ou à des romans cultivés, par exemple *Moïra*, de J. Green[21].

Cette lecture nous a conduit à regrouper nos réflexions et nos constatations sous les rubriques suivantes:
la symbolisation gestuelle, la symbolisation sonore, l'association d'idées, les circonstances météorologiques et à en ajouter une cinquième concernant le message du "langage des choses".

*Symbolisation gestuelle dans le roman populaire*

> "Manon étendit la main, saisit la fleur superbe et, enlevant la plaque de son petit poêle, la jeta dans le foyer incandescent.
>
> Il y eut un long grésillement. La jeune fille l'écouta, immobile, avec une physionomie résolue. *Par ce geste, elle entendait se signifier à elle même que* tout souvenir volontaire vers le beau prince oriental devait disparaître de son esprit".
>
> (Delly, *L'Enfant mysterieuse*, p. 260)

Par le geste de Manon une incertitude est levée (momentanément, bien sûr), nous acquérons une information sur l'évolution des rapports entre Manon et son prince. Suit une phrase explicative ("Par ce geste" (...) esprit") qui permet de corriger toute erreur éventuelle d'interprétation (de décodage). L'auteur, sousestimant ses lecteurs, craint sans doute qu'ils ne perçoivent pas le symbole et qu'au lieu de considérer le geste comme un acte qui engage la suite des événements, ils le réduisent à l'état de description gratuite ou pour le moins ambiguë (malgré la "physionomie résolue" de l'héroïne).

La valeur d'information de ce commentaire est de caractère subjectif, relatif, virtuel, plurivalent, non marqué; l'information peut être d'une extrême importance pour tel lecteur (qui n'est pas encore "saturé") et être sans importance (et "redondante") pour tel autre. Cette explication qui est (supposée?) nécessaire pour le lecteur postulé (à qui s'adresse le texte) me fait sourire et ce sourire est l'indice de quelque chose, il semble provenir d'un mauvais calibrage entre le texte et le lecteur (empirique) que je suis. Ma lecture réflexive du texte ne fonctionne plus sur le mode de la participation admirative (identificatrice) du lecteur quasi pragmatique, elle est axée sur la fictionnalité du texte, par un phénomène de distanciation, elle prête attention à la forme du message. Si mon sourire n'est pas ironique ni condescendant mais plutôt charmé, cela vient de ce qu'en tant qu'analyste et lecteur non visé par l'auteur, je sais que je n'ai pas besoin de me sentir sousestimé par le texte puisque ce roman populaire ne me vise pas, ne me concerne pas; il s'agit là d'un système de communication dans lequel je ne suis aucunement impliqué. Ainsi le fonctionnement de l'explication du geste de Manon dépend du rapport qu'entretient le lecteur avec le type de consommation sollicitée par le livre: le lecteur postulé l'accepte par définition, le lecteur d'avant-garde se laisse gagner (c'est si transparent, si voyant que cela en devient attendrissant). L'habitué du roman à grande consommation se montrera un peu irrité, impatient, il enregistrera une inconvenance, une petite erreur pas bien grave, un petit défaut pas assez fort pour empêcher sa participation. Le lecteur de romans cultivés y verra une preuve de mauvais goût qui lui fera refuser, rejeter le texte en entier. De ces réceptions conjecturales, présentées avec (trop de) pertinence nous pourrions peut-être retenir que ce qui sert à convoyer le message pour tel lecteur constitue un obstacle pour tel autre.

*Symbolisation gestuelle dans le roman cultivé*

Dans le fragment suivant, emprunté à un roman cultivé, nous retrouvons un personnage, masculin cette fois, Joseph Day, puis une fleur, une grosse fleur de magnolia[22] dont, pour l'instant, nous ne connaissons pas le donateur, et ensuite un geste[23]:

> "Avec un soupir d'irritation, il se leva et traversa la pièce pour allumer. Ce qu'il vit alors lui arracha une exclamation: posée sur une feuille de papier bleu pâle, au milieu de la table de travail, une grosse fleur de magnolia offrait à la vue ses profondeurs de nacre et de neige, vivante encore mais tout près de se flétrir et déjà tachée de brun au bout de quelques pétales. *Par un geste soudain dont il ne fut pas maître,* Joseph la saisit dans son poing et la porta à son visage avec une espèce de voracité, écrasant sur ses lèvres et sur ses yeux cette masse blanche et douce dont l'odeur le grisait, et il la respirait, la buvait, l'enfermant dans ses deux mains comme pour ne rien perdre de cette fraîcheur et de ce parfum.
>
> Pendant plus d'une minute, il demeura immobile dans cette attitude. Une tristesse inexprimable se mêlait au plaisir qu'il ressentait, car cette fleur à laquelle il arrachait la vie en la meurtrissant lui donnait un immense *désir de bonheur qu'il ne s'expliquait pas.* Brusquement, il la jeta loin de

lui et murmura:
- Qu'est-ce que j'ai donc?"
(Julien Green, *Moïra*, p. 63-64)

Le geste "dont il ne fut pas maître", pas plus que l'effet qui s'ensuit, "désir de bonheur qu'il ne s'expliquait pas", *ne font l'objet d'aucun commentaire interprétatif explicite*. Le geste ne renseigne pas directement sur l'évolution des rapports entre le donataire Joseph et le donateur inconnu. Le lecteur doit se débrouiller, faire intervenir son savoir culturel, sa capacité de décodage, pour saisir, pour deviner plus ou moins le sens de ce geste, pour enlever à cette description son aspect de détail gratuit, pour l'intégrer dans la trame des événements. Ainsi la valeur informative de ce message codé que constitue la description sera fort variable par rapport aux différents types de lecteurs.
Le lecteur postulé par le roman populaire et l'amateur de littérature à grande consommation seraient-ils capables d'y lire davantage qu'une annonce de relations entre deux protagonistes? C'est là sans doute, l'information maximale qu'ils sont capables de tirer de cette description.
En revanche le caractère élaboré de la description ainsi que la valeur symbolique virtuelle de certains objets tels que "nacre" et "neige" ont de fortes chances de mettre la puce à l'oreille du lecteur cultivé (qui est censé aimer les descriptions. Ils le sensibiliseront aux détails et lui feront dire pour le moins: "Qu'est-ce qu'il a donc, ce Joseph?" Il est permis de penser que le rapprochement fleur/femme est un connotateur culturel, supposé plus ou moins connu de tous les lecteurs, ce qui lui permet de fonctionner pour tous les niveaux de formation, d'apprentissage. Pour le lecteur populaire ce rapprochement constitue le maximum d'information monnayé par la description. Seuls les lecteurs cultivés pour qui l'expression de la sensualité ne suffit pas, pour qui ce rapprochement possède en soi une valeur d'information presque nulle, s'intéresseront à la forme élaborée de ce message, et y verront (ne

fût-ce qu'après coup) une préfiguration de la fin du roman[24], une mise en abyme de l'évolution des rapports entre deux protagonistes. Le lecteur analyste qui saisit spontanément (ou rétrospectivement) la valeur préfigurative de ce passage se montre ainsi à la hauteur de cette description et a droit à l'estime de ses confrères. Quant au lecteur naïf ou même réflexif à qui le symbole a échappé, il peut tout de même continuer à lire du Green, personne ne lui interdira, l'auteur certainement pas puisqu'il affirme que les descriptions en général "ce sont toujours les passages que le lecteur passe allégrement"[25]. Ceux-ci resteront donc, malgré tout, ses lecteurs postulés et ne seront pas condamnés à se rabattre sur des procédés de symbolisation peu discrets du genre:

> "Nerveux, prêt à éclater en sanglots, il *baisa par compensation le manche de la brosse d'ivoire* sur lequel avaient dû bien souvent se presser les petits doigts fébriles, puis, se rendressant, il inspecta sa haute silhouette dans la glace".
>
> (Dartey, *Pierre et Françoise*, p. 175)

La confrontation du roman cultivé[26] et du roman populaire nous apprend ainsi que ce qui dans le roman cultivé sert à convoyer un message pour le lecteur cultivé (la longueur de la description et la présence de certains indices[27] qui dans le système d'interprétation du lecteur cultivé fonctionnent comme des signaux d'interprétation portant en eux une information discrète, greffée sur le cliché femme/ fleur) constitue un obstacle, est irrecevable pour le lecteur populaire (non postulé) qui n'enregistre que le seul cliché. En revanche, ce qui dans le roman populaire sert à convoyer le message pour le lecteur populaire (explicitation excessive, manque de discrétion) fait obstacle, est irrecevable pour le lecteur cultivé (non postulé) qui n'a que faire de l'expression d'une évidence. Dans les deux cas il y a mauvais calibrage entre lecteur et message (code).

Si la différence dans le degré de marquage des gestes peut encore être largement attribuée à la situation narrative, ici, du fragment de *Moïra* dans l'économie générale, en d'autres termes dans la structure narrative du roman, il en va autrement pour les exemples qui vont suivre au niveau des bruits, des cris provenant d'animaux, d'oiseaux, bruits qui d'une manière générale servent à encadrer, à ponctuer une action ou une réflexion importante d'un personnage: (Parfois ces bruits se présentent en série et une explication à propos de la première occurence sert d'apprentissage au lecteur qui, une fois initié, est désormais censé savoir décoder tout seul):

> "-Qu'est-ce que cela signifie, Jacques? Que veux-tu dire?
>
> Laissant tomber sa cigarette, il lui prit les deux mains et, les secouant au rythme des mots qu'il prononçait:
>
> "-Que nous allons partir pour l'Amérique du Sud dit-il. Pour le Quaracha, où je suis engagé pour deux ans, comme ingénieur chef adjoint, aux mines de Colpatra.
>
> Sur le coup, elle ne trouva rien à répondre, tellement elle était suffoquée.
>
> *Seul, un oiseau de nuit troubla le silence de son cri maléfique. Et ce fut comme si le destin appesantissait sur eux sa menace*".
>
> (Léo Dartey, *Un soir, à Torina*, p. 14-15)

Le lecteur cultivé saisit immédiatement que le cri de l'oiseau de nuit (pas spécifié) qui se fait entendre ici pour la première fois, confère par la simple juxtaposition, par un effet rétroactif, un caractère néfaste aux paroles de Jacques (...) qu'il prolonge et amplifie. Pour ce lecteur averti, le cri aurait aussi bien fonctionné et aurait eu la même valeur informative sur l'évolution des rapports entre les protagonistes (risque de dégradation) sans l'adjectif "maléfique" qui pour lui est de trop, est redondant. Ceci pour dire qu'une phrase plus discrète du genre: "Un oiseau de nuit troubla le silence", aurait fait l'affaire puisqu'un oiseau de nuit trouble toujours le silence. Mais pour que ce même adjectif "maléfique" soit bien compris par le lecteur populaire postulé et ne soit pas pris pour un terme générique désignant le cri des oiseaux de nuit, ce qui le réduirait à un détail descriptif gratuit, la dimension tragique, symbolique de ce bruit est *expliquée* dans la phrase suivante avec une *insistance* qui agace le lecteur pour qui le "maléfique" était déjà presque de trop parce qu'il sait que - dans les romans - les oiseaux ne chantent pas pour rien.

Quelle est après le fragment cité, la valeur informative (quelques pages plus loin dans le même texte) du chant du rossignol sur l'évolution des rapports entre les deux mêmes protagonistes Cilly et Jacques:

> "En la mettant devant le fait accompli, il était certain d'obtenir un consentement qu'elle lui eût, peut-être, marchandé autrement, par tendresse pour cette marraine chérie, pour son père vénéré. Mais, maintenant, mariage annoncé, toilettes livrées, pouvait-elle reculer? Le mariage aurait lieu et elle le suivrait. La femme doit suivre son mari, et il avait signé!
>
> Une chanson lui monta aux lèvres dans l'exaltation de son triomphe égoïste:
>
> Tout va très bien, Madame la marquise ...
>
> ... Il rentra chez lui, sans que la scène avec Cilly eût ébranlé son optimisme, se coucha et dormit d'une seule traite.
>
> Dans la propriété voisine, Cilly, les yeux grands ouverts dans la nuit, *écoutait chanter le rossignol et crispait ses mains sur son coeur tourmenté*".
>
> (Léo Dartey, *Un soir, à Torina,* p. 19)

Est-ce que l'insistance dans le premier fragment sur le caractère maléfique du cri de l'oiseau de nuit comme oiseau de mauvais augure, amènera le lecteur populaire à ressentir ici le chant du rossignol tout simplement comme la suite de ce chant maléfique? Cette association par contagion ne le gênerait pas dans sa compréhension globale du texte. Cilly était "suffoquée", malheureuse, elle l'est toujours et même maintenant davantage.

L'erreur du lecteur populaire serait alors de prendre pour cause ce qui n'est qu'un antécédent dans le texte et ce "post hoc ergo propter hoc" effacerait pour lui l'opposition entre la situation malheureuse de Cilly et le chant du rossignol dans lequel en tout cas le lecteur cultivé a reconnu un connotateur de bonheur. Le lecteur cultivé, qui sait décoder le chant du rossignol, a déjà saisi, de façon implicite, que, par contraste, il souligne la mésentente, la menace qui pèse sur les rapports entre Cilly et Jacques. Pour ce lecteur le "et crispait ses mains sur son coeur tourmenté" est de trop.

Une deuxième possibilité serait que le lecteur populaire considère le chant du rossignol non pas comme un bruit maléfique mais comme un détail gratuit qui ne fait pas partie du message, comme un "bruit" qui empêche tout simplement de dormir.

Mais cette deuxième conjecture à propos de la lecture faite par le lecteur populaire sousestime celui-ci. Le chant du rossignol fait si fortement partie du savoir culturel même du lecteur populaire que celui-ci ne manquera pas de saisir l'opposition lancinante entre ce chant et le malheureux dilemme ("La femme doit suivre son mari!") où se trouve Cilly. D'autres élémentes du contexte servent d'ailleurs à baliser cette voie. D'abord l'adjectif édifiant et moralisateur "égoïste". Puis la forte opposition entre le lourd sommeil de Jacques et les yeux grands ouverts de Cilly! Et si le lecteur n'a pas saisi l'opposition dramatique que contient cette description il pourra se rattraper plus loin:

"Mais ce soir, son chagrin était autre, plus amer.

Il venait de la sensation de son isolement, de son abandon, au moment même où elle avait cru en être soulagée. *Lorsque, vers le milieu de la nuit, le rossignol commença, sous sa fenêtre, ses trilles enivrés, elle se leva pour fermer persiennes, fenetre, double rideaux.* Dans le silence revenu, elle put, enfin, trouver quelques heures de sommeil".

(Léo Dartey, *Un soir, à Torina*, p. 56)

Cette dernière rencontre du thème signifie que l'auteur du texte fait confiance au savoir culturel de son lecteur. Mais il faut dire tout de suite qu'ici non plus le lecteur ne court pas le risque de mal comprendre. Le rossignol, interprété comme "bruit" sans plus, ne nuit en rien à la compréhension globale du texte.

Dans la première citation, le cri de l'oiseau est expliqué avec insistance dans le contexte immédiat ("maléfique"), ce cri en remet, en rajoute, il rend le destin encore plus oppressif ("appesantissait"). Dans la deuxième citation, le chant de l'oiseau, spécifié comme étant celui du rossignol, connotateur de bonheur, doit faire ressortir davantage la situation malheureuse de Cilly, opposition mise en évidence par le "et" adversatif. Dans la troisième citation la même opposition entre le chant du rossignol et le chagrin de Cilly se manifeste d'une manière plus intense, le chant s'étant développé en "trilles enivrés". Mais dans les trois cas la symbolisation sonore n'a rien d'aléatoire. Si le lecteur populaire ne la saisit pas, il sera tout aussi bien, et aussi univoquement renseigné sur les sentiments qu'éprouve Cilly envers Jacques.

On voit bien que le fonctionnement d'un élément descriptif dépend du degré d'adéquation du lecteur avec le texte. Et ce degré dépendra de l'appartenance "naturelle" d'un lecteur à un système de consommation déterminé.

Nous venons de voir que dans l'ensemble, le roman populaire peut fournir une information excessive, mal calibrée par rapport aux connaissances (à la compétence



littéraire) que possède le lecteur analyste du message codé

que constitue tout texte, c'est-à-dire être trop explicite pour lui. Mais il peut arriver aussi que ce lecteur fasse entrer un élément à première vue sans signification, un simple "petit fait vrai" (une notation qui ne vise pas en principe l'évolution des rapports entre les personnages) dans le message et le décode dans sa ligne en y découvrant tout un réseau d'implications. En voici quelques exemples. Comment encaisser le "roucoulement des tourterelles" qui se fait entendre à un moment de la conversation entre Carol et sa grand-mère, Mme de Graffigny, qui aimerait bien que sa petite fille épouse Arnaud de Rochebrune:

> "-Tu travailles trop, coupa la vieille dame. A moins ...
>
> -Elle laissa sa phrase en suspens et s'amusa à rouler un crayon entre ses doigts.
>
> Une minute s'écoula durant laquelle Mme de Graffigny, les yeux tournés vers la fenêtre, écouta *le roucoulement des tourterelles.*
>
> -C'est à propos de notre conversation d'hier soir. T'aurais-je blessée?
>
> -Mais non, grand-mère, absolument pas. Je comprends vos raisons, mais il ne dépend pas de moi de vous satisfaire.
>
> -Tu ne trouveras jamais un meilleur parti. Noblesse authentique. Depuis Henri II: j'ai vérifié".
>
> (Fernande Duplouy, *Un château pour Carol,* p. 11)

A la fin du roman Carol n'épousera pas Arnaud de Rochebrune mais le docteur Pons. La scène des déclarations n'est pas encadrée (ponctuée) par des roucoulements de tourterelles mais par les roulades d'un merle:

> "Le Dr Pons regardait Carol.
>
> *Un merle se mit à siffler tout près d'eux, comme pour les narguer*[28].
>
> -J'éprouve pour vous, depuis ... J'éprouve pour vous un sentiment très vif, Carol. Peut-être vous en êtes-vous aperçue?

Carol sourit sans répondre. Son coeur frappait à coups violents. Elle leva les yeux.
-Je vous aime, Carol, je devais vous le dire, fit-il enfin, croyant lire un encouragement dans le regard et le sourire de la jeune fille. Je vous aime, répéta-t-il. Puis-je vous demander si, de votre côté ...?
-Elle leva de nouveau les yeux vers lui et il lut dans ce regard tant de joie et de confiance qu'il s'empara de ses mains et les porta à ses lèvres.
-C'est vrai, Carol, vous croyez que vous pourrez m'aimer?

La jeune fille avait de la peine à reprendre son souffle. Sur le point d'éclater en sanglots, elle se précipita contre le docteur qui la tint serrée contre lui quelques minutes, sans oser ajouter un mot.

Et quand il se pencha pour l'embrasser, il constata que le visage de Carol était noyé de larmes.

*Le merle poussa une dernière roulade et s'envola en claquant des ailes.*
-Moi aussi, je vous aime, dit-elle dans un murmure".

(Fernande Duplouy, *Un château pour Carol*, p. 216)

Ce "roucoulement des tourterelles" et cette "roulade" ne constituent-t-ils que des petits faits vrais qui cadrent avec un château et son parc? Probablement, à un certain niveau. Mais, ici encore, un lecteur averti ne peut manquer d'interpréter - à la différence d'un lecteur naïf qui ressent la notation sans y trouver explicitement malice - ces chants d'oiseaux comme des éléments descriptifs, qui, ne serait-ce parce qu'ils précèdent, annoncent, mettent en valeur le sujet de la conversation qui porte, dans le premier cas sur un mariage que précisément celle qui perçoit le roucoulement aimerait tant arranger pour son interlocutrice, et dans le second, sur une demande officielle en mariage du soupirant.
 Le roucoulement et la roulade sont, bien entendu, des

clichés, des connotateurs culturels aussi répandus que la fleur et le rossignol, entrant dans la compétence de toutes les catégories de lecteurs. Nous disons simplement que le lecteur que nous appelons naïf se borne à éprouver la notation, tandis qu'un lecteur plus exercé est capable d'en faire le déchiffrement, et par là de prendre - par rapport au texte - de la distance.

En bonne logique, il conviendrait d'aborder ici l'étude du symbolisme musical que nous avons faite du roman *Moïra* de J. Green. Cependant, par suite de la finesse et du caractère infiniment plus élaboré des procédés utilisés à ce niveau, notre étude a pris des proportions telles que nous avons estimé préférable de consacrer tout le chapitre suivant à cette matière.

*L'association d'idées établie par le personnage*

Un geste à dimension symbolique est un geste qui se répète constamment à travers les âges, qui s'inscrit dans une série, immémoriale. On peut en dire autant du symbole musical qu'est le chant du rossignol ou celui de l'alouette. Nous voudrions ici aborder un autre procédé fréquent dans la description qui, par définition constitue également une série: celui de l'association d'idées - dans le cas présent association déclenchée par un élément descriptif, conditionnée par le destin singulier d'un personnage. Cette mise en rapport est toujours voulue, ne passe jamais inaperçue. Dans la vie on lui cherche une explication, dans le roman, elle est destinée à accrocher l'attention du lecteur. Dans les paragraphes suivants nous allons essayer de montrer comment elle fonctionne.

*Présentation de l'association d'idées dans le roman populaire*

Situons rapidement le fragment suivant, emprunté à un roman populaire; le journaliste Jean Dorget essaye de retrouver, jusqu'en Amérique du Sud, Renaud Martin, ami d'enfance de Carine Marinot, le "Cygne noir", avec qui Renaud devait se fiancer. Une personne interrogée par Jean Dorget lui pose une question embarrassante et qui est censée intriguer également le lecteur puisqu'elle figure à la quatrième page de couverture ("Pour les beaux yeux de qui le chevaleresque journaliste Jean Dorget accepte-t-il de se lancer dans une folle aventure?"):

> "Alors, reprit-elle avec violence, pouvez-vous dire pourquoi vous avez entrepris ce long voyage, parfaitement inutile, je m'empresse de le redire, puisqu'il n'est pas ici? Pourquoi et ... pour qui, si ce n'est pas pour lui?
>
> Elle eut la joie amère de voir que, cette fois, c'était lui qui, sous ses yeux, perdait contenance. Son regard vert, toujours si brillant, si malin, s'assombrit, se voila à demi, tandis qu'il murmurait assez bas:
>
> -*Je ne sais pas!*
>
> *Pendant le léger silence qui suivit,* les palmes lourdes, au-dessus de leurs têtes, firent, en se frottant, leur habituel bruit métallique et dur. Tout près, un jet d'eau chantait dans une vasque. Un oiseau, au plumage de feu, fila soudain d'un arbre à l'autre. *Un oiseau ... Instinctivement, il pensa à un autre ... un cygne, un cygne noir ... Pourquoi cette association d'idées?* Il secoua les épaules, comme pour rejeter une supposition qui ne lui plaisat pas, et, lentement, il répéta en martelant les mots:
>
> -*Je ne sais pas.* Non, en vérité, je ne sais pas pourquoi je braverais tout au monde pour le retrouver, l'innocenter et le ramener, lavé de tout soupçon, à celle qu'il aime ...
>
> Sa voix monta d'un ton, se fit plus dure pour achever:
>
> -Pas plus que vous ne savez, vous, pourquoi vous voulez empêcher cela à tout prix!"
>
> (Léo Dartey, *Le cygne noir*, p. 139-140)

Un silence, qui tombe bien[29], si je puis m'exprimer ainsi suit la première réponse négative de Jean: "Je ne sais pas". Il est rempli par des détails descriptifs ("palmes", "jet d'eau dans une vasque") qu'il ne s'agit pas de surinterpréter mais dans lesquels le lecteur cultivé aura déja reconnu le locus amoenus (où il ne manque que l'héroïne, la lointaine Carine). La dernière de ces notations descriptives, "un oiseau au plumage de feu" n'est pas innocente non plus parce que cet oiseau permet d'en évoquer un autre, le "cygne noir", sobriquet de Carine, qui intervient ainsi au moment où Jean, dans son for intérieur, essaie de trouver une réponse à la question qui vient de lui être posée. (Ce cygne noir, on pouvait le voir venir de loin d'ailleurs) car, avant cet endoit du texte il avait déjà été sept fois[30].question du Cygne Noir, avec majuscules, comme sobriquet de Carine). Dans un premier temps, le lien entre "l'oiseau au plumage de feu" et "le cygne noir" est établi par Jean "instinctivement". Puis le phénomène de cette mise en rapport est souligné de façon explicite, le terme "instinctivement" est développé, dans un deuxième temps, par "Pourquoi cette association d'idées?", exclamation qui doit attirer l'attention du lecteur (et du personnage fictif en question) sur le mécanisme même et le caractère révélateur de l'association. La raison profonde de cette association est entrevue par le personnage, puis acceptée (ou refoulée?) et elle sera en tout cas retenue par le lecteur postulé populaire (qui aura le plaisir d'être plus lucide que le personnage) mais elle reste implicite. Le personnage fait une association et essaie de voir clair en lui-même. Le lecteur cultivé y voyait déjà clair à partir du mot "instinctivement" et même juste avant parce que les trois points de suspension qui précèdent cet adverbe le rendent superflu. Cependant l'insistance sur le phénomène de l'association d'idées n'agace pas le lecteur cultivé, (l'information ne dépasse pas le taux de la saturation) parce que ce mécanisme s'intègre dans le processus d'intros-
7 pection auquel se livre le personnage entre le premier et le second "Je ne sais pas".

*Présentation de l'association d'idées dans le roman cultivé*

Le lecteur réflexif, cultivé, qui accepte l'insistance du "Pourquoi cette association d'idées", bien intégrée, dans le roman populaire où la réponse est suspendue, ne manquera pas de tiquer, à propos de ce même phénomène de l'association (dans le roman cultivé cette fois) devant l'explication naïve, fournie par Green (et provenant peut-être de son aversion, maintes fois proclamée, pour la psychanalyse[31]), lorsque Joseph, lisant "Roméo et Juliette" se souvient "par un caprice de sa mémoire" des remarques faites par le personnage Simon sur "les idoles de plâtres"[32]:

> "Au moment même ou il lisait leur histoire, dans cette bibliothèque silencieuse, les deux amants rugissaient comme des bêtes sous l'éternelle morsure de la flamme justicière pour n'avoir songé qu'à l'assouvissement de leurs désirs. Cependant, il faillait lire tous ces vers et beaucoup d'autres encore. De cette manière, il s'instruirait, puisqu'il faillait s'instruire ainsi. *Par un caprice de sa mémoire il pensa tout à coup à Simon* et à ses absurdes remarques sur les idoles de plâtre. Sans doute l'avait-il rabroué trop rudement et il en éprouva du regret, mais il fallait se défendre, défendre son temps, son travail, car il avait prié Simon de le laisser en paix jusqu'au lendemain, et le petit homme était allé bouder dans sa chambre. *Cependant il n'était pas là pour penser à Simon,* mais pour lire "Roméo et Juliette". Serrant sa tête un peu plus fort entre ses poings, il parcourut une demi-page qu'il avait mal comprise et se plongea ensuite, de toutes ses forces, dans le monde du poète".
>
> (Julien Green, *Moïra*, p. 49)

La formule "par un caprice de sa mémoire", en tant que commentaire du narrateur, est ici mal intégrée dans un processus d'introspection du personnage malgré la tournure "Cependant il n'était pas là pour penser à Simon", fragment de discours indirect libre, qui lui fait écho plus loin dans le texte. Elle semble devoir être attribuée au narrateur et *visér à ce que le lecteur considère cette association comme un effet du hasard*[33]. Cette tentative d'innocenter un artifice de composition est mal calibrée par rapport à des lecteurs qui savent que dans un roman les oiseaux ne chantent pas pour rien, et que les associations d'idées, fictives ou non, ne sont pas davantage un effet du hasard. Ces lecteurs ne se font pas faute de trouver une cause à toute association et ils seraient presque tentés de voir dans celle du fragment ci-dessous une pointe d'ironie parodique (bien que Green ne les y ait pas habitués) telle que la pratique par contre Dartey, sous une forme bien explicite, dans la veine de San-Antonio:

> "-où suis-je? balbutia-t-il, *selon les meilleures traditions littéraires*, en portant une main hésitante à sa tête qui semblait à la fois brûlante et étrangement vide".
>
> (Léo Dartey, *Le cygne noir*, p. 70)

Ainsi les cloisons entre le roman populaire et le roman cultivé ne sont pas étanches et nous aurons encore l'occasion de constater que telle manoeuvre descriptive qui serait (statistiquement) propre à un genre n'est pas exclue de l'autre.

*Les circonstances météorologiques*

D'une manière générale la mise en rapport implicite dans le roman cultivé et explicite dans le roman populaire d'un détail descriptif et de l'évolution des sentiments des protagonistes, telle que nous l'avons analysée à propos des gestes et des bruits, se retrouve au niveau d'une autre catégorie de détails descriptifs, à savoir les circonstances météorologiques, bien que là aussi nous rencontrions des anomalies dans le système d'oppositions que nous aimerions tant établir[34].

*Les circonstances météorologiques dans le roman populaire*

Dans le roman populaire les circonstances météorologiques peuvent-elles aussi fournir une information sur l'évolution des rapports entre les protagonistes, souligner, ponctuer, comme le rossignol, leurs paroles, réflexions ou états d'âme ou servir de consécration finale:

> "-Oui, j'ai refusé! J'ai refusé parce que déjà je savais ... et que je ne voulais pas que notre premier baiser fût volé par moi dans l'ombre ..., mais donné par vous, comme aujourd'hui, dans la joie, la fierté et la lumière. Au soleil!
> Et, *comme pour lui donner raison, un rayon de soleil,* de ce pâle et doux soleil d'hiver qui annonce tous les printemps, *vint toucher* leurs deux têtes rapprochées".
>
> (Léo Dartey, *Des pas dans l'ombre*, p. 251-252)

En tant que lecteur cultivé, je suis habitué à ce que les circonstances météorologiques aient une valeur plus implicitement suggestive. Il en résulte que pour moi, la mise en rapport, même sur le mode hypothétique, "comme pour lui donner raison", des paroles du protagoniste et d'une notation descriptive météo, "rayon de soleil", cette réduction d'un élément cosmique - le soleil ou la lune - à l'état d'actant, font perdre au texte son caractère poétique. Ce soleil devenu fée bienfaisante, cette nature réduite à une sorte de fantoche me sont insupportables. Voici encore quelques autres exemples où, à côté du soleil, la lune et le printemps subissent le même sort:

> "-Ton ignorance n'a rien de surprenant dit-elle. Bien peu de gens aujourd'hui se souviennent encore de cela, qui fit cependant à l'époque une espèce de scandale. Mais il y a si longtemps! ... Près de quarante ans ...
> *Comme pour attester le nombre des années écoulées, un rayon de soleil en glissant sur la robe de mariée montra les taches du tissu,* les plis usés, les boutons d'orangers flétris ...".
>
> (Claude Virmonne, *La robe de mariée*, p. 13-14)

"(...) à ce coeur-à-coeur ardent et merveilleux que toute créature a rêvé avoir quelque soir avec l'être aimé, *sous le regard chastement complaisant de la lune attendrie* ...".

(Dartey, *Des pas dans l'ombre*, p. 187)

"*Le printemps précoce avait beau jouer de la prunelle autour d'elle et chercher à se faire remarquer par ses roucoulements joyeux*, ses parfums solliciteurs, ses effets d'écharpes roses sur le bleu intense de son regard, elle n'y prêtait nulle attention".

(Dartey, *Pierre et Françoise*, p. 119)

Faut-il croire que le lecteur du roman populaire et même - pourquoi pas? - le lecteur cultivé[35] acceptent sans sourciller cette mise en rapport directe de la description du décor (dont les circonstances météo font partie) et de la suite des événements (l'atmosphère psychologique, c'est-à-dire les sentiments et les sensations éprouvés par les personnages) comme quelque chose de très "poétique"? Ce serait, en tout cas, dans la ligne de la formation scolaire de son "capital culturel" qui lui a appris à considérer la figure de l'humanisation comme un procédé "poétique" exemplaire à suivre, et qui continue à faire fortune dans les manuels scolaires comme en témoigne le fragment suivant où l'humanisation du Printemps (à la suite de celle des arbres) atteint son comble puisqu'il a droit au "monsieur":

"Le printemps est là. La première hirondelle est arrivée... On sent que quelque chose se prépare: ce pommier montre déjà quelques fleurs et d'autres l'imitent. Aucun n'est en retard. Tous veulent être présents et fleuris pour saluer Monsieur Printemps. Leur joie est grande de voir le départ du cruel hiver. La mienne est égale à la leur et je les comprends"[36].

Ainsi cette figure, comme élément d'une rhétorique de la description, semble convoquer la mémoire scolaire du lecteur où elle survit, sommeille[37]. Ce degré extrême de mise en rapport de la description et de l'intrigue par l'intermédiaire de cette figure ne se rencontre que dans le roman populaire, c'est là un de ses traits spécifiques et la conscience linguistique et romanesque du lecteur populaire postulé en redemande.

La notation "Le printemps précoce avait beau jouer de la prunelle" (une sorte d'amplification de "Monsieur Printemps") sert à convoyer un message qu'on pourrait résumer ainsi: il faisait beau mais ...

Pour le lecteur cultivé/analyste que je suis, la forme de ce message est un obstacle, elle me dérange parce que la ficelle est un peu grosse.

Cependant quand elle se répète, elle finit par me paraître intéressante, charmante par sa naïveté même. D'autres lecteurs cultivés, qui n'ont pas l'habitude du genre populaire, considéreront ce passage comme une preuve de mauvais goût à rejeter.

*Les circonstances météorologiques dans le roman cultivé*

Nous rencontrons cependant le même procédé dans le roman cultivé de Green. Tout d'abord il faut signaler que les circonstances météo sont ici perçues, enregistrées par le personnage en question (Joseph) ce qui les fait mieux passer, ce qui rend la mise en rapport des sentiments du personnage et de ces circonstances plus acceptables que quand elles sont présentées sous la forme d'un commentaire du narrateur:

> "L'envie lui prit de courir et de crier, mais il craignait qu'on ne se moquât de lui. Dans la longue avenue balayée par un vent glacial, il se mit à marcher plus vite, les poings au fond des poches de son pardessus. *C'était en vain que le ciel était gris et les arbres nus et que le froid régnait sur la terre jusque dans le coeur des hommes,* il se sentait plein d'une joie que personne ne lui ravirait jamais. Des tentations lui revinrent

à l'esprit, mais lointaines et comme s'il s'agissait des tentations d'autrui. Si forte était cette exaltation spirituelle qu'il passa devant la maison de Mrs. Ferguson sans la voir et dut revenir en arrière alors qu'il atteignait les premières maisons de la ville".

(Julien Green, *Moïra,* p. 204)

S'il y avait eu, par juxtaposition: "Le ciel était gris (...), il se sentait (...) jamais", ou même, par opposition: "Le ciel était gris (...) mais il se sentait (...) jamais", le rapport (d'opposition) entre paysage/météo et état d'âme du protagoniste aurait été plus acceptable. C'est la locution introductrice "C'était en vain"[38] qui dans ce contexte fait tache pour moi, peut-être parce que dans ma mémoire, elle fait écho à la tournure "avait beau", analysée précédemment. Ici ma réalisation textuelle risque d'être influencée par ma culture subjective, c'est-à-dire par le fait que j'ai lu d'abord Dartey, puis Green et que ma réception du roman cultivé de Green est profilée par mes lectures préalables des romans populaires de Dartey.

Dans quelle mesure cette expérience peut-elle être objectivée. Est-ce qu'ici un élément du roman populaire a pénétré dans le roman cultivé?

Le même procédé qui, dans le roman populaire, avait pour moi une naïveté charmante à force de se répéter, m'apparaît ici, dans le roman cultivé, comme une preuve de mauvais goût (alors que d'autres lecteurs habituels de Green ne s'offusqueront pas devant ce passage). Ce qui me fait sourire chez Dartey m'agace chez Green. Nous constatons, une fois de plus, que le fonctionnement d'un élément descriptif dans un texte dépend du rapport qu'entretient le lecteur avec le niveau de consommation du roman.

Dans la citation suivante (empruntée de nouveau à Green) intervient également un rayon de soleil "comme pour désigner un objet". Je me demande pourquoi je l'admets comme plus discret que celui qui glissait sur la robe de mariée[39]:

"Lorsque enfin il se releva, son premier soin fut de tremper le bout d'une serviette dans l'eau et de se le passer sur le visage pour effacer la trace de ses larmes; ensuite il reprit sa place près de la porte et attendit. *Un rayon de soleil tombait sur la table de travail et se déplaçait très lentement à travers la pièce comme pour désigner un objet, puis un autre: d'abord la tranche d'un livre, puis une rose sur la tenture, au-dessus de la tête du dormeur, puis un coin de l'oreiller*".

(Julien Green, *Moïra*, p. 249)

Peut-être parce que dans le texte de Green le rayon est moins actif, "tombe", "se déplace lentement", ne "montre" pas directement mais "désigne" sur le mode hypothétique, et intervient sur la fin du texte pour passer en revue des objets familiers au lecteur, qui ont joué leur rôle dans l'histoire et que ce lecteur revoit une dernière fois sur scène comme les témoins muets d'un drame[40].

*Le "langage des choses" comme message social*

Dans presque tous les extraits cités jusqu'ici pour illustrer les réactions, du lecteur que je suis, aux différents procédés employés dans les descriptions, apparaît le lien étroit qu'établissent les deux types de romans entre les phénomènes naturels et l'humeur, les émotions, l'idiosyncrasie des personnages.

Nous avons toutefois pu constater que l'exploitation métaphorique de la nature et du cosmos en général, le plus souvent discrète dans le roman cultivé, foisonne au contraire et s'étale avec complaisance dans le roman populaire. S'agit-il là seulement, comme nous venons de le suggérer, d'impressionner le lecteur postulé en éveillant en lui des réminiscences de ce qui lui a été enseigné sur les bancs de l'école comme étant le parangon de la poétisation? J'ai cru quant à moi percevoir en outre derrière l'humanisation flagrante de la nature dans le roman populaire une leçon de vertu. Complice des personnages lorsqu'ils sont dans la bonne voie, celle du conformisme, la nature les met en garde lorsqu'ils s'en écartent ou menacent de s'en écarter. Même Green, nous l'avons vu, s'est laissé entraîner - quoique plus subtilement - à lui attribuer ce rôle[41].

*Voix de la sagesse conforme*

Dans le passage suivant, la nature tout entière semble, telle la main de Dieu, détenir le pouvoir d'apporter le bonheur au personnage d'Arielle, à condition bien sûr, qu'elle ait l'oreille fine. Or, tout au désir d'humilier Edmée, sa rivale, Arielle reste sourde au "langage des choses", aux avertissements de la nature qui sait, elle, que la pauvre enfant est en train de se fourvoyer et qu'il lui en cuira:

> "-Elle ment, maman, c'est une menteuse! glapit Edmée d'une voix d'hystérique.
>
> Arielle eut un sourire hautain.
>
> - Je dis la vérité. Oui, sans argent, sans appui, M. Quéroy m'a proposé de l'épouser ...
>
> *Dans le jardin, les fleurs baissaient la tête et se refermaient frileusement à l'approche du soir.* Parmi le silence, on entendit le cri des crapauds, le frôlement du lierre contre le mur et le chuchotement du vent dans les branches ... *Les choses parlaient, mais Arielle n'entendait pas leur langage.* Tout au plaisir de triompher à son tour, elle souriait en regardant les deux femmes. Elle était sans conseil, sans soutien, et *livrée aux plus mauvais côtés de sa nature.* L'heure *si bien préparée par le démon* avait sonné.
>
> -Je ne vous crois pas, dit Mme Pranzac.
>
> Arielle eut une seconde d'hésitation, puis les paroles que lui dictait son désir de vengeance franchirent ses lèvres.
>
> Vous serez bien obligé de me croire, car j'ai l'intention d'accepter...".
>
> (Claude Virmonne, *La robe de mariée*, p. 97-98)

Si seulement Arielle avait entendu "le langage des choses" qui exprime la vertu des forces de la nature s'efforçant de contrecarrer l'oeuvre du démon. (Le "langage des choses" fait ici double emploi avec l'imagerie religieuse pour satisfaire une plus large clientèle).

Le gâchis dans la vie sentimentale d'Arielle (choisira-t-elle le bon ou le mauvais prétendant?) avait déjà été annoncé au lecteur au début du roman où, par l'intermédiaire d'une description de la nature, il lui est signifié que le bonheur est une chose fragile, qu'une menace pèse sur ce bonheur. Ici le "langage des choses" s'adresse au lecteur pardessus la tête de la pauvre Arielle. C'est Madame de Mervent qui aimerait bien que soit fixé le sort de cette jeune fille, sa protégée, qui reçoit de fréquentes visites d'un jeune homme, Benoit de Séguirande, lequel ne se déclare pas parce qu'il est pauvre. Madame de Mervent ne voudrait pas que soient gâchées les chances de bonheur d'Arielle avec ce garçon sympathique:

> "Ma petite fille, je voudrais te mettre en garde contre le danger que représentent ton orgueil, tes impulsions, et t'éviter de souffrir comme nous avons souffert, Julien et moi ... Le bonheur est une chose fragile et précieuse, qui se présente rarement deux fois dans une vie; il faut savoir le garder, quand on le rencontre, et une maladresse risque de le faire fuir à jamais ...
>
> Elle répéta, sur un ton de tristesse infinie:
>
> - Oui, à tout jamais!
>
> Un silence passa, *un long silence traversé par le gazouillis des oiseaux heureux de vivre. Le soleil* baignait les arbres, les prairies, les vestiges du château légendaire; *mais* il y avait un peu partout des places où *l'ombre* stagnait, pleine de mystère et la Vonne formait par endroits des marécages emplis de *pièges sournois.*
>
> -Benoit de Séguirande n'est pas un garçon qu'on puisse malmener; rappelle-toi cela, Arielle, reprit Mme de Mervent". (Cl. Virmonne, *La robe de mariée,* p. 23-24)

Le "gazouillis des oiseaux heureux de vivre" fait suite aux paroles fatidiques de Mme de Mervent et, combiné avec le soleil qui baigne le paysage, ce chant d'oiseaux pourrait présager le bonheur d'Arielle. Cependant "l'ombre" et "les pièges sournois" semblent ne rien augurer de bon de son avenir. La conjonction adversative "mais" doit faire comprendre au lecteur, de façon explicite, qu'un détail descriptif connotateur de bonheur entre en concurrence avec un détail connotant l'adversité. Une telle description demande une plus grande attention (performance) au lecteur, une attention à la description que n'exige pas souvent le roman populaire. Le lecteur ne sera pas désorienté, il ne perdra pas le fil de l'histoire si ces connotations concurrentes lui échappent. Avons-nous ici affaire à un roman populaire qui s'inspire de certains procédés descriptifs du roman cultivé, quitte à ennuyer ses lecteurs postulés? (Le lecteur cultivé trouve la conjonction "mais" de trop).

D'une manière plus générale on pourrait dire que ces morceaux descriptifs, étant donné leur défonctionnalisation apparente, peuvent fonctionner comme des ensembles esthétiquement réussis faisant appel à des usages scolaires et servant de critères de différenciation des lecteurs.

*Signaux de socialisation*

Dans la vie, un lecteur qui a appris à aimer les descriptions à droit à notre estime, l'ascension dans l'ordre de consommation (et l'ordre social) lui est garantie.
Dans le roman populaire, le personnage fictif qui s'efforce de produire une description esthétiquement réussie a droit, lui, à l'estime de son interlocuteur comme nous le voyons dans le passage ci-dessous, où la "phrase profonde" de l'héroïne suffit à faire comprendre à son compagnon qu'elle n'est pas "la petite paysanne" dont elle porte les vêtements mais dont elle ne parle pas le langage:

> "Ainsi commencée, la conversation s'engagea gaiement sur les diverses péripéties de la journée.
>
> 7 -Quel temps splendide!

-Oui, ce fut une jolie journée!

-Tout était de la fête: le soleil, le coloris du ciel, la brise marine, l'odeur de l'encens et la beauté des femmes ...c'était un amalgame délicieux.

-En effet, fit-elle rêveusement. *L'ambiance des choses s'alliait au recueillement des pèlerins ... la même ferveur unissait l'homme à la nature ...* C'est très beau et très reposant quand il en est ainsi.

La phrase profonde me troubla un peu, émanant de cette petite paysanne. *Son langage était châtié,* sans accent, et elle avait parlé avec une si ardente conviction que ce fut mon tour de lever les yeux sur elle en interrogative surprise.

*Dans quelle condition sociale devais-je donc la classer?* "

(Max Du Veuzit, *L'enfant des ruines,* (1973), p. 19-20)

Mais nous savions déjà - bien avant Du Veuzit et Bourdieu[42] - à quel point notre langage et nos descriptions infléchissent notre statut social et notre statut de lecteur et quels rôles ils jouent dans la symbolisation de cette position sociale.

## NOTES

1 Ainsi ce qui est dit à propos des actants dans les théories de Propp, de Bremond et de Greimas est très général; ces actants n'ont plus grand-chose à voir avec des personnages concrets, qu'ils soient fictifs ou non.

2 Didier Coste, "Trois conceptions du lecteur et leur contribution à une théorie du texte littéraire", dans *Poétique*, no. 43, sept. 1980, p. 354-371, p. 356.

3 Coste, *op. cit.*, p. 356.

4 Coste, *op. cit.*, p. 356.

5 Karlheinz Stierle, "Réception et fiction", dans *Poétique*, no. 39, sept. 1979, p. 299-320, p. 300. (Ce texte reprend, en partie, une étude parue dans *Poetica*, 7, 1975, sous le titre de "Was heisst Rezeption bei fiktionalen Texten", p. 356-387).

6 Stierle, *op. cit.*, p. 300.
Cette lecture "quasi-pragmatique" correspond à ce que nous appelons dans 8 "lecture référentielle" (sous 2.1).

7 Stierle, *op. cit.*, p. 301.

8 Stierle, *op. cit.*, p. 302.
Dans la suite de mon texte j'emploie le mot fictionnalité dans ce sens.

9 Jonathan Culler, *Structuralist poetics*, London, Routledge & Kegan Paul, 1975, chap. 6, "Literary competence", p. 113-130.

10 H.R. Jauss, "Sur l'expérience esthétique en général et littéraire en particulier, entretien avec Charles Grivel", dans *Revue des sciences humaines*, tome XLIX, no. 177, janvier-mars 1980, p. 7-21, p. 12.

11 H.R. Jauss, *Ästhetische Erfahrung und literarische Hermeneutik 1*, München, Fink, 1979, plus particulièrement le chapitre "Interactionsmuster der Identifikation mit dem Helden, p. 237 et suivantes.

12 Dieter Wellershoff, "Identifikation und Distanz", in *Positionen der Negativität*, (Poetik und Hermeneutik VI), München, Fink, 1975, p. 549-551, p. 551.

13 Charles Grivel, "Monomanie de la lecture", dans *Revue des sciences humaines*, tome XLIX, no. 177, janvier-mars 1980, p. 85-104, p. 100.

14 Charles Grivel, *op. cit.*, p. 101.

15 Stierle, *op. cit.*, p. 303.

16 Stierle, *op. cit.*, p. 316-317.

17 Stierle, *op. cit.*, p. 317.

18 Rainer Warning, *Rezeptionsästhetik*, München, Fink, 1975, p. 32.

19 R. Jauss, "Asthetische Erfahrung und literarische Hermeneutik 1", München, Fink, 1979, plus particulièrement le chapitre "Interaktionsmuster der Identifikation mit dem Helden", p. 250.

20 San-Antonio se rend compte de la façon dont on le lit:

> "Toujours est-il qu'elle tenait bel et bien le couteau par le manche et avait barre sur le toubib ("or not to be", puisqu'il est anglais, le pauvre). Attends, ne bouge pas, ne m'interromps pas, je funambulise. Avec ta cervelle de carton-pâte, je me doute que tu t'époumones la matière grise à me filer le dur. Mais quoi, fais un effort, mon grand. Invente ce que je te tais, dédouble ce que je te dis, fous-y du tien, quoi, merde! On est deux, non? Y a pas de raison que je me cogne le turf seulâbre. ("Baise-ball à la baule", éd. Fleuve Noir, 1980, p. 252).

> "Et alors là, sous le couvert de l'institut de thalasso-thérapie, Mac King a entrepris une oeuvre époustouf-lante (je te dis de ne pas lire plus loin, bon Dieu! C'est terrible, cette impatience de môme, merde! Moi, quand je te vois piaffer de la sorte, carboniser mon édifice par trop de précipitation, j'ai envie de tout larguer, de t'abandonner aux vrais littérateurs! Alors là, tu comprendras ta douleur, mon pote. Oh! dis donc: le lion de la métro, ses baîllements, ce serait rien en comparaison des tiens. Sans compter que tu paieras plus cher. Car ils me valent le double, en prix de vente, pour pas le centième en qualité. Puisque t'as déjà essayé tu dois savoir que je ne te mens pas) oeuvre qui lui a apporté la fortune avec un F et un compte en banque majus-cules! (*op. cit.*, p. 250-251).

21 Nous nous référons à l'édition originale de *Moïra*, Paris, Plon, 1950. Les romans populaires cités (de Dartey, Delly, Duplouy, Du Veuzit et de Virmonne ont tous paru chez Jules Tallandier.

22 Cf. la fleur de magnolia qui se fane entre les seins d'Anne Desbaresdes dans "Moderato Cantabile" de Marguerite Duras.

23 La mise en italique a été faite par nos soins.

24 "L'union du désir sexuel et de la violence destructrice chez Joseph Day était déjà préfigurée, dès le début du livre, dans la brève scène au cours de laquelle le jeune homme saccage voluptueusement une fleur de magnolia". Fongaro, Antoine, *L'existence dans les romans de Julien Green*, Rome, Signorelli, 1954, p. 127.

25 Julien Green interrogé lui-même par Marcel Julian à propos de la fréquence des descriptions dans ses romans et de la façon dont elles sont "avalées" par ses lecteurs:

"J.G.: Il y en a très peu, et pour une raison bien précise: de nos jours on ne supporte plus la description.
M.J.: Vous-même, la supporteriez-vous? Y prendriez-vous plaisir?
J.G.: Non. D'abord, parce qu'il est très difficile de décrire un paysage. La photographie même n'en donne qu'une faible idée. Et puis, en général, ce sont toujours les passages que le lecteur passe allègrement. Quand on pense par exemple aux descriptions de paysages de Georges Sand: elles sont admirables, mais illisibles aujourd'hui. Ou alors il faut de longues soirées d'hiver à la campagne, pour avaler ça ...".
(*Julien Green en liberté avec Marcel Jullian*, Atelier Marcel Jullian, 1980, p. 110).

26 Le déplacement du désir, le fétichisme comme fixation amoureuse est plus discret lorsque Justin nettoie les bottines d'Emma:

> "Et aussitôt, il atteignait sur le chambranle les chaussures d'Emma, tout empâtées de crotte-la crotte des rendez-vous-qui se détachait en poudre sous ses doigts, et qu'il regardait monter doucement dans un rayon de soleil". (*Madame Bovary*, Garnier, 1971, (coll. classiques garnier, éd. de C. Gothot-Mersch), p. 193).

27 Pour les "indices textuels" nous renvoyons à Tzvetan Todorov, *Symbolisme et interprétation*, Paris, Seuil, 1978, p. 28 sq.

28 Le merle du *Temps des cerises*, lui aussi, siffle avec moquerie. Faut-il y voir un discret rappel?

29 San-Antonio exploite avec humour (et dénonce) le procédé du silence: "Le silence reprend, plus uni, plus constant. Et je sens de source sûre que rien désormais ne le troublera".

30 Voir *Le Cygne noir*, p. 39, 80, 83, 85, 93, 113, 120.

31 Green se moque gentiment de la psychanalyse dans une lettre à Piriou dont il a lu la thèse (Jean-Pierre J. Piriou, *Sexualité, réligion et art chez Julien Green*, Paris, Nizet, 1976) "avec un très vif intérêt": "Mon oeuvre y baigne dans un éclairage qui la rend à mes yeux nouvelle de bien des façons, car j'ai l'impression, en vous lisant, de me promener dans une ville nocturne ou tout m'est familier et pourtant insolite. Parfois je m'égare et me trompe de rue, manquant du fil d'Ariane de la psychanalyse pour me retrouver dans le labyrinthe que devient une création romanesque sous le regard de Freud, mais je vous sais gré des surprises que vous ménagez à l'auteur et sans contredit vous tombez souvent juste. Désormais je saurai qu'il n'est pas sans importance d'ôter ou de mettre ses gants et qu'en laisser tomber un sur une route, par exemple, révèle plus de choses que cela n'en a l'air. Comment lire sans trembler le mot de castration appliqué à cet événement?". Piriou a généreusement

inséré cette lettre comme préface à son étude.

32 Voici le passage en question:
"Simon lui serra le bras.
-Nous avons un cours de littérature anglaise ici même, fit-il en désignant une porte au fond du vestibule, mais il nous reste deux minutes avant la sonnerie. Tu as regardé les moulages?
Ses yeux brillèrent tout à coup et il ouvrit sa grande bouche comme pour reprendre son souffle et préparer la voie aux exclamations qui allaient suivre.
-Je ne les aime pas, dit Joseph avec fermeté.
-Quoi? Mais tu ne les a pas examinés! s'écria Simon. A droite, c'est l'Apollon de Phidias. A gauche, l'Hermès de Praxitèle. Il est splendide, l'Hermès. Regarde ses boucles, et son cou, la ligne de son cou. Il a un cou comme le tien, un peu ... Et ses épaules ...
-Sans dire un mot, Joseph s'éloigna. Simon courut après lui". (*Moïra*, p. 46-47).

33 Peut-être pourrait-on y voir aussi une réminiscence d'une première version du début du texte, qui était à la première personne. Voir la notice établie par Jaques Petit dans l'édition de la Pléiade, Paris, Gallimard, 1973, *Oeuvres complètes*, III, p. 1533-34.

34 Voir les travaux du Groupe Groningois de Recherches sur le Roman (G.G.R.R.) dans *Recherches sur le roman*, I, sous la direction de Ch. Grivel et de J.A.G. Tans, CRIN 1-2, 1979.

35 Cf.: "Et comme pour être aussi de la fête, un pâle rayon de soleil vint discrètement briller sur le tapis, partageant la pièce en deux". (J. Green, *Le mauvais lieu*, éd. Le livre de poche, p. 126.
Cf. aussi: "Il n'y avait personne, mais elle eût été surprise de voir quelqu'un. Cette petite ville froide et avare ne montrait pas volontiers ses habitants, mais les cachait au fond de ses maisons. Elle appela". (J. Green, *Adrienne Mesurat*, éd. Le livre de poche, p. 282).

36 L'exemple a été pris dans un livre de classe encore en usage dans la région de Tarbes.

37 Pour la "mémoire scolaire" voir aussi: 8 (2.4) "lecture scolaire".

38 Comparez aussi: "Une heure plus tard, elle sortait de la salle de bain dans un nuage de parfums capiteux, dont elle croyait détenir le secret comme plusieurs millions de femmes attentives à leur charme. Nue sous son vaporeux peignoir mauve chaudement doublé de cachemire léger, elle allait et venait dans ses mules bordées de lapin qu'elle prenait pour de l'hermine, et d'une voix restée agréable elle fredonnait de petits airs venus d'un passé lointain:

"Allez faire vos fredaines ailleurs
Petit farceur!"

*Car c'était en vain que le temps passait.* La sylphide évanouie qui jadis faisait soupirer tant d'hommes demeurait comme une image indestructible dans toute son importante personne". (J. Green, *Le mauvais lieu*, éd. Le livre de poche, p. 126). Ici la locution "c'était en vain" et la figure de l'humanisation me gêne moins parce qu'il s'agit du temps chronologique (et non plus météorologique) et que la figure s'inscrit dans un contexte ironique où l'on se moque de la femme qui veut échapper au temps, ce qui est déjà un cliché.

39 Voir la citation de la page 22.

40 Comparez cependant: "L'opinion publique réclama une enquête et la police fit le nécessaire. *La neige, comme si elle eût accompli sa mission, cessa de tomber.* On fouilla les bois, on sonda les étangs et les rivières. La région fut explorée et des centaines de personnes interrogées à outrance". (J. Green, *Le mauvais lieu*, éd. Le livre de poche, p. 273).

41 Voir la citation p. 212.

42 Bourdieu signale en note à propos de la différence entre le style de vie (et tout ce qui touche à la symbolisation de la position sociale) des ouvriers et de la petite bourgeoisie:

"Il serait intéressant de déterminer par une analyse proprement linguistique, comment se définit cette frontière dans le domaine du langage. Si l'on accepte le verdict du "sens social" des enquêteurs, bonne mesure non du statut linguistique de la langue utilisée par les enquêtes mais de l'image sociale que peuvent s'en faire des interlocuteurs cultivés (les taxinomies employées pour classer les langages et les prononciations étant celles de l'usage scolaire), il apparaît que cette différence est en effet très marquée entre les ouvriers (et aussi les artisans et les petits commerçants) et les employés: chez les premiers, 42% seulement parlent un langage jugé "correct" contre 77% chez les employés (à quoi il faut ajouter 4% de *langage "châtié"*, totalement absent chez les ouvriers); de même les *accents nuls* passent de 12,5% à 28%. (P. Bourdieu, *La distinction*, Les éditions de Minuit, 1979, p. 458, note 22).

# Symbolisation sonore chez Green: le chant des reinettes

7

*Quelque chose lo força d'écouter ce bruit doux et tranquille qui se perdait dans le grand murmure cristallin des reinettes*
J. Green, *Moïra.*

*Introduction*

L'étude d'un texte de Darthey nous a permis de constater que la symbolisation sonore dans le roman populaire était nettement explicitée, qu'il y avait soulignement, explicitation de la description, de la notation sonore au niveau métatextuel, entre autres, du chant du rossignol[1]. Dans le texte de Green, *Moïra*, que nous avons déjà confronté au roman populaire au chapitre précédent, figurent une série de notations sonores d'un autre chant, celui des reinettes. Ce chant n'est l'objet d'aucune explication mais tout porte à croire - les paragraphes qui vont suivre nous autorisent à l'affirmer - que le chant ne fonctionne pas simplement comme "un bruit qui ajoute, en quelque sorte, au charme du paysage"[2]. Ce chant est une forme d'explication indirecte, implicite de choses tues, du non-dit, un procédé rhétorique de connotation de désirs sexuels des personnages et c'est au lecteur qu'il incombe de les découvrir. Certaines remarques de l'auteur et les premières ébauches du texte qui figurent dans l'édition de la Pléiade semblent, si on les met en parallèle, aller dans le sens de notre lecture des reinettes.

*L'auteur devant sa création*

D'abord, sans vouloir à tout prix rapprocher un texte de la biographie de son auteur, on ne peut ignorer le fait que J. Green lui-même insiste sur les rapports qui le lient à ses personnages, fait remarquable quand on sait que les romanciers contemporains auraient plutôt tendance à souligner au contraire la distance qui les sépare de leurs créations[3]. Dans son *Journal* nous lisons en effet: "Il n'existe pas de roman digne de ce nom s'il n'y a complicité entre le romancier et ses créatures, et bien plus qu'une complicité: une identification absolue"[4]. Au sujet de *Moïra* l'auteur dira que ce "n'est que la transposition d'un fait réel avec toutes les exagérations nécessaires" (p. 1561) et plus précisément il remarque: "Le drame intérieur de Joseph est aussi le mien avec les transpositions nécessaires" (p. 1562). Green ne dissimule pas son affinité avec ses personnages et déclare ouvertement que Joseph est dans toute son oeuvre l'un de ses personnages préférés[5]; à propos de *Moïra* il précise que l'histoire de Joseph et de Praileau constitue "le vrai sujet du livre" et il qualifie le combat qui les oppose (ou faut-il dire qui les lie?) de "scène d'amour"[6].

Si, dans son *Journal* et dans diverses interviews, l'auteur veut bien se laisser aller à des confidences, expliciter certains aspects de son oeuvre, il insiste en même temps sur le fait que, dans les romans, le caractère implicite, le côté non-dit doit être maintenu et particulièrement à propos de *Moïra*, il souligne, dans une interview, "l'absence à peu près totale de développements psychologiques": "(...) je n'ai rien expliqué de ce que Joseph ne comprenait pas lui-même, me contentant d'éclairer le drame de telle façon que le lecteur puisse deviner sans trop de peine ce que je me suis refusé à dire"[7]. Le critique Emile Henriot a écrit lors de la parution du roman: "Mais on ne sait ce que Julien Green a voulu démontrer, ni même s'il a voulu démontrer quelque chose"[8], ce qui nous paraît douteux! A propos de la scène de bataille entre Joseph et Praileau le même critique estime que "Faute d'explication rationnelle le récit des faits reste saisissant". Et il poursuit sur une remarque qui, avec un certain relent de moralisation, touche à la question de l'implicite et du non-dit - l'homosexualité des personnages - autour de laquelle se situe pour nous, précisément, toute la problématique du chant des reinettes: "Il est impossible à qui sait lire de ne pas éprouver un léger malaise à l'égard des choses non dites que l'auteur laisse supposer à travers la frange de brume qui cerne et mystérieusement prolonge son très beau roman" (...). La "frange de brume" semble une métaphore mal adaptée au chant des reinettes qui, nous allons voir comment, va nous aider dans notre tâche d'explicitation du texte greenien; et alors, par un curieux phénomène de synesthésie, le chant dissipera (en partie) la brume.

Toujours à propos du caractère discret de ce roman, il faut souligner qu'une première ébauche du début était plus explicite que la version définitive au sujet de l'attirance qu'éprouve Praileau (qui ne porte pas encore ce nom, mais est présenté comme "l'inconnu") pour Joseph dans la scène de la première rencontre[9].

On peut se demander, à cet égard, si le choix entre un narrateur à la première personne (dans l'ébauche) ou à la troisième personne (version définitive) est un simple problème technique, comme l'auteur veut nous le faire croire[10]. En réalité cette substitution semble plus en accord avec la façon dont Green conçoit la création romanesque, puisqu'il déclare dans une interview à propos de *Moïra*: "Lorsqu'on écrit un roman, on parle de soi. Par une obscure opération alchimique, qu'il serait impossible d'analyser, on se transforme, on se déguise, on se livre"[11]. Or, au dire de Green lui-même, le je "prête au récit un air d'indiscutable vérité"[12] ce qui fait que le lecteur confond souvent narrateur et auteur. Il n'est pas interdit de penser que, mieux que le *je*, l'emploi du *il* permet à Green de se livrer en se déguisant. A propos de la parution de *Partir avant le jour*, première partie de son autobiographie, qu'il considérait comme son examen de conscience, Green a affirmé: "Contrairement à l'opinion reçue, je crois que toute vérité est bonne à dire, par le seul fait qu'elle est la vérité, qu'elle soit belle ou qu'elle ne le soit pas. Mais il y a cela de particulier, c'est qu'une vérité cachée peut être laide et, tirée au grand jour, devient belle si c'est la vérité d'un homme qui se livre lui-même"[13]. On est en droit de se demander dans quelle mesure, malgré le côté discret de *Moïra*, cette affirmation ne vaudrait pas également pour ce roman.

Joseph ne sait pas ce qui se passe en lui. L'auteur le sait, il peut communiquer son savoir au lecteur par la métaphore des reinettes. Le recours à la métaphore et l'emploi de la troisième personne sont deux procédés propres à créer une distance qui estompe la ligne séparant réalité et fiction. Le chant des reinettes serait alors l'un des biais par lesquels une vérité "cachée" et "laide" devient "belle", parce que "tirée au grand jour", du moins pour les lecteurs de bonne volonté.

Remarquons enfin qu'au moment du récit où Joseph commence à prendre conscience de la vraie nature de ses sentiments, le voile de l'implicite commence lui aussi à se dissiper. On trouve alors un dialogue entre Joseph et une "voix intérieure", se terminant sur une notation ("Joseph éprouvait un curieux malaise et il tourna la tête par-dessus l'épaule comme s'il se fût attendu à voir quelqu'un, mais il n'y avait personne"[14]) qui n'est pas sans rappeler le souvenir qu'évoque Green à propos de la naissance de son roman: "Vers la fin de l'été 1948, à l'aube, je fus tiré de mon sommeil par le sentiment d'une présence à quelques pas de mon lit. Je ne puis dire cela autrement. Il y avait quelqu'un dans ma chambre. J'ouvris les yeux et ne vis rien, mais mon imagination me représenta un jeune homme qui se tenait debout et dirigeait les yeux de mon côté. Cette espèce de vision intérieure était si nette qu'il me sembla en distinguer quelque chose par les yeux de la chair. J'avais devant moi le personnage dont je voulais écrire l'histoire et, quelques heures plus tard, je commençai mon roman. Jamais peut-être je n'avais senti en moi un plus puissant désir d'écrire"[15]. Ainsi ce passage où Joseph commence à voir clair dans ses sentiments pour Praileau, fonctionne de toute évidence comme une mise en abîme de l'ensemble du texte et elle est en même temps le reflet d'une révélation du même ordre, qui avait poussé l'auteur à entamer ce roman de l'histoire d'une prise de conscience.

*Le rôle du descriptif*

Nous avons vu au chapitre précédent que chez Dartey le détail sonore n'est pas nécessaire à la compréhension du texte: il n'ajoute rien d'essentiel et ne fait que dramatiser, ponctuer, amplifier l'état d'âme, la situation psychologique d'un personnage. Il s'agit là d'un procédé d'emphase à valeur rhétorique.

Chez Green, par contre, le détail sonore fournit une information, même si celle-ci, il est vrai, risque de passer inaperçue. Elle suppose en effet de la part du lecteur une certaine sensibilité à l'élément descriptif et la faculté de rapprocher les occurrences où il se présente, ce qui demande déjà un certain savoir-faire, une certaine compétence de lecture et de mémoire de la part de celui que Hamon propose de nommer "le descriptaire"[16]. On peut supposer que dans un texte de ce type, et ce sera là notre hypothèse, tous les détails fonctionnent symboliquement, et qu'à cet égard le "chant des reinettes" n'est sans doute qu'un exemple parmi d'autres. Mais il a ceci d'intéressant que par sa relative ténuité, par sa discrétion, par la gratuité qu'il paraît comporter à première lecture, ce chant est particulièrement apte à prouver la cohérence sous-jacente, symbolique du texte greenien. Si ce motif apparemment innocent se trouve être porteur, lui aussi, ou lui de préférence, de significations centrales du texte, nous devrions alors en conclure à fortiori qu'il en va de même pour toute la texture du livre, à quelque niveau de détails qu'on se trouve, pour toute la métaphorique qu'il exploite. Le descriptif ne se contente pas de souligner un seul moment dramatique narratif, il couvre une grande partie du texte, il prend la relève du narratif et oriente la lecture du narratif, comme un deuxième code[17]. Joseph ne se rend pas compte de ses troubles, Praileau les cache, le chant des reinettes doit nous les transmettre et est en même temps un lieu d'investissement de l'auteur.

Quand on sait que, selon la tradition, la description est censée "bien moins contrôler son lecteur" et est qualifiée de "lieu d'une liberté excessive du côté de l'auteur, comme symétriquement, du côté du lecteur"[18], ce descriptio-guidage semble une gageure, ou semble pour le moins comporter des dangers. Mais dans le cas de Green, l'auteur et le lecteur disposent, comme nous l'avons vu, d'autres sources, d'autres moyens qui permettent de corriger ou plutôt de *vérifier* la trajectoire de l'interprétation[19].

*La mise en texte du chant des reinettes*

Le problème qui se pose maintenant à nous est de mettre au jour les procédés, les mécanismes textuels susceptibles de sensibiliser le lecteur du texte de Green aux éléments qui vont servir à notre analyse.

Si la *répétition* est, de toute évidence, une condition nécessaire au maintien du fonctionnement effectif quoiqu' implicite du code ou plutôt du sous-code du chant des reinettes, parce qu'elle permet un jeu de renvois, de reprises et d'oppositions textuelles à l'intérieur de la série, la manière dont se fait cette répétition, autrement dit, la stratégie globale de la mise en texte de ce chant, la répartition, ou plutôt la distribution des occurrences sur l'ensemble du texte, joue un rôle capital. Les divers passages où l'auteur parle du chant des reinettes se distinguent en effet de la masse textuelle de plusieurs manières: par leur distribution, par leur dimension et par l'intervention du "silence".

Pour faciliter la lecture de notre démonstration, nous présentons ci-dessous les six occurrences en question[20]:

[1] "Il y eut un silence. Leurs pas faisaient un bruit doux et sourd dans la poussière de la route. On entendait *les reinettes* au creux des arbres, poussant leur petite note claire et fragile".

(J. Green, *Moïra*, p. 28)
p. 32, 23.

[2] "Dans le court silence qui suivit ces paroles, Joseph entendit le bruit que faisait leur respiration à tous deux, alors que tout autour, *le chant des reinettes* emplissait la nuit d'une seule note liquide qui ne s'interrompait jamais, et d'une façon bizarre ces deux sons se mêlaient".

*Moïra*, p. 29
p. 34, 24-25

[3] "Au même instant, Joseph entendit le son d'un corps qui plongeait dans l'eau, puis la sourde cadence de la nage. Quelque chose le força d'écouter ce bruit doux et tranquille qui se perdait dans *le grand murmure cristallin des reinettes*, et il dut faire un effort pour se remettre en marche".

*Moïra*, p. 32
p. 36, 27

[4] "Son long bras sec s'étendit vers la lampe pour l'éteindre. *Les reinettes coassaient dans les arbres, et ce cri continu prenait dans l'ombre une intensité nouvelle.*
Au-dessus, le bruit de pas avait cessé. L'étudiant roux s'était couché sans doute. Par une coïncidence qu'elle remarquait pour la première fois, leurs deux lits se trouvaient placés de la même manière, l'un juste au-dessous de l'autre, de sorte que si ses yeux avaient pu traverser l'ombre et l'épaisseur des objets, elle aurait pu voir le corps du dormeur, son grand corps d'un blanc de lait.
"Dors, vieille folle", pensa-t-elle.
Mais elle ne put dormir".

*Moïra*, p. 37-38
p. 42, 31

[5] "Les deux garçons marchaient en silence. Au-dessus de leur têtes, dans les profondeurs du feuillage, *les reinettes poussaient leur note limpide*

et tous ces petits cris se mêlaient en une sorte de chant à la fois doux et aigu qui variait d'intensité, s'enflant ou retombant selon des lois mystérieuses, mais ne s'interrompait jamais. Au bout d'un moment, David poussa une grille revêtue de glycines comme d'une housse. - C'est ici, dit-il en guidant Joseph le long d'une allée de brique".

*Moïra*, p. 57
p. 60, 45-46

[ 6] "Son nom est Praileau", fit la voix. Et elle se tut. Le jeune homme tressaillit. Autour de lui, tout semblait si tranquille: Les livres sous la lampe, le fauteuil à bascule dans son coin, la fenêtre qui s'ouvrait sur la nuit plus fraîche, *mais pleine du chant des reinettes dans les arbres.* Cependant Joseph éprouvait un curieux malaise et il tourna la tête par-dessus l'épaule comme s'il se fût attendu à voir quelqu'un, mais il n'y avait personne.

Sans même songer à éteindre, il tomba d'une masse sur son lit et s'endormit aussitôt".

*Moïra*, p. 101-102
p. 103, 80

Nous pouvons constater globalement que les trois premières occurrences se situent autour du combat entre Joseph et Praileau, que la quatrième se rapporte aux phantasmes sexuels de Mrs Dare après la rentrée nocturne de Joseph, la cinquième à une promenade nocturne de Joseph et de David, la sixième à un dialogue entre Joseph et sa conscience. Nous voudrions montrer d'une part que dans [ 1], [ 2], [ 3] et [ 6], où il s'agit des sentiments que nourrit Joseph à l'égard de Praileau, le chant des reinettes connote le désir homosexuel, et d'autre part que les fragments [ 4] et [ 5] ont une fonction complémentaire par rapport à ce désir: [4] connote le désir hétérosexuel sur un mode ironique, [ 5] constitue un leurre par rapport aux désirs sexuels qu'éprouvent Joseph et Praileau. Nous verrons plus loin qu'il faudrait ajouter une septième notation sonore à la série, bien que, cette fois, elle ne soit pas imputable aux reinettes!

Les trois premières occurrences sont séparées par des distances textuelles réduites (une ou deux pages), ce qui facilite la tâche de la mémoire du lecteur et amènera celui-ci à les rapprocher davantage[21] pour constater qu'il ne s'agit pas d'une seule et même description (une seule mention aurait alors suffi) mais que, dans le cadre de ces trois descriptions, une évolution, un mouvement narratif, une diégétisation s'esquisse à l'intérieur du descriptif. Nous verrons plus loin que les procédés de focalisation et d'articulation syntaxique du descriptif et du narratif vont dans le même sens d'une intégration du narratif et du descriptif. Une fois que le lecteur, à propos des trois premières occurences, a changé de "posture" et d'horizon d'attente, qu'il a "débrayé plus ou moins des structures narratives de l'intrigue"[22], la quatrième, située à peine cinq pages plus loin, elle aussi, déclenchera chez lui "diverses stratégies herméneutiques"[23], ou du moins y-a-t-il de fortes chances pour qu'il retienne le signal[24]. L'espace qui sépare [5] de [4] est compensé par la durée textuelle de [5]. Une fois sous le charme du chant, le lecteur couvrira d'un pas joyeux les 45 pages de silence qui séparent [6] de [5].

Au niveau de *la dimension* (durée) textuelle des six descriptions, il faut signaler que l'insistance sur le chant des reinettes dans [5] ne met pas en danger le caractère implicite du code parce que l'axe Joseph-David constitue un leurre par rapport à l'axe Joseph-Praileau, ce qui explique en même temps que le chant ne fonctionne que très discrètement (au niveau de la dimension textuelle du moins) dans [6].

Toujours au niveau de l'ensemble des occurrences, il faudra retenir *"le silence"* comme *dispatcher* entre narration et description, suggérant, par un artifice de l'auteur, un arrêt dans le débit narratif, qui contribue, lui aussi, à déclencher un changement de posture chez le lecteur. Le silence fonctionne comme élément de solennisation dans [1], [2] et [5]. Dans [6] - "tout semblait si tranquille" - cette solennisation n'est que suggérée.

De surcroît, le chant des grenouilles constitue en soi un motif relativement déroutant, bizarre, peu courant dans l'arsenal métaphorique des auteurs. Cela d'autant plus qu'il est reconnu que le coassement des habitants de nos mares n'a rien de fort gracieux.

Dans la stratégie globale de la mise en texte du chant des reinettes entrent deux autres problèmes; d'une part celui de la focalisation: l'emploi de la troisième personne laisse planer un doute sur la question de savoir si c'est le narrateur ou le personnage qui perçoit le chant; d'autre part celui de l'articulation syntaxique du narratif et du descriptif à l'intérieur de la même phrase. Nous allons toucher à ces deux problèmes dans l'analyse détaillée des occurrences qui va être maintenant abordée.

*Analyse détaillée des occurrences*

Le premier fragment, qui suit la scène dialoguée où Joseph, à la demande de Praileau, lui a dit son nom, se situe lors de la promenade nocturne des deux garçons, qui doit les amener à l'endroit où ils vont se battre, près de l'étang, - "pres l'eau". Le bruit de leurs pas et celui des reinettes sont présentés comme deux sons juxtaposés (syntaxiquement aussi) dont le sujet percepteur, "on", (narrateur ou Joseph) n'est pas précisé. En tout cas c'est Joseph qui vient de régler son pas sur celui de Praileau[25] et ce mouvement accordé produit un bruit "doux en sourd". Les deux adjectifs peuvent être lus strictement sur l'isotopie de l'ouïe (au même titre que "claire et fragile"), mais on peut aussi leur attribuer une connotation affective, "doux" prenant alors le sens de "agréable" (l'harmonie des pas accordés) et "sourd" celui de "qui s'accomplit dans l'ombre, sans qu'on en ait clairement conscience" (cf. Robert). Ce qui compte c'est que la sympathie qu'éprouveront Joseph et Praileau restera pour ainsi dire collée à la semelle de leurs souliers à travers l'ensemble du texte.

Dans le deuxième fragment qui se situe pendant la scène de combat où "Joseph eut l'impression d'assouvir une faim mystérieuse" (= "sourde"?) et tenait Praileau "sous lui dans l'étau de ses jambes", c'est le bruit de "leur respiration à tous deux" qui s'est accordé et il n'y a plus de doute sur le sujet percepteur, c'est Joseph. La "petite note claire et fragile" des reinettes s'est gonflée en un "chant d'une seule note liquide qui ne s'interrompait jamais", introduit à l'intérieur de la même phrase par la conjonction "alors que". Le bruit des deux respirations se détache sur le fond sonore ("tout autour") du chant des grenouilles dont le rythme a changé par rapport à [1]. Le mélange des deux sons, discrètement souligné par la détermination "d'une façon bizarre", ne relève pas explicitement de la perception de Joseph.

Dans [3] "la sourde cadence de la nage", "ce bruit doux et tranquille" (faisant écho au bruit "doux et sourd des pas" de [1]), se substitue aux deux respirations. Praileau se montrant digne de son nom, a pour ainsi dire rejoint les grenouilles, son chant fait choeur avec "le grand murmure cristallin" (= "limpide"?, préparé dans [2], ou bien = "clair"?, cf. [1]). C'est bien Joseph qui est sous le charme, il n'y a pas de doute ici non plus ("quelque chose le força", "il dut faire un effort").

Le quatrième fragment, cinq pages plus loin, se situe le même soir, après la rentrée de Joseph, dans la maison de sa logeuse Mrs Dare. Celle-ci, en lui ouvrant la porte, avait remarqué qu'il était blessé et lui avait fait avouer qu'il s'était battu. La lettre qu'elle était en train d'écrire à sa fille se termine sur ce P.S.: "Tu ne peux pas revenir avant les vacances de Noël parce que ta chambre est occupée par un étudiant roux"[26]. L'étudiant roux, Joseph, semble être toujours présent à l'esprit (et au corps) de cette femme lorsque, nue devant un miroir, elle est en dialogue avec elle-même, puis, à genoux en dialogue avec

Dieu ("dans un murmure de prières confuses")[27]. Lorsqu' ensuite elle s'est couchée et qu'elle a éteint la lampe, le bruit des reinettes intervient dans l'ombre avec "une intensité nouvelle"[28]. Comme dans [1] le sujet percepteur reste indéterminé. L'adjectif "nouvelle" semble exclure Mrs Dare, qui jusqu'ici n'avait pas encore remarqué ce bruit. Pourtant, comme dans [1], le bruit des grenouilles et celui des pas (qui est incontestablement enregistré par Mrs Dare puisqu'elle l'avait déja entendu juste avant[29]), sont juxtaposés, dans un ordre textuel inverse, il est vrai, et séparés par un retour à la ligne dont on pourrait se demander si, comme dans le cas de la conjonction "alors que" dans [2], cette pause dans la lecture ne vise pas précisément à les rapprocher dans la mémoire du lecteur par un emploi détourné, subversif de cette rupture alinéaire. Le chant des grenouilles prend de nouveau, comme dans [1], [2] et [3], la relève d'un bruit produit par un être humain ("Au-dessus, le bruit des pas avait cessé"[30]) et l'amplifie. Seulement ici, les réflexions et les obsessions sexuelles de Mrs Dare, à la suite de la cessation du bruit des pas, donnent, par un effet de lecture rétroactif, tout son sens au bruit des grenouilles.

Les deux lits "placés l'un juste au-dessous de l'autre", la réflexion finale de Mrs Dare ("Dors, vieille folle") qui fait écho au cri devant le miroir ("Folle" s'écria-t-elle"), disent assez clairement que l'idée d'envisager des rapports sexuels avec Joseph trotte par la tête de Mrs Dare, puis est rejetée par elle et continue quand-même à la poursuivre ("Mais elle ne put dormir"). Ici, les grenouilles constituent l'accompagnement sonore - à connotation négative - d'un amour hétérosexuel, envisagé par le personnage en question comme impossible et ridicule et traité par l'auteur avec une ironie absente de [1], [2] et [3].

Le "maigre corps", "les seins plats", le "ventre arrondi", le "bras sec"[31] de la dame ne sont pas faits visiblement pour "le grand corps d'un blanc de lait"[32] du garçon et ce désaccord se fait entendre dans le "cri", discordant cette fois, des reinettes dont l'onomatopée "coasser" souligne le caractère cacophonique. Ce cri s'oppose à "la petite note claire et fragile", au "chant des reinettes", à "la seule note liquide" et au grand murmure cristallin" qui connotent et glorifient un rapport homosexuel, présenté de façon implicite, parce que Joseph, dans sa naïveté[33], ne se rend pas compte qu'il se sent attiré ver Praileau.

Dans [5] Joseph et David se rendent à la chambre de ce dernier qui était venu trouver son ami au moment où celui-ci était exposé à entendre les paroles de Mac Allister faisant part, dans la chambre voisine, de "son expérience personnelle" avec des prostituées: "Joseph rougit violemment, il lui sembla que tout son sang lui refluait dans le crâne, battait à ses tempes, et sa gorge se gonfla"[34]. David l'invite à venir étudier chez lui, évitant ainsi à Joseph d'autres confidences de Mac Allister sur ses prouesses avec des femmes, dans le genre de "Je leur donne deux dollars, mais il faut qu'elles les gagnent". Pendant la promenade des deux garçons, "en silence", comme dans [1] et [2], le bruit des grenouilles les accompagne. Il n'est pas dit qui perçoit ce bruit, c'est une orchestration de l'auteur. Cette fois aucun rapport n'est établi entre le son des grenouilles et tel autre bruit (de pas, de respiration, de natation), mais, après la note discordante de [4], le chant des grenouilles prend la même tonalité euphorique que celle de [1], [2] et [3] et devient connatateur des sentiments éprouvés par les personnages (ou plutôt lieu d'investissement de l'auteur?) avec des reprises et de légères variations.

La scène [6] se situe après le moment où Joseph a administré, en guise de "sermon", quelque coups de ceinture à Mac Allister qui, pour montrer à Joseph comment les étudiants dansent avec les prostituées, "se mit à se trémousser sur le lit d'une façon si parlante que Joseph sentit les oreilles lui brûler"[35]. Les coups de ceinture, la violence de Joseph, se portent contre l'instinct sexuel. l'amour physique évoqués par la petite comédie de Mac Allister. Cette violence rappelle inévitablement au lecteur la lutte avec Praileau, analysée plus haut, et ce, d'autant plus que la remarque et le commentaire intérieur de Mrs Dare font écho à ses réactions au moment de la rentrée nocturne de Joseph[36] après l'affrontement. Elle était montée pour demander qu'on mît fin au bruit:

> "-Je voulais simplement vous rappeler que votre chambre est au-dessus de la mienne.
>
> Elle aperçut la ceinture et leva les sourcils; un léger sourire creusa les coins de sa bouche.
>
> -"Encore une bataille!"pensa-t-elle. D'une voix plus douce, elle ajouta:
>
> -C'est tout, monsieur Day. Bonne nuit!"[37]

Elle formule ici, à la haute voix, sa folle pensée d'alors sur les lits superposés, alors que la remarque sur une bataille de Joseph revient sous forme de pensée non exprimée. "Le léger sourire qui creusa les coins de sa bouche", à la vue de cette ceinture (qui n'est pas un objet innocent) signifie-t-il que par un effet rétroactif, elle a ses idées sur la nature de ce combat et sur la première bataille avec Praileau? On serait ainsi amené à une lecture ironique de "Encore une bataille", ce qui expliquerait que Mrs Dare, en dépit de son nom, veuille garder pour elle cette pensée. Qu'on accepte cette lecture ironique ou qu'on la rejette, la réaction de Mrs Dare oblige le lecteur à relier les deux scènes de bataille et il est ainsi mieux préparé que Joseph, et bien avant lui, au dialogue que celui-ci va avoir avec "une voix intérieure"[38] à propos de ces deux batailles et de leur interférence. Cette voix révèle à Joseph qu'à travers Mac Allister ("Ce n'est pas lui que tu as voulu battre"[39]) il a voulu se venger d'un autre: Praileau.

Ce dialogue intérieur et la réapparition du nom de Praileau ont impressionné Joseph, qui "tressaillit", et semble avoir un effet, sinon révélateur, du moins perturbateur, qui cette fois-ci n'est pas neutralisé ni résorbé par le fragment descriptif qui suit, car la reprise de la narration ("Cependant Joseph éprouvait un curieux malaise") est en rupture avec la description et renoue plus ou moins avec "tressaillit". Le silence environnant ("tout semblait si tranquille") dont Joseph semble être le sujet percepteur, bien que le texte ne le dise pas explicitement, est posé comme le produit d'une impression subjective de Joseph, qui demande en vain au décor de sa chambre de le rasséréner. Les livres, la chaise à bascule sont inefficaces comme la fenêtre qui donne accès à la nuit, "plus fraîche" il est vrai, mais en même temps "pleine du chant des reinettes", lequel chant est opposé à cette fraîcheur par un "mais" (cf. "alors que" dans [2]) d'autant plus curieusement adversatif que la conjonction suivante - le "Cependant" qui nous ramène à Joseph - semble devoir réduire, après coup, cette dimension adversative. C'est un peu comme si l'auteur hésitait sur le degré de marquage du chant des reinettes. Sans doute ce chant peut ici rester discret parce que "le malaise" de Joseph pourrait être l'indice qu'il commence à ressentir les effets des sentiments qu'il éprouve pour Praileau[40].

Ce qui a été jusqu'ici suggéré implicitement - parce que Joseph n'en était pas encore conscient - par le chant des grenouilles, va pouvoir être signifié maintenant explicitement par les réactions du personnage lui-même ("il tourna la tête par-dessus l'épaule comme s'il se fût attendu à voir quelqu'un"). Nous n'en saurons pas plus car le suspense est maintenu grâce au sommeil qui vient, à propos, surprendre et sauver ici encore, Joseph pour retarder, échelonner dans le temps et dans le texte, sa cure d'introspection[41].

A ces passages où intervient le chant des reinettes, s'associe dans la mémoire du lecteur un fragment où ce chant, tout en n'étant pas signalé, s'impose, à notre avis, sur la base de très visibles correspondances. A la fin du roman, quand il entend quelqu'un "siffler très doucement derrière lui" Joseph "tourna la tête et, au bout du petit chemin, il vit Praileau". Celui-ci lui fait signe de le suivre et ils marchent, l'un derrière l'autre:

> "Un quart d'heure plus tard, ils se tenaient face à face, mais séparés de quelques mètres, au milieu d'un bois enseveli sous la neige. Autour d'eux régnait un silence tel qu'ils entendaient le sang leur chanter dans le crâne".
>
> *Moïra*, p. 241[42]

Ici le silence, élément de solennisation, comme dans [1], [2] et [5], précédant le début du dernier entretien de Joseph et de Praileau, n'annonce pas, ne fait pas ressortir le chant des reinettes (ce qui serait impossible en plein hiver). Mais c'est ce silence qui leur permet à tous les deux "d'entendre le sang leur chanter dans le crâne"; et cette septième notation sonore est capitale, puisqu'elle souligne que les deux jeunes gens sont alors sur la même longueur d'onde. Ils sont à la fin nettement conscients de leurs sentiments que jusqu'ici le chant des reinettes exprimait de façon implicite.

*Intégration du narratif et du descriptif; double compétence du lecteur*

Ainsi, par sa répétition judicieuse à travers le texte, le chant des reinettes, de simple élément descriptif, devient un point d'orgue qui souligne et signifie les sentiments et les sensations éprouvés par les personnages à certains moments-clefs de leur relation. L'auteur semble n'avoir pas voulu trancher sur le degré d'intégration des sentiments (élément narratif) et du chant (élément descriptif), donc sur le taux de valeur explicative qu'il était permis d'attribuer à cet élément descriptif par sa plus ou moins forte narrativisation. Cela pourrait expliquer l'hésitation, à propos du sujet percepteur, entre acteur et narrateur, et l'emploi de la conjonction "mais" dans [6] qui sert de charnière à cette intégration dans la narrativisation. Le chant perd ainsi de sa gratuité apparente, provisoire, de son caractère implicite et discret, pour le lecteur d'abord inattentif, ou incertain; il devient élément constitutif de la narration et tombe ainsi sous la compétence narrative du lecteur. C'est le lecteur dans ce rôle qu'Hamon désigne, comme nous l'avons déjà signalé[43], sous le nom de descriptaire et il dit de cette compétence que "du fait de sa relative abstraction logico-sémantique (elle) semble, comme le bon sens et le vraisemblable, plus universellement partagée"[44]. Pour un tel lecteur, tiraillements, sensations contradictoires et chant des reinettes vont ensemble, s'impliquent naturellement. Ainsi le chant des reinettes, parce qu'il relève du narratif[45], est moins exposé au danger, qui menace tout élément purement descriptif, d'être sauté par le descriptaire. D'autre part le chant, dans les exemples analysés, continue à participer du descriptif, invitant ainsi le descriptaire "à déployer une activité herméneutique diffuse, car souvent non focalisée ("A quoi servent ces "détails" que je suis en train de lire?" "Quelle est la raison de la "promotion" de ce qui est décrit là?")[46]. Ainsi, par une présentation variée, tantôt plus descriptive, tantôt plus narrative, le chant en question, mise sur les deux tableaux qui, au lieu de rivaliser semblent plutôt s'étayer. Il est susceptible alors d'exercer une plus grande emprise sur le lecteur, puisqu'il fait appel alternativement à ses deux compétences.

*Spécificité du chant des reinettes*

Il est grand temps de se demander - au risque d'enfoncer quelques portes ouvertes - quel est le dégré de spécificité du chant des reinettes et à quoi tiennent les analogies que le texte convoque entre ce chant et le comportement des personnages[47]. Le rossignol - oiseau priviligié des conteurs qui veulent faire sentir avec tact que les amants, eh bien, échangent des témoignages indéniables de leur foi - n'aurait-il pas fait aussi bien l'affaire? En quoi le chant des reinettes greeniennes se distingue-t-il de celui de ce conventionnel rossignol (d'ailleurs également présent dans *Moïra*, mais de façon implicite, comme nous le verrons), non pas en tant que notation auditive, mais comme moyen d'inciter le lecteur à puiser dans son arsenal culturel? Qu'est-ce qui rend le chant des reinettes apte à constituer plus qu'un bruit de fond et à symboliser des penchants et des désirs homosexuels fortements prononcés? Comment s'ajoute aux isotopies dénotatives que comporte le motif, une isotopie connotative nouvelle, faut-il dire originale, de caractère érotique?

Etymologiquement reinette (dans les dictionnaires sous rainette) est le diminutif de l'ancien français *raine*, "grenouille", et vient du latin "rana" qui semble appartenir à la racine sanscrite "ran", "produire un son"[48]. Le chant des grenouilles est donc très ancien, peut-être le premier des chants, et les grenouilles ont été les premiers amphibies à produire un bruit dans le monde du silence, disent certains mythologues. Selon Freedman[49], elles sont à l'origine du langage humain. On sait que Brisset[50] est allé jusqu'à en faire l'ancêtre de l'homme et dans sa théorie de l'évolution, Lavater[51] part d'une tête élémentaire de grenouille pour arriver à la figure achevée d'Apollon[52], marquant par là combien la création est continue et unitaire. D'une manière générale la ressemblance physique entre l'homme et la grenouille a toujours intrigué les chercheurs. Brisset voit dans le chant, le regard et la stature de la grenouille des traits humains et De Vries[53] est d'avis que cet animal représente le stade le plus développé de l'évolution ce qui explique la métamorphose des princes en grenouilles.
Les grenouilles sont un symbole de fertilité et de sexualité. Les métamorphoses de la grenouille rappellent, comme on sait, les stades de développement du foetus avant la naissance, ce qui s'explique peut-être également du fait que ce batracien très commun sert souvent de sujet d'expériences anatomiques[54]. Analysant le conte de Grimm, *Le Roi-Grenouille*, et le rôle de cet animal comme symbole des relations sexuelles, Bettelheim remarque, à propos des associations qui restent inconscientes entre le sexe et la grenouille: "Le fait que la grenouille se gonfle quand elle est excitée est comparé inconsciemment au pénis en érection"[55].

Pour ce qui est de leur chant, il importe de noter que ce sont les mâles qui chantent et qui font entendre "un cri particulier très sonore"[56] pour attirer les femelles et ce chant "se fait entendre surtout le soir et le matin dans les jours chauds et par les temps de pluie".
Un autre trait, signalé dans les ouvrages scientifiques, est la force brutale que les grenouilles déploient dans leurs étreintes, grâce aux muscles fort développés de leurs pattes antérieures avec lesquels elles enserrent leurs partenaires. Sans que l'on veuille établir un rapport direct entre ces détails physiologiques encyclopédiques et le texte de Green, ces associations culturelles font apparaître une analogie remarquable avec le comportement érotique de Joseph qui étouffe Moïra, tient la tête de Praileau entre ses poings et le serre "dans l'étau de ses jambes"[57].
Poursuivant notre inventaire, nous constatons que les grenouilles sont bisexuelles. Dans leur jeunesse, les mâles n'ont pas de membre viril, et ils ne pénètrent pas les femelles mais fécondent les oeufs extérieurement.

Aussi leur valeur symbolique dans les textes est-elle ambiguë. Dans certains textes, dont *Leçon de choses* de Claude Simon[58], - et selon une tradition très ancienne - on voit la grenouille associée à la vulve de la femme, à cause de la disposition symétrique des quatre membres autour du ventre[59]. Mais chez Green le symbole va dans un autre sens. Il ne nous paraît pas téméraire de supposer que le choix de la reinette a été fait par rapport à l'adolescence des grenouilles. Dans le même ordre d'idées, on pourrait alors interpréter la tonalité "cristalline" de leur chant comme un bain de jouvence, un chant de jeunesse, de vigueur homosexuelle juxtaposée à l'amour hétérosexuel, qui est présenté (dans la tradition de Cocteau et de Gide) comme une perte de vigueur, une déchéance, le "chant" étant ravalé au rang de "cri".

*Intertextualité restreinte: Green lecteur de Shakespeare*

Après ces considérations d'ordre biologique sur les reinettes et la valeur de leur chant comme connotateur de penchants homosexuels, que faisait ressortir le jeu de l'opposition entre les trois premières occurrences et la quatrième (connotant l'hétérosexualité), voyons maintenant rapidement, comme argument à l'appui de notre interprétation, comment la même tension se retrouve au niveau de l'intertextualité restreinte où nous constatons la même flétrissure de l'amour hétérosexuel. Nous croyons en tout cas que les considérations consacrées dans *Moïra* à quelques vers de *Roméo et Juliette* de Shakespeare, exemple parfait de l'amour hétérosexuel, vont dans ce sens.

Dans le cadre des cours de littérature anglaise qu'il suit à l'université, Joseph doit lire cette pièce dont le vers le plus connu est celui où figure précisément le rossignol comme chantre, poétique, de l'amour (hétérosexuel): "Crois-moi, mon amour, c'était le rossignol", vers dit par Julliette à l'adresse de Roméo[60]. Joseph ne s'intéresse pas au texte de Shakespeare, parce que c'est une histoire d'amour et que les histoires d'amour l'ennuient[61], mais le seul passage qui l'intrigue (et qui a intrigué l'auteur, comme on le verra), c'est celui où Mercutio (acte II, scène 1), esprit soldatesque et prosaïque, parle des rêveries amoureuses de Roméo et associe la nèfle au sexe féminin, et que voici[62]:

> "If love be blind, love cannot hit the mark.
> Now will he sit under a medlar tree
> And wish his mistress were that kind of fruit
> As maids call medlars when thea laugh alone.
> O Romeo, that she were, O that she were
> An open-arse and thou a poperin pear!"

(Dans le texte que Joseph doit utiliser, ce dernier vers figure sous une forme plus énigmatique: an open "et caetera" and thou a poperin pear.)

Ainsi l'histoire de Roméo et Juliette nous est présentée sous l'aspect de l'avilissement de l'amour hétérosexuel, figuré par la nèfle, ce fruit de couleur brune qui ne se consomme que quand il est pourri. Voilà à quoi se réduit l'écho de *Roméo et Juliette* dans le texte de Green. Mais ce passage et surtout le dernier vers énigmatique qui, sans figurer explicitement dans le texte de Green, est commenté deux fois dans *Moïra*, a dû fasciner l'auteur pour une autre raison.

Dans un premier temps nous assistons seulement à la réception que fait Joseph de ces vers et à sa réaction au maigre commentaire que fournit l'édition dont il se sert "Tout à coup ses yeux tombèrent sur quatre vers dont le sens lui échappait. Il les lut et les relut avec attention. Les mots n'avaient rien d'archaïque; la phrase, pourtant, demeurait obscure. A la grande surprise du jeune homme, les notes ne jetaient aucune lumière sur cette réplique; fort copieuses ailleurs, et plus qu'il n'eût fallu, elles se taisaient tout à coup alors qu'un éclaircissement était indispensable. Et si demain on posait une question sur ce passage?"[63]. Mais cette innocente inquiétude de l'élève devant un passage obscur, cache autre chose. Dans cette réaction de Joseph, surtout dans la lourde insistance sur le manque de commentaire, on sent bien la main et la hantise de l'auteur qui prépare et justifie ainsi le deuxième commentaire que fournit, avec un malin plaisir, Killigrew à la demande de Joseph:

> "_Le passage en question peut sembler obscur, dit-il. Beaucoup d'éditeurs du siècle dernier l'ont supprimé à cause de son caractère licencieux, mais ce que Mercutio a dans l'esprit est assez clair. Il s'agit des rêveries amoureuses de Roméo qui, assis sous un néflier, se représente problablement la nudité de sa maîtresse ou, pour parler comme le texte, son "et coetera". Et coetera est délicieusement hypocrite: c'est une fausse concession à la pudeur, car il est plus suggestif que le mot cru et franc qu'il ne fait que recouvrir d'une gaze transparente. Quand à l'allusion à la poire ... Joseph se leva". (*Moïra*, p. 88-89[64]).

Ainsi nous retrouvons le problème de l'implicite, du non-dit, qui nous rappelle la formule de Green déclarant qu'il s'agit "d'éclairer le drame de telle façon que le lecteur puisse deviner sans trop de peine ce que je me suis refusé à dire"[65]. Nous ne saurions partager l'admiration exprimée par Killigrew devant cette correction du texte quand il dit que le mot "et caetera" recouvre le sexe féminin "d'une gaze transparente". D'ailleurs Green n'a pas non plus toujours souscrit à cette appréciation formulée par son personnage[66]. Par ailleurs, nous estimons que ce n'est pas un effet du hasard s'il fait preuve de peu de délicatesse et de beaucoup de lourdeur dans la façon dont il exploite (commente) dans son roman ce passage emprunté à la pièce de Shakespeare qui glorifie le couple hétérosexuel, alors que l'attirance que ressentent Joseph et Praileau l'un pour l'autre est traitée poétiquement, l'alibi de la description du chant des reinettes lui ayant permis d'éviter des grossièretés sans tomber dans "un bizarre euphémisme".

Nous retrouvons d'ailleurs cette tonalité poétique du chant des reinettes dans celui de l'alouette qui intervient une seule fois dans *Moïra*. Il n'y annonce pas (comme c'est le cas dans *Roméo et Juliette*) le matin, moment où Roméo devra quitter Juliette, mais se fait entendre au moment d'une promenade, non pas nocturne mais matinale, de David et de Joseph, et le caractère religieux, "pastoral", charitable, des propos de David pourrait très bien s'accorder avec une interprétation du chant de l'alouette comme symbole de "joie lumineuse et céleste"[67]:

> "Il continua sur ce ton pendant plusieurs minutes, sans permettre à Joseph de bien savoir où il voulait en venir. Tous deux marchaient d'un pas égal, sous les arbres, le long des haies couronnées de chèvrefeuille, alors que le ciel d'un bleu profond s'emplissait du chant d'une seule alouette".
>
> *Moïra*, p. 66[68]

Mais d'autre part, David et Joseph suivent le même chemin que Joseph et Praileau et au cours de cette promenade il se manifeste, discrètement, une certaine attirance, que le "pur" David éprouve, lui aussi, pour Joseph:

"Il se trouvait que tous les deux étaient libres jusqu'à la fin de cette matinée, et logeant sa main sous le bras de son compagnon, David le mena doucement à l'écart, sur la route du cimetière que Joseph avait prise, un soir, avec Praileau".

*Moïra*, p. 65.[69]

Ainsi on est en droit de se demander si le chant de cette seule alouette céleste n'est pas en même temps à l'unisson avec celui des reinettes[70].

Au début de ce chapitre, nous avons attiré l'attention sur le fait que si le lecteur veut saisir les résonances profondes de ce roman de Green, il doit faire un effort de bonne volonté. Peut-tre cet effort apparaîtra-t-il excessif en ce qui concerne l'interprétation que nous donnons du chant des reinettes en tant que procédé destiné à exprimer l'inexprimable.

Nous ne croyons pourtant pas avoir forcé la note. Outre les arguments que nous avons donnés en cours d'exposé, il serait possible d'invoquer nombre d'autres éléments illustrant la prédilection de l'auteur pour le non-dit, le mystère, l'énigme. Pour ne pas sortir du cadre de notre analyse, nous n'en retiendrons qu'un: le titre même du livre, qui donne à penser. Ce prénom féminin, Moïra, suggère qu'il s'agit de l'histoire d'une femme. Or, si le meurtre de Moïra constitue un moment crucial du roman, le fait est que Moïra n'est, comme Praileau, que l'instrument dramatique d'une prise de conscience, celle de Joseph, qui est le véritable sujet du livre - et cela du propre aveu de l'auteur (p. 1534) -. Pourquoi alors "Moïra" plutôt que "Joseph"? C'est que le prénom retenu n'est pas anodin. Green lui-même nous met sur la voie dans la préface (de 1972) lorsqu'il précise que Moïra est un prénom celtique (dépaysement) qui signifie Marie la vierge (pensons aussi à Marie-Madeleine, la pécheresse repentie: Moïra qui se rachète en avouant qu'elle aime), mais que c'est aussi un mot grec qui signifie "destin". La découverte de cette signification, il semble vouloir l'attribuer au hasard en écrivant: "Que Moïra soit également un des noms donnés par les Grecs au destin, c'est là une rencontre dont je ne saurais me plaindre". Ce faisant il maintient, à notre avis, de propos délibéré, l'ambiguïté.

Pour finir, nous illustrerons cette tendance de l'auteur à laisser au lecteur (interlocuteur) le soin de décoder lui-même ses écrits. Dans un entretien récent où Green évoque un dialogue datant de l'époque avec Louis Jouvet, nous lisons:

> "Il [L.J.] m'a posé des questions très précises sur *Moïra* qui venait de paraître, c'était en 1950:
>
> "L.J. -Qu'est-ce que Joseph a en tête quand il parle de Praileau?
>
> J.G. -Mais exactement ce que vous supposez.
>
> L.J. -Bien, nous sommes d'accord ..."[71].

NOTES

1 Voir le chapitre 6, *Description et signification*, sous "symbolisation sonore", p. 199.

2 P. Larousse, *Grand dictionnaire universel du XIXième siècle*, sous "grenouille".

3 Cf. Claude Simon, dans l'entretien déjà cité (chap. 1, note 7), p. 106.

4 Nous empruntons les citations qui proviennent du *Journal* de Green à la "notice" établie par Jacques Petit dans l'édition de *Moïra* dans *Oeuvres complètes*, III, Paris, Gallimard (Pléiade) 1973, p. 1561-62.

5 Voir l'interview citée dans l'édition de la Pléiade, en appendice V, "Documents", p. 1505.

6 Green, *Journal*, cité d'après la "notice", p. 1562 et p. 1574.

7 Green, *Le Figaro littéraire* du 10 juin 1950, cité d'après la "notice" p. 1536.

8 Compte rendu de *Moïra* par E. Henriot, cité d'après la "notice", p. 1566.

9 Voici la scène de première rencontre selon la première rédaction ("notice" p. 1557):

> "Pour en revenir à l'inconnu, nos regards finirent par se croiser, quelque soin qu'il mît à éviter cette rencontre, et il me fit aussitôt un signe de tête que je lui rendis avec un sourire. A ce moment, il rougit un peu et dirigea sa vue vers la fenêtre d'où nous venaient encore quelques rayons de soleil à travers les branches d'un grand camélia".

10 Green, *Le Figaro littéraire* du 10 juin 1950, cité d'après la "notice", p. 1534-36

11 Green, *La Revue française*, décembre 1955, citée d'après la "notice", p. 1513.

12 Green, *Le Figaro littéraire* du dix juin 1950, cité d'après la "notice", p. 1535.

13 Green, dans une interview, citée d'après les "Documents" (p. 1517) de l'éd. de la Pléiade.

14 Pour l'édition de *Moïra* à laquelle nous nous référons voir note 20.

15 Green, *Le Figaro littéraire* du dix juin 1950, cité d'après la "notice", p. 1534-35.

16 Hamon (Philippe), *Introduction à l'analyse du descriptif*, Paris, Hachette, 1981, p. 40 et p. 44.

17 On pourrait dire qu'ici l'élément descriptif, que constitue le chant des reinettes, joue, par rapport au narratif (l'évolutions des sentiments et des sensations des personnages) un rôle moins important que dans le texte de Duras mais beaucoup plus important que chez Dartey. Le poids du descriptif se mesure d'après son taux d'implicite et sur cette échelle Green est beaucoup plus près de Duras que de Dartey. Mais Green et Dartey veulent freiner, davantage que Duras, l'ambiguïté du descriptif, seulement l'un avec plus de discrétion que l'autre.

18 Hamon, *op. cit.*, p. 47.

19 Dans tout ceci il convient de faire la part de ce que nous appellerions le tact des lecteurs du livre. En effet, la classe de lecteurs auxquels s'adresse Green ne désire rien moins qu'on lui mette les points sur les "i". Il est conforme à son idéologie et à son attente qu'un sujet tabou lui soit présenté à mots couverts, par conséquent on peut dire que l'écriture de Green est une stratégie particulièrement bien adaptée à un public que la sexualité étalée indispose. Pierre Masson insiste également sur le fait que Green dans *Moïra*, a voulu éviter "les critiques qu'auraient pu susciter un récit plus direct, plus franc". (Moïra de Julien Green, données psychologiques et structure romanesque", *L'Ecole des lettres*, 72e année, no. 6 (le décembre 1980), p. 38).

20 Pour les (six) citations nous indiquons, à la fin de chaque fragment, les pages de l'édition originale de *Moïra* qui a paru chez Plon en 1950, puis celles de l'édition du Livre de poche (no. 402) et finalement celles de l'édition de Gallimard, de 1973, dans la collection de la Pléiade, *Oeuvres complètes*, III, textes établis, présentés et annotés par Jacques Petit. A l'intérieur de ces citation c'est nous qui soulignons.

21 C'est la stratégie que le descriptif semble imposer, selon Hamon.

22 Hamon, *op. cit.*, p. 91 note 73.

23 Hamon, *op. cit.*, p. 82.

24 Ici encore nous partons d'un lecteur idéal, bien conditionné, auquel de toute évidence le texte, dans ses profondeurs, s'adresse. Mais nous ne voulons pas dire qu'il ne soit pas possible de passer outre à ce motif: la lecture dans ce cas en sera simplement appauvrie.

25 Plon 27; Poche 32; Pléiade 23.

26 Plon 37; Poche 41; Pléiade 30.

27 Plon 37; Poche 42; Pléiade 31.

28 Plon 37; Poche 42; Pléiade 31.

29 Plon 35; Poche 39; Pléiade 29.

30 Plon 37; Poche 42; Pléiade 31.

31 Plon 37; Poche 42; Pléiade 31.

32 Plon 38; Poche 42; Pléiade 31.

33 Plon 34; Poche 38; Pléiade 28.

34 Plon 55; Poche 58-59; Pléiade 44.

35 Plon 99; Poche 101; Pléiade 78.

36 Plon 34; Poche 38; Pléiade 28.

37 Plon 101; Poche 102; Pléiade 79.

38 Plon 101; Poche 102; Pléiade 79.

39 Plon 101; Poche 102; Pléiade 79.

40 Comme le note Jacques Petit: "Cette intervention de la "voix intérieure" marque l'affleurement à la conscience de tout ce que Joseph veut se cacher". (éd. de la Pléiade, p. 1582).

41 Nous avons déjà vu que la réaction hallucinatoire de Joseph, comme début d'une prise de conscience pourrait être une transposition de l'expérience bien connue racontée par Green dans son *Journal* et dans une interview à propos de la façon dont l'idée de ce livre lui est venue. Cf. passage cité p. 228.

42 Plon 241; Poche 214; Pléiade 185-186.

43 Cf. p. 229 et note 16.

44 Hamon, *op. cit.*, p. 46.

45 Toute notre démonstration, comme on voit, tente à montrer que l'opposition description/narration est peut-être moins évidente qu'il n'y paraît.

46 Hamon, *op. cit.*, p. 83, note 5.

48 P. Larousse, *Grand dictionnaire universel du XIXième siècle*, sous "reinette".

49 H. Freedman, *Les fantaisies sexuelles des animaux ... et les nôtres*, Stock, 1980 (traduit du suédois par Liliane Elsen).

50 Brisset (Jean Pierre). *La grammaire logique. Suivi de la Science de Dieu. Précédé de Sept propos sur le septième ange* par Michel Foucault, Paris, Tchou, 1970.

51 J.C. Lavater: *La physiognomonie ou l'art de connaître les hommes d'apres leurs rapports avec les divers animaux, leurs penchants etc.*, traduction nouvelle par H. Bacharach, précédé d'une notice par A. d'Albanès, Lausanne, L'âge d'homme, 1979.

52 J.C. Lavater, *op. cit.*, planches 118, 119.

53 Ad de Vries, *Dictionary of symbols and imagery*, Amsterdam, North-Holland, 1974.

54 Jusque dans les articles de la loi néerlandaise sur la protection des animaux on retrouve la place privilégiée accordée à ces batraciens dans notre culture: "Vu le rôle important que jouent les oeufs et les larves de grenouilles (appelés le frai et les têtards) dans le développement du contact de l'enfant avec la nature, la protection des espèces mentionnées dans cet alinéa, les grenouilles, ne s'applique qu'aux animaux adultes". Article 22, alinéa 1, de la loi sur la protection de la nature.

55 Bettelheim (Bruno), *The uses of enchantment*, New York, Alfred A. Knopf, 1976. Nous citons d'après la traduction française, *Psychanalyse des contes de fées*, Paris, Librairie générale française (Le livre de poche, Pluriel, 8342 F), 1979, p. 473.

56 P. Larousse, *Grand dictionnaire universel du XIXième siècle*, sous "grenouilles".

57 *Moïra*, Plon, p. 29; Poche 34; Pléiade, p. 24.

58 *"Leçon de choses"*, Paris, Les éditions de Minuit, 1975, p. 166: "Elle a l'air d'une grenouille".

59 J.P. Culianu. *Iter in Silvis*. Saggi scelti sulla gnosi e altri studi, vol. I, Messina, Edizioni Dott. Antonino Sfameni.

60 Acte III, scène 5.

61 *Moïra*, p. 49; Poche 52; Pléiade, p. 39.

62 *Roméo and Juliet*, acte II, scène 1. Nous nous référons à l'édition Arden établie, par Brian Gibbons, Methuen, London, 1980. Joseph lit une version expurgée où "open-arse" a été remplacé par an "open et coetera". Voici le commentaire de l'édition de la Pléiade à propos du dernier des quatre vers: "La traduction du vers suivant ne rend pas le sens: "Bien ouverte et caetera, et toi une poire pointue!" ou "Nèfle ouverte et caetera, et toi une poire pointue" (Club français du livre). Il existe en effet deux textes l'un, expurgé, que lit Joseph: "An open et caetera ..." qu'il faudrait traduire "et son et caetera ouvert ... (voir l'explication de Killigrew); l'autre texte, restitué, est: "An open-arse" Le jeu de mots est intraduisible: "Elle, une nèfle et toi, une poire pointue" ne rend pas en effet la valeur de open-arse: "sexe ouvert" ou "nèfle" (Dictionnaire de Boyer, 1780). Julien Green relit Roméo et Juliette, le 28 septembre 1948, et note dans son Journal ce détail: "Un mot particulièrement grossier a été remplacé par et caetera ...". (éd. Pléiade, notes, p. 1580).

63 *Moïra*, Plon 74; Poche 77; Pléiade 59.

64 *Moïra*, Plon 88-89; Poche 90; Pléiade 70.

65 Voir page 2 et note 7.

66 Dans sa monographie sur *Moïra* (Hachette, 1976 (coll. Lire aujourd'hui) Jean Sémolué cite le commentaire de Green (p. 85, note 90):

"(...) au moment où il écrit *Moïra*, Green a relu ce passage, comme l'indique le *Journal* (28 septembre 1948): "En relisant ce matin une scène de Roméo et Juliette dans l'édition de Rolfe, je me suis aperçu avec indignation qu'elle avait été expurgée (Acte II, fin de la scène 1). Un mot particulièrement grossier a été remplacé par "et caetera", ce qui fait un vers faux et un bizarre euphémisme".

67 Brigitte Level, *Le poete et l'oiseau*, Klincksieck, 1975, p. 126.

68 Poche, p. 69; Pléiade, p. 52-53.

69 Poche, p. 68; Pléiade, p. 52.

70 Dans le cadre plus large de l'intertextualité générale il est intéressant de voir comment plusieurs des éléments que nous avons signalés dans nos analyses de Green reviennent dans un roman sous forme de journal de Compton Mackenzie: *Thin Ice*, publié en 1956 chez Chatto & Windus (Nous citons d'après la réimpression de 1977 par Penguin Books).
Ce roman se déroule aussi en partie dans un milieu d'étudiants homosexuels et le narrateur raconte la vie d'un ami, Henry, avec qui il a visité les îles Seychelles:

"When we were sitting on the veranda after sundown Tom produced a "coco de mer", that fantastic primeval nut which resembles the naked pelvis of a woman and which General Gordon decided was the Forbidden Fruit of the Garden of Eden. He had been sent out by the War Office in the eighties to report on Seychelles as a possible Malta in the Indian Ocean, and having disposed of that notion as impractical wrote a monographe to prove that the Islands were all that was left of Eden after the Deluge.
"What on earth is that hideous object? Henry asked Tom guffawed.
"It is rather odd, isn't?"
"Odd? It 's disgusting", Henry declared."
(*Thin Ice*, p. 129.)

71 Sophie Lannes, *Entretien. La passion du bonheur*, dans *L'Express*, no. 1613 (du 4 au 10 juin 1982), p. 128, sqq.
Dans *La terre est si belle ... Journal 1976-1978* (Paris, Ed. du Seuil, 1982) p. 271, Green cite le commentaire (auquel il ne souscrit pas) d'un journaliste sur un entretien qu'il avait eu à la T.V. avec Marcel Jullian: "C'est un dialogue entre Aramis Julien Green et Porthos Marcel Jullian. Jullian s'approche avec un bon sourire et un filet et Julien Green s'envole".

# Il était une fois, au cœur du Vieux Paris,

une petite rue bohème qui flânait avec délices entre les étals bariolés, les bistrots farfelus et les échopes mystérieuses. Nichée au pied du Panthéon, protégée par le double rempart de ses maisons vieilles de quelques siècles, elle serpentait, insouciante et anachronique, du pied de l'église St-Médard jusqu'aux flancs de la Contrescarpe. Bref, si les badauds, les poètes, les flâneurs avaient encore droit de cité dans Paris, c'est bien rue Mouffetard.

Un beau matin, on s'avisa qu'en perçant une grande brèche au cœur de la ruelle, on pourrait se rendre en droite ligne de Montparnasse à Austerlitz. Que croyez-vous qu'il arriva ? Les calculs font plus souvent qu'on ne croit l'affaire des poètes. Une étude révéla qu'il faudrait déplacer un trop grand nombre de personnes aux revenus modestes. Aujourd'hui, le projet est définitivement abandonné.

Paris doit s'accommoder de ses plus intimes contradictions et préserver au cœur du XXe siècle son héritage d'architecture. Lorsque les organismes responsables envisagent un changement, ils en analysent les conséquences. Pour cela, ils ont recours à l'Atelier Parisien de l'Urbanisme, dont la banque d'information fournit la texture du tissu urbain de chaque quartier. C'est un ordinateur qui aide à déterminer si la prolongation d'une ligne de métro troublerait la quiétude d'un quartier ou si la percée d'un axe de circulation rapide détruirait l'équilibre d'un paysage.

Dans le monde entier, les ordinateurs contribuent à faciliter l'existence des citadins. A Zurich, ils déterminent l'horaire des trains. A Tokyo, ils permettent l'intervention rapide des ambulances. Dans le monde entier, les hommes cherchent des solutions à leurs problèmes. Partout, les ordinateurs constituent pour eux de précieux auxiliaires.

**L'ordinateur aide les hommes à s'entraider**

**IBM**

# La Promotion par le conte: lecture d'un texte publicitaire 8

*Avec IBM, tout le monde s'aime*
slogan

## 0 INTRODUCTION

### *0.1 Programme*

Chacun prend le plaisir de la lecture où il le trouve, que ce soit dans une oeuvre reconnue littéraire, dans un roman populaire ou dans n'importe quel autre texte. Néanmoins pour qu'on ne crie pas haro sur l'insolent qui ose glisser l'analyse d'un texte publicitaire dans un travail qui, comme le présent, s'inscrit dans une longue tradition universitaire, il est peut-être bon d'exposer, d'entrée de jeu, les raisons qui nous ont poussé à le faire.

Le texte publicitaire est un texte immédiat qui nous "assaille"[1], un texte construit, sans aucun vide; il s'inscrit dans l'Histoire, il a son enjeu idéologique, il faut apprendre à le démonter. C'est pourquoi le décodage d'un texte publicitaire nous a paru le moyen par excellence de mettre au jour les techniques de nature structurale ou rhétorique destinées à séduire le lecteur. Ce travail prépare ainsi à la lecture démystificatrice des textes littéraires et permet de faire pièce à toute analyse reposant, comme c'est trop souvent encore le cas dans l'enseignement, sur les "rêves éveillés" et les propos uniquement évaluatifs.

Le texte dont nous allons aborder la lecture est construit sur le modèle narratif du conte, avec sa description de la situation initiale de repos qui se présente traditionnellement comme un élément pittoresque, mais est, en fait, moins innocente qu'il n'y paraît. L'appareil narratif de ce conte à moralité, qui présente une dimension parabolique, sert à placer des vérités qu'il convient de rechercher.

Court et complet, ce texte qui permet de concentrer l'attention sur son fonctionnement, présente encore d'autres avantages critiques ou pédagogiques: il peut être exploité par exemple dans le cadre des cours de "civilisation" (Quartier Latin, Rue Mouffetard), il veut promouvoir un produit dans le vent (l'informatique), il s'inscrit dans une campagne publicitaire dont un deuxième texte permet de vérifier si le mécanisme de l'exploitation de l'appareil narratif du conte dans un texte argumentatif a été bien saisi par les élèves[2].

Nous insistons sur l'inscription pédagogique de cette lecture parce que nous sommes persuadé qu'une théorie dont l'utilité et les avantages pédagogiques ne seraient pas démontrés resterait lettre morte. Certes, il ne s'agit pas de construire le scénario du déroulement d'une lecture en classe (va-t-on marquer tout de suite l'enjeu idéologique, peut-on faire découvrir la théorie de l'appareil narratif du conte?). Nous ne prétendons pas davantage nous lancer dans l'orientation pédagogique. Notre lecture a plutôt été nourrie par le seul souci d'avancer pas à pas dans la lecture du texte et de rélever progressivement ses mécanismes manipulatoires.

### *0.2 Giscard et IBM: des contes à dormir debout sur la fraternité*

Au mois de septembre 1979 on voyait à Paris des affiches représentant de profil la silhouette de six hommes marchant d'un pas ferme et décidé. Les affiches portaient comme inscription: "Allez de l'avant avec le 30e SICOB". Ce Salon internations de l'Informatique et de la Communication et de l'Organisation du Bureau a eu un grand retentissement dans les mass media. "Une impression domine, après ce maelström, écrit Pierre Drouin: on s'est efforcé d'exorciser les craintes qui naissent comme toujours d'un saut brutal de la technologie, en l'occurence de la diffusion des microprocesseurs (...). Par ordre décroissant dans la hiérarchie des sensibilités du public, les grandes peurs nées du monde 'télématisé' paraissent se situer ainsi: nouvelles pertes d'emplois, détérioration des conditions de travail, pression accrue du pouvoir central, affaiblissement de la communication entre les personnes"[3].

A propos du même salon, le président Giscard n'a pas manqué de prononcer sur la télématique un discours au cours duquel il a grossi ce risque de dépersonnalisation, puisque des quatre problèmes signalés, celui-ci se prête le mieux à quelques réflexions philosophiques qui ne coûtent rien et n'engagent à rien. Voici une des belles formules de Giscard (ou de son nègre): "poussé à l'extrême, l'usage de la télématique pourrait être la suprême aliénation (...); le monde entier serait proche, mais l'homme n'aurait plus de prochain"[4].

En bon président de la République, Giscard a ajouté tout de suite pour nous rassurer, qu'il s'agissait de maîtriser cet "outil-miracle" et alors "l'informatique peut aider à une vaste humanisation des machines" et au lieu de "provoquer la robotisation des hommes (...) elle peut contribuer à la préservation de la fraternité entre les hommes".

Au moment du SICOB, la compagnie IBM (International Business Machines) a lancé dans *L'Express*[5] et dans *Le Nouvel Observateur*[6] une publicité couvrant cinq pages entières et présentant "IBM en Europe". Selon cette publicité, il ne s'agit pas de problèmes philosophiques mais des problèmes de la societé actuelle; elle présente donc des considérations articulées sur les deux premières "grandes peurs", signalées par Drouin, qui préoccupent également les lecteurs de ces revues, c'est-à-dire l'emploi et les conditions de travail: "IBM embauche, crée de nombreux emplois, donne du travail en atmosphère dépoussiérée, du travail varié, passionant; au lieu de tourner le dos à un collègue, on se fait vis-a-vis, on peut se parler".

 Des belles paroles de Giscard sur la fraternité à la simple

réalité quotidienne présentée par IBM, il y a loin, dirait-on. Mais il n'en a pas toujours été ainsi ... La publicité reflète les préoccupations d'une société, elle s'inscrit dans l'Histoire[7]. Il n'y a pas si longtemps IBM préférait, elle aussi, nous raconter des contes de fées ... portant sur cette même fraternité. Voici une de ces merveilleuses histoires, telle qu'elle a paru, il y a onze ans, et que nous avons tenu à reproduire ici même, p ..., malgré la mauvaise qualité du document initial.
Nous commencerons l'analyse du conte par une description de ses attendus topographiques.

## 1 LES LIEUX ET LES HABITANTS

Le cadre général du début du texte: le coeur du Vieux Paris, le Panthéon, l'église St. Médard, la Contrescarpe et surtout la rue Mouffetard avec son aspect de rue marchande et piétonne, invite à un retour au passé, à une société artisanale et précapitaliste avec ses étals, ses échoppes, sans magasins ni grandes surfaces[8].
Pour ce qui est des habitants des parages de la rue Mouffetard - ce grand nombre de "personnes au revenus modestes" - ils relèvent probablement, eux aussi, d'un monde merveilleux et féerique, créé pour les besoins de la cause IBM. Ou bien faut-il supposer que cette vénérable compagnie et son ordinateur, faute d'avoir été consultée par les promoteurs, n'a pas réussi à défendre "definitivement" les intérêts des pauvres smicards contre ces mêmes promoteurs qui se sont aperçus que l'ancien se vend bien et dont les opérations immobilières ont fait scandale[9].
En tout cas "aujourd'hui", une visite du quartier, organisée par la très respectable association, "Connaissance d'ici et d'ailleurs"[10], nous apprend que ce quartier est en train de devenir un quartier résidentiel (1000.000 Frs, anciens, il est vrai, le $m^2$) où l'on s'installe en fin de carrière, où quelques immeubles sont réservés aux couples avec enfants, où chacun vit emmuré chez soi, où "la sociabilité médiévale intense au niveau de la maison, de la rue, de la taverne,

du marché"[11] n'est pas en passe de ressusciter, bref, où l'ambiance est aussi peu authentique que les poutres en plastique de certaines galeries, et où l'on voit des affiches portant "NON à l'expulsion des locataires"[12].
*Mouffetard, présenté par IBM, c'est "l'ailleurs" et non pas "l'ici".*

Prenons les choses par un autre bout, cette fois-ci paroissial. Le prédicateur de la paroisse Saint-Médard, également bien placé pour confronter l'ici et l'ailleurs, s'adresse ainsi à ses ouailles, le dimanche 30 septembre 1979:

> "(...) Saint Jacques nous dit aujourd'hui, que la vie facile de ceux qui sont prisonniers de leurs richesses, est pourrie. En effet, plus ils possèdent, plus ils cherchent à posséder. Peu importe les moyens employés pour s'installer dans leurs richesses, ils s'y endurcissent. On est prêt à tout, pour torpiller l'autre et ainsi accroître sa propre fortune. *Il n'y a alors plus d'attention aux personnes*, car on devient complice de tout un système économique qui préserve la richesse mais qui tue l'homme"[13].

Ce sermon n'est pas destiné à apporter la consolation aux dénommées "personnes aux revenus modestes", puisqu'ils sont déjà partis vers l'ailleurs de la banlieue, non, il doit confondre les fin-de-carrière et les promoteurs qui, bien installés dans l'ici, sont invités à assurer leur ailleurs par un don généreux à la quête diocésaine pour l'enseignement religieux.
Outre la rue Mouffetard et ses environs, d'autres lieux trouvent leur place dans le texte de IBM. Avec "Montparnasse" et "Austerlitz" nous rattrapons le monde moderne d'après la révolution industrielle. Finalement "Zurich" et "Tokyo" figurent la précision solide des Suisses et le dynamisme efficace des Japonais qui semblent exemplaires dans notre ère.

 Revenons au Quartier Latin et à la rue Mouffetard. Le

choix de ces lieux n'est pas fait uniquement en fonction d'une nostalgie générale que l'homme moderne éprouve envers le passé (d'une ville), il a été fait également en fonction de la cible visée par le support de cette campagne publicitaire, l'hebdomadaire *L'Express*, qui s'adresse surtout aux cadres. Une bonne partie des cadres ont fait leurs études dans le Quartier Latin et travaillent maintenant à Paris ou en province et pour ces managers dynamiques (parce que pas encore en fin de carrière) les lieux cités incarnent leur vie d'étudiant "flaneur et poète", leur passé individuel. Cette circonstance facilite le fonctionnement du texte selon l'identification ruelle=je/autrefois/flâneur *versus* cadre/aujourd'hui/travailleur et contribue ainsi largement à l'efficacité de l'ensemble du texte. D'ailleurs, d'une manière plus générale, on se représente le Quartier Latin comme un lieu de culture et de savoir avec tout ce que cela suppose: librairies, cinémas, etc.

Que dire finalement, sur ce point de l'efficacité des lieux, du choix de Venise comme scène de l'intervention miraculeuse de IBM, dans une publicité de la même série, publiée jusqu'à trois fois et intitulée "Comment sauver Venise"[14]. Eh bien, pour les jeunes cadres (aussi bien d'hier que d'aujourd'hui) Venise se situe toujours dans le prolongement de la rue Mouffetard, (d'où partait, dès le Moyen Age, la route pour l'Italie). C'est en effet la ville où les jeunes cadres, après avoir terminé leurs études, vont en voyage de noces. C'est donc un lieu à double tranchant pour ainsi dire, du moins s'il faut entrer dans le raisonnement d'un certain conférencier pédagogue. Comme son auditoire de collègues professeurs lui faisait remarquer qu'en matière d'histoire de l'art, le choix de son matériel pédagogique n'entrait pas dans le cadre de vie de ses élèves parce qu'il se rapportait à Venise, il riposta: "Leurs parents ont été en voyage de noces à Venise, mes élèves y ont été conçus et c'est aussi là qu'ils iront à leur tour en voyage de noces".
 Si cette remarque vaut également pour les générations de

lecteurs de *L'Express*, IBM n'aurait pu choisir de meilleur décor pour les motiver car *les lieux construits sont exploités au maximum comme substrat sémantique quand lieux conçus et lieux de conception coïncident.*

## 2 CIRCUITS DE LECTURE

Dans quel ordre le lecteur effectue-t-il le balayage de cette page publicitaire, quelle est l'influence de la disposition matérielle de la page sur l'état d'esprit, quel est le conditionnement du lecteur au moment où il aborde la lecture du corps du texte?[15].

Nous proposons, de façon globale, le circuit suivant:

1 L'image: lecture référentielle

2 L'intitulé: lecture féerique

3 La phrase macrostructurelle ("L'ordinateur aide les hommes à s'entraider") avec la signature "IBM": lecture évangélique).

4 Le corps du texte: lecture scolaire.

Le circuit que nous venons de tracer est schématique, artificiel et donc contestable. Dans notre analyse nous allons aborder chacun des éléments, des relais, sans perdre de vue les effets de sens qui peuvent résulter de leur interférence.

### *2.1 L'image comme appât visuel: lecture référentielle*

Dans un premier temps l'image figure comme appât visuel et elle soumet au lecteur la question du référent: "quelle est cette rue?". Pour satisfaire sa curiosité, ou pour vérifier l'hypothèse (aussitôt?) formulée, le lecteur est incité à lire le corps du texte et notamment le premier paragraphe, après avoir été mis sur la bonne voie en passant (ou non?) par le "coeur du Vieux Paris". D'où l'importance du choix des lieux représentés, de la localisation. Cette lecture référentielle à partier de l'image-photo entraîne donc une lecture vérificatrice du premier paragraphe du corps du texte comme légende (redondante? cf. "étals") par rapport à cette image. La curiosité du lecteur est satisfaite par "c'est bien rue Mouffetard". Sur quel mode ce lecteur va-t-il poursuivre sa lecture? Probablement de la même façon, il ne passera pas à un autre circuit. Pour lui cette lecture référentielle, comme s'il s'agissait d'un fait divers, d'un article de journal, se poursuit facilement, malgré l'obstacle d'"un beau Matin", et s'impose de plus en plus, avec l'intrusion du monde moderne ("Montparnasse, Austerlitz, calculs, revenus modestes"), dans le deuxième paragraphe et dans la suite du texte.

Dans ce circuit de lecture référentielle, verificatrice, qui part de l'image et qui passe par le "coeur du Vieux Paris" pour aboutir au corps du texte, la formule "Il était une fois" perd sa vertu (est réduite au sens du mot "autrefois"), est mise en veilleuse, quitte à se rallumer dans une lecture rétroactive à partir du corps du texte.

L'image se prête encore à une autre lecture (mais dans un deuxième temps seulement) que nous signalerons sous la lecture féerique dans laquelle elle s'inscrit et à laquelle elle se subordonne à son tour.

### *2.2 La formule "Il était une fois" comme appât verbal: lecture féerique*

De même que l'image fonctionne comme appât visuel, de même la formule consacrée du conte, "Il était une fois", constitue un appât verbal, entrant, d'une manière presque illicite, en concurrence avec l'image. Comme l'image, cette formule appelle également une suite et invite à la lecture du corps du texte, non pas par besoin de vérifier les lieux ("c'est bien rue Mouffetard"), mais pour vérifier, cette fois de façon inconsciente, sans s'en rendre compte, selon un mécanisme inculqué depuis l'enfance, que c'est bien un conte de fées. Les deux lectures, référentielle par l'entrée de l'image, et féerique par celle de l'intitulé, restent en concurrence dans le corps du texte qui répond ainsi aux deux besoins de la vérification et du retour à l'enfance, au passé.

Le contexte le plus immédiat de cette page publicitaire contribue à l'efficacité de la formule "Il était une fois" et à la mise en condition du lecteur car cette publicité figure (et elle est la seule de toute la campagne à figurer à cet endroit) en deuxième page de couverture: *avec L'Express nous ouvrons un livre de contes de fées.*

Dans cette lecture qui privilégie le féerique et le merveilleux la formule "Il était une fois" appelle, non pas un complément de lieu ("au coeur du Vieux Paris") mais un sujet logique, "une petite rue bohème", qui ouvre le corps du texte. La personnification (le sème de l'humain est attribué au non-humain) confirme la lecture sur le mode du conte de fées et cette métaphore se prolonge dans l'ensemble du premier paragraphe (à travers "flânait", "avec délices", "nichée", "protégée", "insouciante"). Nous reviendrons encore sur cette figure d'humanisation, à propos de la "lecture scolaire" (2.4).

La lecture féerique est confirmée également par la situation initiale de repos, mise en évidence de façon rétroactive et perturbée de façon prospective par la formule "Un beau matin" qui ouvre le deuxième paragraphe. "Un beau matin" annonce qu'il va se passer quelque chose; un danger, un ennemi surgit, "l'anti-sujet", "on" (laissé, sciemment, dans le vague)[16], dont les projets menacent la ruelle. Dans cette lecture, ainsi bien élaborée, peuvent s'incrire l'intervention miraculeuse des "calculs" et de l'"étude" qui éliminent le danger ("projet abandonné") et qui instaurent la pérennité d'un état de bonheur final ("définitivement").

D'autres éléments du texte interviennent pour corroborer ou pour infirmer cette lecture. Ainsi le mot "anachronique" semble aller à l'encontre de cette lecture, il invite à prendre ses distances par rapport au monde féerique.

Au premier paragraphe, la manifestation du discours avec "bref" semble constituer un écart par rapport au code du conte. Dans la phrase introduite par "bref", l'intrusion des lieux réels ("Paris", "rue Mouffetard") est atténuée, contrebalancée par un éloignement dans le temps avec la forme verbale "avaient" (au lieu de-ont-) et avec le "droit de cité" à connotation médiévale. *La lecture féerique est d'ailleurs étayée tout au long du texte par l'ambiance médiévale* ("au coeur du Vieux Paris", "étals", "échopes", "rempart", "maisons vieilles de quelques siècles", "Contrescarpe", "brèche") qui à elle seule permet la prolongation de la personnification de la ruelle au deuxième paragraphe où "perçant" évoque le coeur (trans) percé de la ruelle (qui fait écho au "coeur du Vieux Paris") et en même temps la foreuse du monde moderne (qui sera reprise au 3e paragraphe avec "la percée d'un axe de circulation"). L'apostrophe du lecteur ("Que croyez-vous qu'il arriva?") qui s'inscrit dans la série "Il était une fois" et "Un beau matin", sert à introduire la morale du conte et d'autre part-et avant tout-elle sert à placer une vérité capitale ("Les calculs font plus souvent qu'on ne croit l'affaire des poètes") juste avant l'intervention miraculeuse, tant attendue, de "l'étude", sous-actant de l'ordinateur.

*A travers l'histoire de la ruelle on pourrait lire en filigrane celle du "Petit Chaperon Rouge" qui aime, elle aussi, à flâner* et qui "s'en alla par le chemin le plus long, s'amusant à cueillir des noisettes, à courir après les papillons et à faire des bouquets des petites fleurs qu'elle rencontrait"[17]. Le "on", qui menace la ruelle parce qu'il veut "se rendre en droite ligne de Montparnasse à Auterlitz", c'est le loup qui "se mit à courir de toute sa force par le chemin qui était le plus court"[17]. Seulement l'histoire du "Petit Chaperon Rouge" est le seul conte du recueil de Perrault qui se termine mal[18] alors que l'histoire de la ruelle s'achève sur un dénouement heureux pour la plus grande gloire des sous-actants "calculs" et "étude"[19]. "Que croyez-vous qu'il arriva" annonce un dénouement non conforme[20]. Avec l'ordinateur comme adjuvant, même la chèvre de Monsieur Seguin aurait battu le loup. Comme effets de sens produits par le récit du "Petit Chaperon Rouge", Liliane Mourey a signalé la "mise en garde contre les dangers de la forêt (se perdre, rencontrer des animaux dangereux) et plus précisément la mise en scène du conflit du principe de plaisir (gambader dans la forêt) et du principe de réalité (les dangers que cela implique)"[21]. Dans notre conte de la ruelle bohème, le principe du plaisir est garanti, mais dans le commentaire, qui suit à partir du troixième paragraphe, le garanti du plaisir se révèle être un loup, revêtu d'une peau de brebis, qui veut nous obliger à suivre "l'axe de circulation rapide" de la réalité[22]. Dans ce conte de IBM, comme dans tous les contes où "le mode de résolution des conflits fait appel à des forces étrangères au simple pouvoir humain, le lecteur, la lectrice qui se sont identifiés au héros, à l'héroïne, subissent une mystification en ce qui concerne leur propre expérience du réel"[23].

Il nous reste à signaler finalement, comme effet d'interférence entre les deux lectures pratiquées, que dans la lecture féerique l'image peut changer de statut. L'image référentielle est neutralisée, absorbée par "au coeur du Vieux Paris" qui l'entoure d'un flou artistique. *L'image devient une illustration de conte de fées, plus ou moins artistique, utrillesque,* non référentielle ou plutôt renvoyant à une certaine culture artistique de la bourgeoisie dont les lois de composition sont aussi communes que celles du conte de fées et visent les mêmes effets de sens. Ainsi "au coeur du Vieux Paris" ne fonctionnerait plus comme indication géographique précise et référentielle mais comme équivalent d'une formule du genre "dans un pays lointain". Ce glissement de sens atténuerait l'infraction commise par rapport au conte: selon l'ordre canonique de l'incipit du conte de fées, l'indication de lieu ne doit pas figurer immédiatement après "Il était une fois" (le plus souvent elle fait défaut d'ailleurs) et ne pas être trop précise non plus[24]. "Au coeur du Vieux Paris" n'a pas seulement une fonction médiatrice dans la lecture référentielle (entre l'image et le corps du texte) mais également dans la lecture féerique, dans la mesure où elle estompe le caractère référentiel de l'image qui fait écran entre le sujet grammatical de l'intitulé et le sujet logique du corps du texte.

Dans la lecture féerique de cette page publicitaire, les rapports de force entre l'image et le texte sont renversés, le texte prime l'image et nous avons vu que la lecture merveilleuse du texte doit faire le jeu de l'ordinateur et de IBM[25].

*2.3 IBM aide les hommes à s'entraider: lecture évangélique*
Le texte publicitaire porte la signature IBM qui par sa disposition typographique (coin inférieur droit), fait corps avec la phrase macrostructurelle, la moralité ("l'ordinateur aide les hommes à s'entraider") qui, à son tour, prolonge le dernier paragraphe du corps du texte.
Le circuit de lecture des amateurs de quintessence ne passe pas par le conte de fées, ni par la technologie du monde moderne. Ils vont capter directement le message-signature (et remontent peut-être un instant au dernier paragraphe du corps du texte). Pourtant ces lecteurs n'échappent pas non plus à une mise en condition car ici encore intervient un substrat, le nécessaire partage, entre émetteur et décodeur, d'un univers de connaissances préalables. Ainsi au niveau de la signature *le sigle ternaire IBM en rappelle un autre dont l'effet est aussi tout-puissant et invocatoire dans la culture chrétienne: I.H.S.* Les pages roses (et élitaires me direz-vous) du Petit Larousse nous apprennent que "Les historiens rapportent que, Constantin allant combattre contre Maxence, une croix se montra dans les airs à son armée avec ces mots: "*In hoc* signo vinces". Il fit peindre ce signe sur son étendard ou labarum. S'emploie pour désigner ce qui dans une circonstance quelconque, nous fera surmonter une difficulté, ou remporter un avantage".
 En même temps un des monogrammes du Christ est composé

des trois premières lettres du mot grec Ièsous. Comme la lettre grecque è (èta) s'écrit comme H, ce monogramme a donné également I.H.S. ...[26].

Le rapprochement IBM/I.H.S. s'impose aussi (en sourdine, sournoisement) parce que le sigle IBM figure dans le contexte d'une moralité, qui préconise l'amour du prochain[27], sous une forme condensée, matériellement disposée en bas de la page, un peu à la façon des "résolutions" qui servent (le plus souvent sur le mode impératif) de résumé aux fragments de l'évangile: "Recourir à Marie dans tous nos besoins"; "se conformer à la volonté de Dieu dans notre vie quotidienne". IBM et I.H.S. se valent. IBM "aide les hommes à s'entraider". Pas de charité sans ordinateur. Vive la charité bien ordonnée.

*2.4 Lecture "scolaire"*

Les lectures référentielle (2.1) et féérique (2.2) du corps du texte étaient préparées par un tremplin extérieur; la lecture évangélique (2.3) se situe en dehors du corps du texte. A ces trois lectures s'en ajoute une quatrième qui ne porte que sur le corps du texte sans avoir été amenée par un élément extérieur. C'est une lecture "scolaire", greffée sur le mécanisme de la reconnaissance (inconsciente) d'un certain vocabulaire acquis dans les exercices, lequel constitue un substrat langagier commun à tous les Français et qui est reçu, par la plupart d'entre eux, comme "poétique" et "littéraire"[28]. Ces aspects hyperrhétoriques du texte doivent "faire beau", servent d'embellissement et convoquent la mémoire scolaire comme les indices de conte de fées, et visent le même effet de conditionnement. La figure d'humanisation (rue "bohème qui flânait avec délices", "insouciante"), déjà introduite par la formule "Il était une fois", est fortement recommandée à l'école par les manuels. Ainsi Fournier, qui espère que le bon élève écrira plus tard des "Lettres de son Moulin"[29], conseille "pour animer la description": de *"mettre une part de soi-même dans ses descriptions":*

"(...) En effet, quand nous contemplons un payage nous l'interprétons malgré nous. Il éveille en nous tout un monde d'images, de gestes, de sentiments, de sensations que nous lui prêtons. Il nous apparaît comme un monde vivant. *Notre description devra exprimer ce que nous avons prêté au paysage pendant notre contemplation:* ce sera la sincérité.

Ainsi Ramuz dira que la colline "se hausse" vers le soleil, et quand celui-ci commence à disparaître derrière elle, qu'elle a "mordu dedans". La colline, évidemment, ne se hausse, ni ne mord. Mais le spectateur fait d'instinct ces gestes en contemplant la colline et le soleil.

A retrouver, en écrivant, l'émotion ressentie au premier contact des choses qu'il dépeint, *l'écrivain ajoute infiniment à l'intérêt de sa description*"[30].

Ce conseil est accompagné de la note suivante:

"De la description de Waterloo (épisode des 'Misérables' de V. Hugo) Lamartine écrit: 'On sort de cette lecture ivre et anéanti comme un enfant qui s'essouffle à suivre un géant'. Ajoutons: comme un homme tout agité, après cette bataille, des sentiment tumultueux du conteur lui-même".

Dans un autre manuel[31] on propose, à la suite de la lecture d'un morceau choisi[32] les "exercices complémentaires" suivants:

"Style. Sur le modèle: 'les maisons ont les yeux crevés, la trompe enroulée autour du cou', cherchez deux ou trois métaphores qui rendent émouvante une vieille maison ou ridicule une construction exagérément moderne".

"Narration. Décrivez les ruines d'un village abandonné en évoquant son passé et sa décadence".

 A la suite de la description d'un gave, empruntée aux

*Voyages aux Pyrénées* de Taine [33], figurent les mêmes exercices complémentaires encore plus contraignants:

> "Style. La métaphore. Pour rendre sensibles des impressions assez complexes et qui n'ont pas de nom dans la langue, l'auteur a procédé par comparaisons. Faites de même pour décrire des nuages aux formes plus ou moins bizarres et changeantes".

> "Narration. Décrivez un cours d'eau de plaine en vous inspirant, par opposition, - pour l'impression d'ensemble et pour les détails à choisir - du début de ce texte".

Les termes "nichée" et "serpentait" sont familiers à tous les Français qui ont passé par la méthode de stylistique française de Legrand[34], laquelle ouvre sur un exercice qui consiste à "remplacer les points de suspension par un verbe intransitif au sens propre" dans une série de phrases dont la toute première est celle-ci: "Le long de la rivière (serpente) .............. un chemin". Cet exercice est accompagné de l'instruction suivante:

> "Ce qu'on substitue aux verbes être, se trouver, il y a. On les remplace par un verbe intransitif ou réfléchi *de nature à faire image. Un mot de cette espèce enrichit l'idée autant qu'il l'exprime*".

Cette instruction (et les conseils déjà cités) semblent formuler de façon exemplaire ce que Robbe-Grillet a nommé le "surcroît de la valeur descriptive" à propos des analogies anthropomorphistes qui "se répètent avec trop d'insistance, trop de cohérence pour ne pas révéler tout un système métaphysique"[35]. A partir de la lecture de ces manuels on s'explique mieux la violence avec laquelle cet auteur a mené sa guerre contre le langage métaphorique qui doit constituer pour lui un mauvais souvenir scolaire. L'exemple clef de sa démontration, "un village *blotti* au creux du vallon", pourrait sortir du manuel de son enfance et n'est pas sans rappeler deux petites phrases, qui se suivent immédiatement dans un exercice à trous de

Legrand, ("un petit château (tapi) ...... dans un vallon" et "un renard (blotti) ...... dans son terrier") et bien sûr la rue Mouffetard (nichée) ........ dans notre texte:

> "La métaphore, qui est censée n'exprimer qu'une comparaison sans arrière-pensée, introduit en fait une communication souterraine, un mouvement de sympathie (ou d'antipathie) qui est sa véritable raison d'être. Car, en tant que comparaison, elle est presque toujours *une comparaison inutile, qui n'apporte rien de nouveau à la description*. Que perdrait le village à être seulement "situé" au creux du vallon? Le mot "blotti" ne nous donne aucun renseignement complémentaire. En revanche il transporte le lecteur (à la suite de l'auteur) dans l'âme supposée du village; si j'accepte le mot "blotti", je ne suis plus tout à fait spectateur; je deviens moi-même le village, pendant la durée d'une phrase, et le creux du vallon fonctionne comme une cavité où j'aspire à disparaître.
>
> Se basant sur cette adhésion possible, les défenseurs de la métaphore répondront qu'elle possède ainsi un avantage: celui de rendre sensible un élément qui ne l'était pas. (...)
>
> Il faut même ajouter que le surcroît de valeur descriptive n'est ici qu'un alibi: les vrais amateurs de métaphore ne visent qu'à imposer l'idée d'une communication. S'ils ne disposaient pas du verbe "se blottir", ils ne parleraient même pas de la position du village"[36].

De la même façon le lecteur du texte publicitaire est invité à s'abîmer dans la rue Mouffetard dont on ne parle qu'à cet effet. Nous avons "déniché" un autre texte dont la trajectoire mène également de la rue Mouffetard à la charité. Il s'agit d'un texte édifiant qui se termine par la prière de "faire grandir en nous la vraie Charité" et dont le début exploite, de façon plus discrète il est vrai, la même rue

Mouffetard, à peu près dans le même langage, dans le même but d'adhésion:

> "Paris, 5e arrondissement. Une longue rue étroite et pittoresque, dévalant en ligne sinueuse de la place de la Contrescarpe à la belle vieille église Saint-Médard: c'est la rue Mouffetard, bien connue de tous ceux qui aiment "le vieux Paris"[37].

L'appareil scolaire construit une représentation culturelle et idéologique du monde par la figure de l'humanisation. Il reste ainsi difficile à l'homme "d'échapper", comme le voulait Robbe-Grillet[38] "au pacte métaphysique que d'autres avaient conclu pour lui, jadis (...)".

3 CONTE OU COMMENTAIRE?

IBM nous présente un conte de fées dont les lieux, non conformes aux lois du genre, sont spécifiés d'emblée, et avec vraiment trop de précision, et se situent dans un réel dont nous avons vu cependant à quel point il était entamé, entaché par la nostalgie et pourrait être inscrit, intégré dans l'univers imaginaire du lecteur-cadre de *L'Express*. "Les calculs", "l'étude", "les personnes aux revenus modestes", éléments à première vue étrangers au conte ,non assimilables au genre, sont récupérables, au niveau de la distribution des actants, comme adjuvants magiques et sujets. Nous verrons qu'ainsi se prépare la construction d'une homologie entre les deux premiers paragraphes et le troisième.

Dans l'emploi des temps nous retrouvons l'opposition et le mélange des deux mondes, réel et féerique, qui correspondent à la lecture référentielle et à la lecture féerique. Avec le présent de "c'est bien rue Mouffetard" nous passons, selon la terminologie de Weinrich, du monde "raconté" au monde "commenté"[39]. Le même phénomène se produit avec le présent dans "Les calculs font plus souvent qu'on ne croit l'affaire des poètes"[40]. Le monde raconté et le monde commenté sont délimités par des formules codifiées ("Il était une fois", "aujourd'hui") et par

l'emploi des temps (par exemple l'emploi du présent dans "le projet est définitivement abandonné"). Mais ces deux mondes ne sont pas étanches, le monde commenté intervient dans le monde raconté, à prédominance féerique, des deux premiers paragraphes. Dans le troisième paragraphe le monde raconté est vu de l'extérieur ("au coeur du Vieux Paris" devient le "Paris" tout court avec lequel nous avons moins tendance à nous identifier) et devient monde commenté.
Dans le monde commenté du troisième paragraphe (à prédominance argumentative) subsiste la structure actantielle (narrative) du monde raconté qui reste efficace et prolonge ainsi l'état, le statut d'adjuvant magique de l'ordinateur, maintenu également par de subtiles reprises textuelles[41].

Du point de vue de la situation communicative cette stratégie vise peut-être à faire durer "l'attitude d'écoute détachée"[42], acquise pendant la lecture des deux premiers paragraphes (monde raconté + interventions momentanées du monde commenté), pour que nous affrontions le monde commenté (du troisième paragraphe) avec cette même attitude d'écoute qui relève toujours du monde raconté dont nous venons de sortir et dont nous ne sortons pas tout à fait. Nous nous laissons prendre par l'argumentation du monde commenté parce que certains éléments du subsistent dans l'argumentation qui est reçue comme un conte (malgré les temps du présent)[43]. Pour ce qui est de "l'attitude de locution", avec la formule "Il était une fois", le locuteur, le sujet d'énonciation disparaît, s'efface "dans un discours dont le pivot n'est pas l'émetteur mais le consommateur- récepteur"[44], et en même temps il assume l'autorité incontestable qui incombe à tout conteur devant son auditoire. De la dépouille du conteur surgit, dans le monde commenté, le technologue qui, bien sûr, devient fiable grâce à son vocabulaire technique et documentaire. Cependant il continue à exploiter l'autorité qui lui revient de par son statut antérieur de conteur, devant un auditoire qui, lui, reste figé dans son attitude d'écoute nonadulte et a-critique. Le troisième paragraphe sert de commentaire aux deux premiers qui présentent un caractère elliptique au niveau de la suite des événements. Ce commentaire explicite et corrige le rôle des sous-actants "calculs" et "étude" qui sont intervenus grâce aux "organismes responsables" qui ont recours à "l'Atelier Parisien de l'Urbanisme". Dans un deuxième temps il s'agit aussi de rassurer le lecteur: l'ordinateur "aide" seulement à déterminer, à prendre une décision[45], un peu comme le commentaire du technologue nous "aide" à comprendre le conte.

## 4 CONCLUSION

Comme nous venons de le voir, il s'agit dans cette page de neutraliser l'argument nostalgique, antiprogressiste. Habituellement l'évocation des charmes du passé est l'argument numéro 1 des ennemis du progrès de la technique. Le raffinement de cette page publicitaire consiste, pour les tenants de la technologie, à utiliser la description des sites pittoresques du Vieux Paris à des fins toutes contraires, c'est-à-dire à reprendre l'argumentation de l'adversaire en la vidant rhétoriquement de son contenu et ainsi à le battre sur son propre terrain et à le vaincre avec ses propres armes[46]. Cette page s'inscrit dans une campagne publicitaire, menée à un moment historique bien déterminé, pour un produit, "l'ordinateur" (qui représente la technologie), contesté par le public, ou auquel le public est pour le moins sensibilisé.

Cette publicité ne vise pas à vendre le produit[47] (le marché réel est ailleurs) mais à construire une image globale de l'ordinateur: "IBM fait du bon boulot", "la technique c'est l'allié de l'homme", "avec IBM tout le monde s'aime". Il faut corriger l'image de la technique qui est en train de se dégrader dans le monde moderne[48]. Toutes les grandes compagnies ont strictement les mêmes intérêts, c'est aux mêmes client qu'elles s'adressent.

Chacune des firmes essaie de colorer à son profit des arguments qui pourtant manifestent la collusion idéologique de fait. L'étiquette varie mais le produit demeure.

Les contes ne cessent de nous fasciner. Alors qu'aux Pays-Bas il est loisible à tout désespéré de former un numéro qui lui permet d'écouter les meilleures blagues de la semaine ou même, en s'adressant à S.O.S.-amitié, de se mettre en communication avec un prêtre de sa confession ou un laïc compétent, les P.T.T. suisses, de leur côté, à la pointe du progrès, viennent d'offrir au citoyen la possibilité d'invoquer des contes, à n'importe quel moment du jour et de la nuit, en appelant le 34-454555, (numéro que l'auteur de cet ouvrage s'empresse, dans un élan de fraternité, de communiquer à ses lecteurs.

Cette double iniative de l'administration publique confirme qu'il s'agit d'assurer par tous les moyens, y compris ceux du mythe, la cohésion des membres de la Cité autour d'un optimisme technocratique de commande[49].

NOTES

1 Mitterand (Henri), "L'enseignement supérieur et le renouvellement des méthodes de lecture dans le Second Degré", in M. Mansuy, éd., *L'enseignement de la littérature*, Paris, Nathan, 1977, p. 151-162, p. 161.

2 Le texte en question figure dans l'appendice no. 1.

3 Pierre Drouin, "Informatique et Société, EXORCISMES", *Le Monde Dimanche,* du 30 sept. 1979, p. 1 et p. 7.

4 Discours de M. Valéry Giscard d'Estaing devant le colloque *Informatique et Société,* du 28 sept. 1979, cité d'après *Le Monde Dimanche,* du 30 sept. 1979, p. 6.

5 *L'Express,* no. 1469, du 1-7 sept. 1979, pp. 45-49.

6 *Le Nouvel Observateur,* no. 774, du 10 au 16 sept. 1979 pp. 19-23.

7 Voir: Robert Atwan, Donald McQuade et John W. Wright, *Edsels, Luckies & Frigidairies, Advertising the American Way,* New York, Del Publishing Co., 1979.

8 Inutile de souligner ici à quel point la publicité exploite l'intérêt porté par le public au passé (d'une ville). Signalons seulement ce slogan de Volkswagen: "Visitez les vieilles cités médiévales, grâce au nouveau rayon de braquage de la Coccinelle". (*L'Express,* no. 1061, du 8 au 14 nov. 1971. Le texte figure en entier dans l'appendice, no. 2).

9 Les habitants (probablement "aux revenus modestes") expulsés, furent logés en banlieue dans des H.L.M.

10 Visites à la portée de tout le monde (Tarif 10-15 F.), annoncées dans *l'Officiel des spectacles* (e.a. dans le no. 1709, du mercredi 26 sept. au mardi 2 oct. 1979, p. 42) sous la rubrique "Conférences".
Selon le programme distribué aux participants des visites, l'association "Connaissance d'ici et d'ailleurs" a pour but "d'offrir à ses adhérents la possibilité d'accès vers la diversité des réalités humaines passées, présentes et futures. Par cette découverte des multiples facettes du génie humain, L'Association espère retirer au mot "Culture" son auréole abstraite pour lui rendre une accessibilité qui élève la vie. Enfin, par l'organisation des ses conférences, "Connaissance d'ici et d'ailleurs" entend combattre l'isolement né de l'intensité même de l'activité urbaine". Toujours la fraternité!

11 Philippe Contamine, "L'essor des villes françaises au Moyen Age", *Le Monde Dimanche,* 30 sept. 1979, p. XV.

12 Au numéro 27 de la rue Lhomond.

13 Dans *Saint-Médard,* bulletin de la paroisse, no. 734 du 30 sept. 1979.

14 *L'Express*, 1051, 30 août - 5 sept. 1971; cette publicité ouvre la campagne publicitaire IBM et elle reparaîtra dans les nos. 1057 et 1063 (cf. appendice no. 1).

15 Sur l'ordre chronologique de la lecture d'une page publicitaire voir:
- Barthes, R., "Rhétorique de l'image", dans *Communications* no. 4, 1964, pp. 40-51.
- Kochmann, R., "Un briquet nommé Typhon (étude d'une page de publicité commerciale)", dans Gueunier, N., *Lectures des textes et enseignement du français,* Hachette (Coll. Recherches/applications), 1974, pp. 125-138.
- Doumézane, F. et B. Petitjean, "Meccarillos: un produit, trois messages, étude d'une campagne publicitaire", dans *Pratiques* no. 18-19, février/mars 1978, pp. 50-66.

16 "On", ce sont peut-être d'autres autorités qui n'ont pas le sens des responsabilités, puisqu'ils n'ont pas eu recours à l'ordinateur, mais qu'il s'agit de convertir. L'opposition se retrouve au niveau des verbes "s'aviser" (par caprice) et "envisager" (avec sérieux).

17 Perrault, *Contes,* Paris, U.G.E. (10-18), 1964, p. 118.

18 Cf. Soriano, M, *Les contes de Perrault,* éd. Gallimard, 1968. Citation d'après l'édition dans la collection Tel (1977), p. 150.

19 Il est fort possible que l'ordinateur du conte se soit substitué à ce qui a été en réalité un mouvement contestataire.

20 Cette formule - et ses variantes - fait partie du bagage culturel ou simplement rhétorique du français moyen. Nous en voulons pour preuve son occurrence dans cette épigramme de Voltaire:

> L'autre jour, au fond d'un vallon,
> Un serpent mordit Jean Fréron.
> *Que pensez-vous qu'il arriva?*
> Ce fut le serpent qui creva.

21 Mourey, L., *Grimm et Perrault, histoire, structure, mise en texte des contes,* Minard, (coll. archives des lettres modernes, no. 180) 1978, p. 50.

22 Cf. la publicité Volkswagen (voir l'appendice): "Mais surtout ne vous hâtez pas dans les ruelles médiévales à la recherche du temps perdu. Sur l'autoroute, vous pourrez le rattraper à 135 km/h, (...)". (Nous sommes encore loin de la crise d'énergie). Quel cadre aurait le temps de lire Proust? Mais il se souvient du titre, ça fait plaisir.

23 Mourey, *op.cit.,* pp. 82-83. Voici la suite de la citation: "Au niveau phantasmatique, le conte peut avoir une fonction bénéfique en ce qu'il permet au sujet de se libérer de ses angoisses, de les

"exorciser". Le conte lui donne alors assurance et confiance. Mais s'il est affronté (même longtemps après la lecture du conte) à des situations identiques ou analogues à celles qui sont présentées dans le conte, le sujet peut se réfugier dans une attitude passive, attendant inconsciemment une résolution magique".

24 Nous avons procédé à une vérification rapide chex Perrault, Grimm et Andersen.

25 Il vaut la peine de comparer ceci à l'avis d'un professionnel de la publicité: "En tout consommateur il y a un poète qui sommeille. C'est lui que la publicité doit éveiller. Notre métier est de faire entrer de la fumée par un côté du tunnel et de voir sortir une locomotive de l'autre". (Jacques Séguéla, *Ne dites pas à ma mère que je suis dans la publicité ... Elle me croit pianiste dans un bordel,* Flammarion, 1979, p. 256).

26 Cf. aussi I.N.R.I.

27 Cf. "P.T.T.: les hommes qui relient les hommes". "Electricité de France: des hommes au service des hommes".

28 Sur ce mécanisme voir Abastado, C., "Itinéraire marginal, l'étude des récits de magazines", dans *Pratiques,* no. 14, mars 1977, p. 5-20, et notamment la page 11:

> "Ce qui étonne, plus que la platitude de ces images, c'est leur incongruïté et plus encore leur nombre: un relevé systématique en retient plus de cent pour ces quatre nouvelles. Ce ne peut-être que voulu, ou du moins motivé: de tels clichés sont pour les lecteurs de "Nous Deux", à la fois insolites et familiers; ils ne constituent pas une manière usuelle de parler, mais *ils rappellent certains travers d'écriture des rédactions faites à l'école.* D'où la séduction qu'ils peuvent exercer: ils renvoient à ce qui est considéré comme du beau style, du style "relevé"; *ils dépaysent et entraînent l'imagination loin de la quotidienneté, obscurément vers quelque chose d'une enfance transfigurée par le rêve*".

Ici Abastado ajoute en note:

> "Symétriquement les lecteurs de Céline ou San Antonio, qui appartiennent à des milieux plus cultivés - cadres, professions libérales - croient pratiquer une langue populaire, argotique, et goûtent le plaisir de s'encanailler. C'est avec une rhétorique inverse, la même illusion".

Cette rhétorique "inverse" n'a pas été exploitée par IBM.

29 Fournier, G., *Comment composer mon devoir français,* éditions de Gigord, 23e éd. 1969, p. 93.

30 Fournier, *op. cit.,* p. 72.

31 Fournier, J. et M. Bastide, *Français, classe de 4e,* Bordas, 1961, (collection Lagarde et Michard, série "Initiation littéraire"), pp. 102-103.

32 Le fragment en question (pris dans *Ceux de Province* de A.t'Serstevens) débute ainsi:

> "dans cette Provence des hautes collines, les villages, depuis des siècles, broutaient les herbes du sommet, avec l'église au milieu, comme un vieux berger dans sa cape".

33 Fournier, J. et M. Bastide, *op. cit.*, p. 68-69.

34 Legrand, E., *Méthode de stylistique française a l'usage des élèves,* éditions de Gigord, 6e éd., 1977.

35 Robbe-Grillet, A., "Nature, Humanisme, Tragédie", dans *Pour un nouveau roman*, Gallimard (coll. Idées), 1963, pp. 55-84.

36 *op. cit.*, pp. 60-61.

37 Richomme, Agnès, *Soeur ROSALIE, l'apôtre du quartier Mouffetard,* Paris, éditions Fleurus (collection "Belles histoires et belles vies", no. 72), 1965.

38 Robbe-Grillet, *op. cit.*, p. 68.

39 "Le conte merveilleux est par excellence le domaine du monde raconté. Plus que tout autre récit, il nous arrache à la vie quotidienne et nous en éloigne. Tout y est différent. Aussi la frontière y est-elle marquée plus nettement qu'ailleurs entre le monde raconté et le monde où nous vivons. Traditionnellement, une formule codifiée nous introduit dans le conte et nous en fait sortir.
Cela nous semble si naturel que nous n'imaginons pas un conte ne commençant pas par "Il était une fois" (Weinrich, H, *Le Temps,* Editions du Seuil, 1973, p. 46).

40 L'apostrophe (au présent) du lecteur ("Que croyez-vous qu'il arriva?) semble constituer également un écart par rapport au code du conte, dans la mesure où elle nous invite à quitter le monde raconté, à voir le conte de l'extérieur.

41 "Envisager","ligne de métro", et "percée" font écho, dans le troisième paragraphe, à "aviser", "droite ligne" et "perçant" du deuxième paragraphe.

42 "Selon qu'ils (les temps) signalent commentaire ou récit, ils transforment la situation de communication, et ce changement d'orientation est pour l'auditeur d'une pertinence extrême. (...). Cette "obstination" des morphèmes temporels à signaler commentaire et récit permet au locuteur d'influencer l'auditeur, de modeler l'accueil qu'il souhaite voir réserver à son texte. En employant les temps commentatifs, je fais savoir à mon interlocuteur que le texte mérite de sa part une attention vigilante (Gespanntheit). Par les temps du récit, au contraire, je l'avertis qu'une autre écoute, plus détachée

(Entspannheit), est possible. C'est cette opposition entre le groupe des temps du monde raconté et celui des temps du monde commenté que je caractériserai globalement comme "attitude de locution" (il doit être entendu que celle du locuteur appelle chez l'auditeur une réaction correspondante, de sorte que l'attitude de communication ainse créée leur est commune)" (Weinrich, *op. cit.*, p. 30).

43 Conditionné par la structure jusqu'ici à prédominance narrative du texte, le lecteur - et le fait s'est produit à l'expérience - pourrait être amené à lire "envisagèrent" au lieu du présent "envisagent". Ce qu'il ne faudrait plus interpréter comme un simple lapsus.

44 Voir Adam, (Jean-Michel), *Linguistique et discours littéraire*, Larousse, 1976, p. 283.

45 Une publicité, parue dans *L'Express*, no. 1052 du 6 au 12 sept. 1971, de Honeywell Bull se termine sur cette nouvelle rassurante: "L'informatique non oppressive? Elle existe".

46 La même technique se retrouve dans la campagne publicitaire de *Télérama* (un hebdomadaire qui se dit "d'opinion sur la télévision, le cinéma, la radio, les disques) avec les slogans: "Stop à la téléronflette". (*L'Express*, no. 1470, du 8 au 11 sept. 1979); "Télévision: coupez le cordon". (*L'Express*, no. 1471, du 15 au 21 sept. 1979) "Télévision: non aux béni-oui-oui". (*Les Nouvel Observateur*, du 10 au 16 sept. 1979). Ces slogans, empruntés aux adversaires de la télévision ou à ceux qui veulent limiter son impact, sont exploités par les éditeurs d'un magazine qui n'a pas précisément intérêt à décrier leur gagne-pain.

47 Ainsi l'adresse de la compagnie IBM (5, place Vendôme, Paris 1e) n'est pas marquée sur cette page publicitaire. Par contre elle figure discrètement dans certaines autres publicités, dans la même campagne, qui s'adressent directement, personnellement aux gens du métier.

48 Dans cette même campagne publicitaire (sept. 1971-janvier 1972) IBM aide à "décongestionner Paris" par "la régionalisation de ses activités". Elle aide même à "lutter contre la poliomyélite en Italie où ses ordinateurs sont utilisés pour "la tenue des fiches médicales" de la population de Milan. Dans la même période et dans la même revue *L'Express*, la compagnie Westinghouse lance les slogans suivants:

LA VILLE EMBOUTEILLEE
(Westinghouse l'aide à se dégager).

LES EAUX CONTAMINEES
(Westinghouse aide à les purifier).

49 Les résultats de l'analyse qu'on vient de lire ont été corroborés dans une large mesure par une publication du Comité d'entreprise d'IBM France ("Dictionnaire d'idées plus ou moins bien reçues à IBM ("end user manual"), présenté par la section syndicale CGT d'IBM La Défense, Paris, EFR, 1977).
Il est intéressant de constater que le personnel de cette firme est conscient de la manipulation idéologique dont il est l'objet lui-même - on veut lui faire croire qu'il est au service d'une entreprise "nationale" -.

Appendice no. 1

*Comment sauver Venise?*

Depuis des siècles, Venise et sa langue vivaient en harmonie. Mais l'idylle s'achève. La mer est devenue l'ennemie de Venise.

Aujourd'hui, la ville sombre insensiblement, inexorablement.

Le phénomène ne date pas d'hier, mais il a pris à l'époque contemporaine une amplitude alarmante. Les eaux ont gagné plus de cinq centimètres en quinze ans.

La capricieuse Adriatique, que soulèvent des vents violents, envahit les rues et les places de plus en plus souvent. On se souvient de la tempête de 1966 qui a recouvert la place Saint-Marc de près de deux mètres d'eau. Maintenant, ces inondations se produisent plus de soixante-dix fois par an.

Pourtant, tout espoir n'est pas perdu. Il existe désormais à Venise un Centre National de Recherche dont le laboratoire - doté d'un équipe de chercheurs de différentes nationalités - est chargé d'étudier l'interaction de la terre, de la mer et de l'atmosphère. On simule sur ordinateur le comportement de la langue de Venise ainsi que les effets des phénomènes naturels sur la ville.

Si l'on parvient à résoudre l'énigme des vents et des oscillations de la mer en ce point de l'Adriatique, il deviendra possible de prévenir les inondations. Si l'on parvient à déterminer de manière précise les glissements du lit de la lagune, on pourra enrayer l'enlisement de la cité.

Qu'il s'agisse de lutter contre la mer à Venise, les embouteillages à Tokio ou la pollution de l'atmosphère à Pittsburg, les hommes cherchent, dans le monde entier, des solutions nouvelles à leurs problèmes. Partout, les ordinateurs constituent pour eux de précieux auxiliaires.

L'ordinateur aide les hommes à s'entraider

IBM

Appendice no. 2

*Visitez les vieilles cités médiévales, grâce au nouveau rayon de braquage de la Coccinelle.*

Passez une des portes d'enceinte et prenez sans crainte les ruelles sinueuses. Malgré les tournants aigus, les bornes, et les trois mètres de large des rues moyennâgeuses, le nouveau rayon de braquage de la Coccinelle (4,50 mètres) vous permettra de passer par les voies les plus étroites.

Et d'aller vous garer Place du Marché.

Achetez-y foies, confits, liqueurs, puisque la 1302 a un coffre de 260 litres. De quoi emporter assez de provisions pour passer l'hiver.

Ouvrez tout grand les quatre bouches d'aération de la nouvelle climatisation si vous avez pris chaud en escaladant les 439 marches des remparts.

Et si vous avez pris froid dans les oubliettes, réchauffez-vous en ouvrant les neuf bouches de chauffage.

Mais surtout, ne vous hâtez pas dans les ruelles médiévales à la recherche du temps perdu. Sur l'autoroute, vous pourrez le rattraper à 135 km/h, puisque la puissance de la Coccinelle est passée de 34 à 44 CV DIN.

Il y a 25 ans que nous construisons la Coccinelle. Et que nous la perfectionnons d'année en année.

Et si nous pensons aujourd'hui qu'elle est presque parfaite, c'est aussi pour circuler dans les villes du XXe siècle.

# Bibliografie


TEXTES

Si nous n'avons pas utilisé l'édition originale nous avons en général renoncé aussi à en indiquer la date.

BALZAC (Honoré de)
1972a *Eugénie Grandet*, Paris, Livre de poche classique, 1414.

1972b *La cousine Bette*, Paris, Gallimard (Folio, 138).

1973a *Le cousin Pons*, Paris, Gallimard (Folio, 380).

1973b *Le Colonel Chabert*, Paris, Livre de poche classique, 1140.

1977 *La Comédie humaine*, VII, édition de P. - G. Castex, Paris, Gallimard (Pléiade).

BATAILLE (Georges)
1970 *Oeuvres complètes*, I, Paris, Gallimard.

CARMIGGELT (Simon)
1972 "Collage", dans S. Carmiggelt, *I'm Just Kidding*, Amsterdam, Uitgeverij De Arbeiderspers, p. 82-83.

DANINOS (Pierre)
1954 *Les Carnets du Major Thompson*, Paris, Hachette.

DARTEY (Léo)
1950 *Des pas dans l'ombre*, Paris, Tallandier.

1957 *Le cygne noir*, Paris, Tallandier.

1963 *Un soir a Torina ...*, Paris, Tallandier.

1975 *Pierre et Françoise*, Paris, Tallandier.

DELLY
1950 *L'Enfant mystérieuse*, Paris, Tallandier.

DUPLOUY (Fernand)
1979 *Un chateau pour Carol*, Paris, Tallandier.

DURAS (Marguerite)
1950 *Un barrage contre le Pacifique*, Paris, Gallimard (Coll. Folio).

1958 *Moderato cantabile*, Paris, U.G.E. (Coll. 10/18).

1960 *Dix heures et demie du soir en été*, Paris, Gallimard.

DU VEUZIT (Max)
1973 *L'Enfant des ruines*, Paris, Tallandier.

FLAUBERT (Gustave)
1971 *Madame Bovary*, édition de C. Gothot-Mersch, Paris Garnier (Classiques Garnier).

GREEN (Jullien)
1927 *Adrienne Mesurat*, Paris, Le livre de poche, 504.

1950a *Moïra*, Paris, Plon.

1950b *Moïra*, Paris, Le livre de poche, 402.

1973 *Oeuvres complètes*, III, textes établis, présentés et annotés par Jacques Petit, Paris, Gallimard (Pléiade).

1977 *Le mauvais lieu*, Paris, Le livre de poche, 5396.

1982 *La terre est si belle ... Journal 1976-1978*, Paris, Seuil.

HUGO (Victor)
1951 *Les Misérables*, édition de M. Allem, Paris, Gallimard (Pléiade).

MACKENZIE (Compton)
1977 *Thin Ice*, Penguin books (éd. originale, Chatto & Windus, 1956).

ORWELL (Georges)
1955 *Catalogne libre*, Paris, Gallimard (Coll. Idées, 346). Traduction française de Orwell, 1967 (éd. originale, 1938).

1967 *Homage to Catalonia*, London, Secker & Warburg (éd. originale, 1938).

1979 *The Collected Essays, Journalism and Letters*, Penguin (éd. originale: édition de Sonis Orwell et Ian Angus, London, Secker & Warburg, 1968).

1981 *Homage to Catalonia* and *Looking back on the Spanish War*, Coll. Penguin.

PERRAULT
1964 *Contes*, Paris, U.G.E. (Coll. 10/18).

RICARDOU (Jean)
1965 *La Prise de Constantinople*, Paris, Seuil.

ROLLAND (Romain)
1965 *Le Cure de Brèves*, dans R. Rolland, *Colas Brugnon*, Paris, Le livre de poche, p. 45-62.

SAN ANTONIO
1980 *Baise-ball à la baule*, Paris, Fleuve Noir.

SANTEN (Sal)
1976 *Stormvogels*, Amsterdam, Arbeiderspers.

SHAKESPEARE (William)
1980 *Romeo and Juliet*, édition Arden, établie par Brian Gibbons, London, Methuen.

SIMON (Claude)
1945 *Le tricheur*, Paris, Sagittaire (repris par Minuit).

1947 *La Corde Raide*, Paris, Sagittaire.

1952 *Gulliver*, Paris, Calmann-Lévy.

1954 *Le sacre du printemps*, Paris, Calmann-Lévy (repris en 1974 dans "Le Livre de Poche", 4001).

1957 *Le vent, Tentative de restitution d'un retable baroque*, Paris, Minuit.

1958 *L'Herbe*, Paris, Minuit.

1960 *La Route des Flandres*, Paris, Minuit (repris en 1963 per U.G.E., Coll. 10/18).

1962 *Le palace*, Paris, Minuit (repris en 1971) par U.G.E., Coll. 10/18).

1966 *Femmes (sur 23 peintures de Joan Miró)*, Maeght (repris en 1972 dans *Claude Simon, Entretiens*, *31*).

1967 *Histoire*, Paris, Minuit (repris en 1973 par Gallimard, Coll. Folio 388).

1969 *La bataille de Pharsale*, Paris, Minuit.

1970 *Orion aveugle*, Genève, Skira (Coll. Les sentiers de la création. 8).

1971 *Les corps conducteurs*, Paris, Minuit.

1973 *Triptyque*, Paris, Minuit.

1975 *Leçon de choses*, Paris, Minuit.

1981 *Les Géorgiques*, Paris, Minuit.

VIRMONNE (Claude)
1955 *La robe de mariée*, Paris, Tallandier.

## ETUDES*

ABASTADO (C.)
1977 "Itinéraire marginal, l'étude des récits de maga-- zines", *Pratiques*, 14, p. 5-20.

ADAM (Jean-Michel)
1976 *Linguistique et discours littéraire*, Paris, La-rousse.

* Pour une bibliographie de Claude Simon, on se reportera à *Critique*, XXXVII, 414, p. 1244-1252.

APELDOORN (Jo van)
1979a "La météo et les sentiments", dans Grivel et Tans, 1979, p. 177-193.

1979b "Comme si ... Figure d'écriture", dans *Ecriture de la religion. Ecriture du roman.* Textes réunis par Charles Grivel, Groningue, Centre culturel français, Lille, Presses Universitaires, p. 175-193.

1980 "La promotion par le conte: lecture d'un texte publicitaire", *Pratiques,* numéro spécial, Colloque de Cerisy: Pour un nouvel enseignement du français, p. 95-110, 121.

1981a "Balzac, à la lecture de Claude Simon. Divertissement", dans *Balzac et "Les Parents pauvres",* études réunies et présentées par Françoise van Rossum-Guyon et Michiel van Brederode, Paris, SEDES, p. 87-97.

1981b "Claude Simon: bibliographie sélective", *Critique,* XXXVII, 414, p. 1244-1252.

APELDOORN (Jo van) et GRIVEL (Charles)
1979 "Entretien avec Claude Simon" (17 avril 1979), dans *Ecriture de la religion. Ecriture du roman.* Textes réunis par Charles Grivel, Groningue, Centre culturel français; Lille, Presses Universitaires, p. 87-107.

ATWAN (Robert), McQUADE (Donald), WRIGHT (John W.)
1979 *Edsels, Luckies & Frigidairies. Advertising the American Way,* New York, Del Publishing Co.

BAL (Mieke)
1977 "Descriptions", dans M. Bal, *Narratologie,* Paris, Klincsieck, troisième partie, p. 87-111.

BARTHES (Roland)
1954 *Michelet,* Paris, Seuil (Coll. Ecrivains de toujours).

1964 "Rhétorique de l'image", *Communications,* 4, p. 40-51.

1968 "L'effet de réel", *Communications,* 11, p. 84-89.

1970 "L'ancienne rhétorique. Aide-mémoire", *Communications,* 16, p. 172-229.

BETTELHEIM (Bruno)
1979 *Psychanalyse des contes de fées,* Paris, Le livre de poche (Pluriel), 8342 F (éd. originale: *The uses of enchantment,* New York, Alfred A. Knopf, 1976).

BOLLÈME (Geneviève)
1964 *La leçon de Flaubert,* Paris, U.G.E. (Coll. 10/18).

BOURDIEU (P.)
1979 *La distinction,* Paris, Minuit.

BRISSET (Jean Pierre)
1970 *La Grammaire logique. Suivi de La Science de Dieu. Précédé de Sept propos sur le septième ange* par Michel Foucault, Paris, Tchou (*La Grammaire logique*, éd. originale, 1878; *La Science de Dieu*, éd. originale, 1900).

BUUREN (Maarten van)
1980 "L'essence des choses. Etude de la description dans l'oeuvre de Claude Simon", *Poétique*, 43, p. 324-333.

CARR (E.H.)
1961 *What is History*, The George Macauly Trevelyan lectures delivered in the University of Cambridge, january-march 1961.

1980 Réimpression de 1961 dans la collection Penguin.

CHAPSAL (Madeleine)
1962 "Claude Simon parle" (entretien avec Claude Simon), *L'Express*, 5 avril 1962, p. 32-33.

1967 "Entretien avec Claude Simon" *La Quinzaine Littéraire*, 4, 15-31 décembre 1967.

CISMARU (Alfred)
1971 *Marguerite Duras*, New York, Twayne Publishers.

CORBINEAU-HOFFMANN (A.)
1980 *Beschreibung als Verfahren. Die Aesthetik des Objekts im Werk Marcel Prousts*, Stuttgart, Metzler.

COSTE (Didier)
1980 "Trois conceptions du lecteur et leur contribution à une théorie du texte littéraire", *Poétique*, 43, p. 354-371.

CRICK (Bernard)
1982 *Georges Orwell, A Life*, Penguin (éd. originale: London, Secker & Warburg, 1980).

CULIANU (Joan Petru)
1981 *Iter in silvis*. Saggi scelti sulla gnosi e altri studi, vol. I, Messina, Edizioni Dott. Antonino Sfameni.

CULLER (Jonathan)
1975 *Structuralist poetics*, London, Routledge & Kegan Paul.

DÄLLENBACH (Lucien)
1981 "*Les Géorgiques* ou la totalisation accomplie", *Critique*, XXXVII, 414, p. 1226-1242.

DELIUS (F.C.)
1971 *Der Held und sein Wetter*, München, Carl Hanser Verlag.

*Description*
1974 *La description* (Nodier, Sue, Flaubert, Hugo, Verne, Zola, Alexis, Fénelon), Presses Universitaires de Lille.

DOUMÉZANE (F.) et PETITJEAN (B.)
1978 "Meccarillos: un produit, trois messages, étude d'une campagne publicitaire", *Pratiques*, 18-19, p. 50-66.

DURAS (Marguerite) et PORTE (Michelle)
1977 *Les lieux de Marguerite Duras*, Paris, Minuit.

FERRO (Marc)
1981 *Comment on raconte l'Histoire aux enfants a travers le monde entier*, Paris, Payot.

FLAHAULT (François)
1978 "La limite entre la vie et la mort", dans *Prétexte Roland Barthes*, Paris, U.G.E. (Coll. 10/18).

FLETCHER (John)
1972 "Erotisme et création, ou la mort en sursis", dans *Entretiens*, 31, p. 131-140.

FONGARO (Antoine)
1954 *L'existence dans les romans de Julien Green*, Rome, Signorelle.

FOURNIER (G.)
1969 *Comment composer mon devoir de français*, Paris, éditions de Gigord (23e éd.).

FOURNIER (J.) et BASTIDE (M.)
1961 *Français, classe de 4e*, Paris, Bordas (Coll. Lagarde et Michard, série "Initiation littéraire").

FREEDMAN (Hy)
1980 *Les fantaisies sexuelles des animaux ... et les nôtres*, Paris, Stock (traduit du suédois par Liliane Elsen).

GASCAR (Pierre)
1979 *L'Ombre de Robespierre*, Paris, Gallimard.

GENETTE (Gérard)
1966 "Frontières du récit", *Communications*, 8, p. 152-163 (repris dans G. Genette, *Figures* II, Paris, Seuil, 1969, p. 49-69).

*God (The) that failed*
1952 *The God that failed*, by Arthur Koestler, Richard Wright, Louis Fischer, Ignazio Silone, André Gide, Stephen Spender, Richard Crossman (editor), New York, Bantam Books.

GREEN (Julien), JULLIAN (Marcel)
1980 *Julien Green en liberté avec Marcel Jullian*, Atelier Marcel Jullian.

GREIMAS (Algirdas Julien)
1976 *Maupassant. La sémiotique du texte: Exercices pratiques*, Paris, Seuil.

GRIVEL (Charles)
1973 *Production de l'intérêt romanesque. Un état de texte (1870-1880), un essai de constitution de sa théorie*, La Haye, Mouton.

1979 "Les créances Duras. Compilation des universaux de texte", dans Ch. Grivel et J.A.G. Tans, *Recherches sur le roman I*, CRIN 1-2 (Cahiers de Recherches des Instituts Néerlandais de langue et littérature française, Groningue), p. 73-137.

1980 "Monomanie de la lecture", *Revue des sciences humaines*, XLIX, 177, p. 85-104.

GRIVEL (Ch.) et TANS (J.A.G.)
1979 *Recherches sur le roman I*, sous la direction de Ch. Grivel et de J.A.G. Tans, CRIN 1-2 (Cahiers de Recherches des Instituts Néerlandais de langue et littérature française, Groningue).

HAMON (Philippe)
1972 "Qu'est-ce qu'une description?", *Poétique*, 12, p. 465-485.

1981 *Introduction à l'analyse du descriptif*, Paris, Hachette

HARDT (Manfred)
1966 *Das Bild in der Dichtung. Studien zu Funktionsweisen von Bildern und Bildreihen in der Literatur*, München, Fink.

IMBERT (P.)
1978 *Sémiotique et description balzacienne*, Ed. de l'Université d'Ottawa.

JANKÉLÉVITCH (Vladimir)
1964 *L'ironie*, Paris, Flammarion.

JAUSS (Hans Robert)
1979 *Aesthetische Erfahrung und literarische Hermeneutik* 1, München, Fink.

1980 "Sur l'expérience esthétique en général et littéraire en particulier, entretien avec Charles Grivel", *Revue des sciences humaines*, XLIX, 177, p. 7-21.

JEAN (Raymond)
1972 "Les signes de l'Eros", dans *Entretiens*, 31, p. 121-129 (repris dans R. Jean, *Pratique de la littérature. Roman/poésie*, Paris, Seuil, p. 49-57).

KOCHMANN (R.)
1974 "Un briquet nommé Typhon (étude d'une page de publicité commerciale", dans N. Gueunier, *Lectures des textes et enseignement du français*, Paris, Hachette (Coll. Recherches/applications).

LANNES (Sophie)
1982 "La passion du bonheur" (entretien avec Julien Green), *L'Express*, 1613 (du 4 au 10 juin 1982), p. 128.

LAPLANCHE (J.) et PONTALIS (J.B.)
1973 *Le vocabulaire de la psychanalyse*, Paris, Presses Universitaires de France (éd. originale, 1967).

LAROUSSE (P.)
1866-1877 *Grand dictionnaire universel du XIXe siècle*, Paris.

LAVATER (J.C.)
1979 *La physiognomie ou l'art de connaître les hommes d'après leurs rapports avec les divers animaux, leurs penchants etc.*, traduction nouvelle par H. Bacharach, précédé d'une notice par A. Albanès, Lausanne, L'Age d'homme.

LE GOFF (Jacques), CHARTIER (Roger), REVEL (Jacques)
1978 *La Nouvelle Histoire*, Paris, Retz-C.E.P.L.

LEGRAND (E.)
1977 *Méthode de stylistique française a l'usage des élèves*, Paris, éditions de Gigord (6e éd.).

LEVEL (Brigitte)
1975 *Le poète et l'oiseau*, Paris, Klincksieck.

LINTVELT (Jaap)
1981 *Essai de typologie narrative. Le "point de vue". Théorie et analyse*, Paris, Corti.

*Littérature*
1980 *Littérature*, 38 ("Le décrit").

MAKWARD (Christiane P.)
1974 "Claude Simon. Earth, Death and Eros", Sub-Stance, 8, p. 35-43.

1981 "Aspects of Bisexuality in Claude Simon's Works", dans *Orion Blinded. Essays on Claude Simon*, edited by Randi Birn and Karen Gould, Lewisburg, Bucknell University Press, London and Toronto, Associated University Presses, p. 219-235.

MASSON (Pierre)
1980 "*Moïra* de Julien Green. Données psychologiques et structure romanesque", *L'Ecole des lettres*, 72e année, 6, p. 33-38.

MITTERAND (Henri)
1977 "L'enseignement supérieur et le renouvellement des méthodes de lecture dans le Second Degré", dans M. Mansuy, éd., *L'enseignement de la littérature*, Paris, Nathan.

MOUREY (L.)
1978 *Grimm et Perrault, histoire, structure, mise en texte des contes*, Paris, Minard (Coll. archives des lettres modernes, 180).

PETITJEAN (André)
1982 *Pratiques d'écriture. Raconter et décrire.* Paris, CEDIC.

PIATIER (J.)
1981 "Claude Simon ouvre *Les Georgiques*" (entretien avec Claude Simon), *Le Monde* du 4 sept. 1981.

PIRIOU (Jean-Pierre J.)
1976 *Sexualité, religion et art chez Julien Green*, Paris, Nizet.

*Poétique*
1980 *Poétique*, 43 (numéro, consacré en partie à la description).

1982 *Poétique*, 51 (numéro, consacré en partie à la description).

*Pratiques*
1982 *Pratiques*, 34 ("Raconter et décrire").

RICARDOU (Jean)
1967 *Problèmes du nouveau roman*, Paris, Seuil.

1971 *Pour une théorie du nouveau roman*, Paris, Seuil.

1972 "Naissance d'une fiction", dans *Nouveau roman: hier, aujourd'hui*, t. 2, colloque de Cerisy, Paris, U.G.E. (Coll. 10/18), p. 379-392. (discussion, p. 393-417).

1973 *Le nouveau roman*, Paris, Seuil.

1978 *Nouveaux problèmes du roman*, Paris, Seuil.

1982 *Le théâtre des métamorphoses*, Paris, Seuil.

RICHOMME (Agnès)
1965 *Soeur ROSALIE, L'apôtre du quartier Mouffetard*, Paris, éditions Fleurus (Coll. "Belles histoires et belles vies", 72).

RIFFATERRE (Michel)
1971 *Essais de stylistique structurale*, Paris, Flammarion.

1972 "Système d'un genre descriptif", *Poétique*, 9.

ROBBE-GRILLET (Alain)
1963 "Nature, Humanisme, Tragédie", dans A. Robbe-Grillet, *Pour un nouveau roman*, Paris, Gallimard, (Coll. Idées).

ROSSUM-GUYON (Françoise van)
1970 "Ut pictura poesis. Une lecture de *La bataille de Pharsale*", *Het Franse Boek*, 40, p. 91-100. Réédition en 1973 dans *Degrés*, I, 3 (juillet), p. 1-15, et en 1980 dans *Nouveau Roman*, Hrsg. von Winfried Wehle, Darmstadt, Wissenschaftliche Buchgesellschaft, VI ("Wege zur Forschung", 497), p. 361-375.

1971 "De Claude Simon à Proust. Un exemple d'intertextualité", *Marche romane*, XXI, 1-2, p. 71-92. Réédition en 1972 dans *Les Lettres nouvelles*, 4 (sept.-oct.), p. 107-137.

ROUBICHOU (Gérard)
1976 *Lecture de "L'Herbe" de Claude Simon*, Lausanne, L'Age d'homme (Coll. Lettera).

SÉGUÉLA (Jacques)
1979 *Ne dites pas à ma mère que je suis dans la publicité ... Elle me croit pianiste dans un bordel*, Paris, Flammarion.

SÉMOLUÉ (Jean)
1976 *Moïra de Julien Green*, Paris, Hachette.

SIMON (Claude)
1980 "Roman description et action", dans *The feeling for nature and the landscape of man*, proceedings of 45th Nobel Symposium held september 10-12, 1978, in Göteborg, ed. by Paul Hallberg.

SORIANO (M.)
1977 *Les contes de Perrault*, Paris, Seuil (éd. originale, Paris, Gallimard, 1968).

STIERLE (Karlheinz)
1975 "Was heisst Rezeption bei fiktionalen Texten", *Poetica*, 7, p. 356-387.

1979 "Réception et fiction", *Poétique*, 39, p. 299-320.

STRACHEY (Lytton)
1980 *Victoriens éminents*, Paris, Gallimard (Coll. Idées, 430). Traduction française de *Eminent Victorians*, Paris, Gallimard, 1933.

SYKES (S.W.)
1979 *Les romans de Claude Simon*, Paris, Minuit (Coll. Arguments).

TODOROV (Tzvetan)
1971 "Le secret du récit" dans T. Todorov, *Poétique de la prose*, Paris, Seuil, p. 151-185.

1978 *Symbolisme et interprétation*, Paris, Seuil.

VANNIER (B.)
1972 *L'Inscription du corps. Pour une sémiotique du portrait balzacien*, Paris, Klincksieck.

VRIES (Ad de)
1974 *Dictionary of symbols and imaginary*, Amsterdam, North-Holland.

WARNING (Rainer)
1975 *Rezeptionsästhetik*, München, Fink.

WEINRICH (Harald)
1973 *Le temps*, Paris, Seuil (éd. allemande 1964).

WELLERSHOFF (Dieter)
1975 "Identifikation und Distanz", dans *Positionen der Negativität*, (Poetik und Hermeneutik VI), München, Fink, p. 549-551.

*Yale French Studies*
1981 *Yale French Studies*, 61 ("Towards a Theory of Description").

# Table des matières

# Samenvatting

In deze studie, waarvan enkele hoofdstukken reeds in een enigszins andere vorm als artikelen verschenen zijn, wordt een poging gedaan de functie van de beschrijving in al dan niet literaire teksten te benaderen vanuit een tot nu toe veronachtzaamde gezichtshoek, namelijk het effect dat deze tekstcomponent heeft op een individuele lezer. Ook in de receptie-esthetica, die zich op een vrij hoog abstractie-niveau beweegt, komt dit weinig aan bod. De titel drukt al uit dat het in de eerste plaats gaat om practische vormen en effecten van de beschrijving en niet om theoretische bespiegelingen. Het boek gaat in ieder geval niet uit van vooraf opgestelde theoretische hypothesen. Wij hebben ons opgesteld als "naïeve" lezer en getracht om onze lezersreacties die over het algemeen on- of onderbewust blijven, te rationaliseren en te ontleden. Subjectiviteit wordt derhalve niet beschouwd als een gevaar dat vermeden moet worden, maar wordt methodisch toegepast. Slechts voor zover de analyses daar aanleiding toe geven, worden het bijzondere statuut van deze empirische lectuur en de aard en de functie van de beschrijving theoretisch nader gepreciseerd (vooral in de hoofdstukken 6 en 7).

Uiteraard kan een lezer zich in zijn lectuur echter niet losmaken van zijn opleiding of van andere socio-culturele omstandigheden. Hij leest in functie van alles wat hij voordien gelezen heeft. En de schrijver kan zich evenmin aan deze voorwaarden onttrekken. In zijn practische vormen en effecten bevat de beschrijving dan ook altijd een intertekstuele component, zowel op het niveau van de auteur als op dat van de lezer. Enerzijds blijken de opvattingen van Claude Simon over geschiedschrijving en romanverhaal duidelijk uit de verf te komen waar wij hem observeren als lezer van George Orwell (hoofdstuk 3), en is de lectuur van Shakespeare door Julien Green verhelderend voor de erotische spanning in zijn werk (hoofdstuk 7). Anderzijds gaf dat ons de mogelijkheid om de beschrijving in de Nouveau Roman, vooral in de werken van Claude Simon, te relateren aan de demonstratieve en verklarende functie die de beschrijving heeft bij Balzac (hoofdstuk 4).

Wij hebben bewust een aantal onderzoeksobjecten genomen uit het werk van Claude Simon dat het intertextuele karakter van teksten demonstreert, met name in beschrijvingen. Vooral deze lenen zich op natuurlijke wijze voor een zelfstandige lectuur en nodigen uit tot de gedetailleerde, als het ware vertraagde, lectuur van de tekstsubstantie die bij ons onderzoek toegepast wordt. Ook uit andere teksten dan de reeds vermelde van Balzac en Julien Green, namelijk van Marguerite Duras en van enkele auteurs van populaire romans (Léo Dartey, Delly) en uit een reclametekst, gegoten in de vorm van een sprookje, hebben we analoge onderzoeksobjecten gekozen, waarop dezelfde lectuur is toegepast.

Nouveaux-romanciers onderschrijven graag de stelling dat in een literaire tekst de relatieve autonomie van de taal belangrijker is dan de sturende intentie van de schrijver.

Wij hebben een aantal beschrijvingen bij Claude Simon die allemaal ingeleid worden door "comme si", binnen zijn werk geïsoleerd en de systematiek daarvan ontdekt. Daarbij kwamen zijn persoonlijke opvattingen aan het licht over verschillende vormen van primitieve causaliteit - mechanische wetten, kwade familie-genius, enz. - die hij langs deze indirecte weg in de tekst verwerkt (hoofdstuk 1). In zijn visie wordt de Geschiedenis niet bepaald door een logische keten van oorzaak en gevolg, maar wordt zij veeleer overheerst door het momentane karakter van de dingen, dan wel door hun kringloop, die analoog is aan die van de plantenwereld. Deze door Michelet beïnvloede ideeën scheppen alle ruimte voor de beschrijvingskunst van Simon, die de dingen voor ons oproept door middel van reeksen notities over hun kleur, hun geur, hun substantie, hun vorm, enz. Daarin past ook de polemiek die hij in zijn jongste roman, *Les Géorgiques*, voert met Orwell over de beschrijving van de Spaanse burgeroorlog, uitgaande van diens poging te streven naar een toch nog enigszins objectieve geschiedschrijving (hoofdstuk 2 en 3).

De hoofdstukken 5, 6 en 7 geven vergelijkingsmateriaal tussen de aard en de functie van de beschrijving bij auteurs als Marguerite Duras en Julien Green en bij auteurs van populaire romans als Léo Dartey en Delly. Bij de eersten blijft de centrale relatie tussen het descriptieve en het narratieve element van een roman impliciet. Zo gebruikte Marguerite Duras in *Dix heures et demie du soir en été*, notities over de meteorologische situatie om de ontwikkeling van de gevoelens en gewaarwordingen van de hoofdpersoon te suggereren. En Julien Green introduceert in de tekst van *Moïra* beschrijvingen van de geluiden van boomkikvorsen om op discrete, symbolische manier de homosexuele aanvechtingen van zijn personen uit te drukken. In beide gevallen hangt het effect af van de actieve reactie van de lezer. In de populaire romans daarentegen wordt het effect van beschrijvingselementen op gevoelens en gebeurtenissen op uitdrukkelijke wijze vermeld.

Uit de lectuur van een reclametekst van IBM - *Il était une fois au coeur du vieux Paris ...* - blijkt, ten slotte, dat de lees-strategieën die wij in onze persoonlijke benadering van een aantal teksten ontworpen hebben, een zekere algemene toepassing hebben, waarbij de reclame-ontwerpers bewust aansluiten bij een literaire en/of culturele traditie. Daarbij wordt duidelijk dat dergelijke analyses van grote didactische waarde kunnen zijn bij het literatuuronderwijs.